FRITZ S...
Die Ent...
der Emotion...

Buch

Nachdem jahrzehntelang in der Wissenschaft wie in vielen Lebensbereichen die rationale Intelligenz – die in speziellen Testverfahren als IQ (Intelligenzquotient) gemessen wurde – als Ursache und Bedingung für den Erfolg in Beruf und Leben verantwortlich gemacht wurde, hat sich das Blatt nun überraschend gewendet. Die emotionale Intelligenz (EQ) eines Menschen soll, so behaupten es Psychologen, ausschlaggebend für seinen Lebenserfolg sein. Nicht die Leistungen unseres Verstandes, sondern unsere im Alltag erworbene und geschulte Geschicklichkeit im Umgang mit unseren eigenen Gefühlen wie mit denen unserer Mitmenschen ist nach diesem Konzept entscheidend dafür, was wir im Leben erreichen.

Hat der IQ damit endgültig das Spiel gegen den EQ verloren? Fritz Stemme erklärt anhand der neuesten Erkenntnisse der Neuropsychologie und Gehirnforschung, was eigentlich in den verschiedenen Bereichen unseres Gehirns geschieht, wenn wir denken, fühlen, wahrnehmen usw. und wie die vielfältigen Beziehungen zwischen Verstand und Gefühlen aussehen. Die Entwicklungsgeschichte und die Funktionsweise unseres Gehirns beweisen eindeutig, daß die Gefühle die Basis unserer Gehirntätigkeit sind. Ohne sie gäbe es kein Bewußtsein. Rationale Prozesse sind zwar ohne Emotionen möglich, sie haben dann aber jegliche Beziehung zur Realität konkreten Handelns verloren. Auch unser gesamtes Lern- und Erinnerungsvermögen ist mit emotionalen Vorgängen verbunden und von ihnen abhängig. Die scharfe Trennung oder gar die Entgegensetzung von IQ und EQ erweist sich damit als unhaltbar, unsere Gefühle sind dicht mit unserer rationalen Intelligenz verflochten. Denn letztere ist notwendig, um die Gefühle einschätzen und steuern zu können.

Autor

Professor Fritz Stemme, geb. 1924, studierte Philosophie, Psychologie und Literaturwissenschaft. 1961 wurde er außerordentlicher, 1963 ordentlicher Professor für Psychologie an der Pädagogischen Hochschule Bremen. 1973 erhielt er eine Professur für Persönlichkeitsforschung an der Universität Bremen, seit 1992 ist er emeritiert. Von 1976 bis 1994 betrieb er Studien an Forschungsinstituten in den USA. Seine wissenschaftlichen Schwerpunkte liegen auf den Gebieten Neuropsychologie, Intelligenz- und Emotionsforschung sowie Stress-Management und Sportpsychologie. Zu seinen Veröffentlichungen zählen u.a.: »Pädagogische Psychologie« (1970), »Fußball intern« (1974), »Supertraining« (1988).

FRITZ STEMME

Die Entdeckung der Emotionalen Intelligenz

Über die Macht unserer Gefühle

GOLDMANN

Umwelthinweis:
Alle bedruckten Materialien dieses Taschenbuches
sind chlorfrei und umweltschonend.

Der Goldmann Verlag
ist ein Unternehmen der Verlagsgruppe Bertelsmann

Originalausgabe März 1997
© 1997 by Wilhelm Goldmann Verlag
Umschlaggestaltung: Design Team München
Satz: Uhl + Massopust, Aalen
Druck: Graphischer Großbetrieb Pößneck GmbH
Verlagsnummer: 12734
Redaktion: Brigitte Gerlinghoff
JJ · Herstellung: Sebastian Strohmaier
Made in Germany
ISBN 3-442-12734-3

3 5 7 9 10 8 6 4 2

Inhalt

1. Teil
Der emotionale Imperativ

Die zweifache Wende: Das Jahr 1989 in der Weltpolitik und in der Wissenschaft	11
Der Aufschrei aus Amerika	18
Kann die Psychologie helfen?	21
Golemans Projekt: die emotionale Intelligenz	22
Amerikanische und deutsche Psychologie	25
»De nobis ipsis silemus?«	29
Evolution	30
IQ: Qualität mit Prädikat	32
Emotionale Intelligenz: neuer Wein in alten Schläuchen	33
Große Koalition: Verstand und Gefühl	36
Die neue Klasse: Amateur-Philosophen	37

2. Teil
Triumph der rationalen Intelligenz:
Bunte Bilder aus der Tiefe des Gehirns

Protokoll eines Experiments	41
Rasputin und die sieben Zwerge	48
Mentale Zentren für das Sportlerhirn	52
Reptiliengehirn auch beim Menschen	55
Der Sitz der Emotionen	62

Riskante Experimente 67
Das verlorene Paradies 72
Auf der Suche nach dem Geist 76
Die Gedanken sind frei, aber wir wissen nichts 79

3. Teil
Glanz und Elend des IQ:
Hundert Jahre Intelligenzforschung

Mathematische Intelligenz:
    Max Planck und Friedrich Gauß 89
Die Erforscher der Intelligenz: Statistiker
    und Rechner 92
Multiple Intelligenzen 104
Energieersparnis durch bessere
    Schaltung im Gehirn? 108
Der Kampf der Giganten: Kasparow gegen
    Deep Blue von IBM 113
Die Quantenphysik des Gedächtnisses 122
Gedächtnisleistung im Dienste der
    praktischen Intelligenz 124
Zwei Gehirnhälften 127
Unterschiede zwischen männlichem und
    weiblichem Gehirn 133

4. Teil
Die Crux der Selbsterkenntnis

Eigene Gefühle erkennen 139
Meta-Erlebnisse 145
Das Phantom der Erlebnisse 151
Ist Selbstwahrnehmung gut? 156
Basis-Emotionen 158
Theorien der Emotionen 165
Der große und der kleine Ärger 167

Streß 174
Neid 179
Angst und Panik 183
Kurzschluß im Gehirn 195
Der »Zukunftsschock« 198
Prinzip Hoffnung 201

5. Teil
»Management« der Emotionen?

Ein Kind lernt laufen 209
»Das ist ein Wunder!« 216
Der Gratifikationstest 222
Der Feindseligkeitsindex 223
Die Stanislawski-Methode 227
Emotional programmiert: Wünschenswerte
    Zustände 229
Kennedy und die Kuba-Krise 233
Emotionale Reizüberflutung 237
»Lebenskunst« im Kalten Krieg 242
Emotionale Defizite 244
Die Emotionen der Autisten 249
Die armen Königskinder 250
Fremde Kulturen 251
Manager im emotionalen Defizit 253
Empathie 261

Schlußwort 265

Anmerkungen 267
Literaturverzeichnis 279
Register 284

1. TEIL

Der emotionale Imperativ

Der Wahlspruch der neuen Aufklärung:
Habe Mut, dich deiner eigenen Emotionen
zu bedienen!

Und der neue kategorische Imperativ:
Handle so, daß deine Emotionen jederzeit als Prinzip
einer allgemeinen Gesetzgebung dienen können!

Die zweifache Wende:
Das Jahr 1989 in der Weltpolitik und in der Wissenschaft

Es waren aufregende Wochen und Monate im Jahr 1989. Das chinesische Massaker auf dem Pekinger Platz des Himmlischen Friedens im Juni und die Wende, die sich in der damaligen DDR im Herbst anbahnte, werden auch den Menschen in Erinnerung bleiben, die nicht sonderlich an der Zeitgeschichte interessiert sind.

Im Herbst 1989 wuchs in der DDR das innere und äußere Aufbegehren der Bevölkerung in besorgniserregendem Maße. Der Kreml geriet in große Unruhe. Wie Michail Gorbatschow in seinen *Erinnerungen* schreibt, war ihm am 1. Oktober klar, daß es in der DDR »fünf Minuten vor zwölf« war. Würden sich die aufgestauten Emotionen in aggressiven Akten und gewalttätigen Demonstrationen entladen, wie es bei Revolutionen meistens der Fall war? Oder würden sich die Gefühle des »Wir sind das Volk« und »Einig Vaterland« kontrolliert und in einer der historischen Situation angemessenen Weise artikulieren können? Einerseits gingen immer mehr, bis zu hunderttausend Menschen auf die Straße, andererseits verließen immer mehr Bürger die DDR über Grenzen, die in andere Ostblockstaaten führten. Es war einer der größten Triumphe der emotionalen Intelligenz, die in diesem Jahrhundert stattgefunden haben. Keine organisierte Massenveranstaltung, wie Diktatoren sie gern inszenieren! Keine Entladung des Volkszorns, die so oft zu blutigen Kämpfen geführt hatte.

1989 und in den Jahren davor dämmerte es vielen Psychologen und Politikern auf der Welt, daß bisher zuwenig an die Gefühle der Menschen gedacht worden war, wenn man von Intelligenz sprach. Gefühle wurden zwar von der Politik angesprochen und genutzt, aber immer auf suggestive Weise, die der Absicht der Politiker entsprach. Doch mit Intelligenz hatte das nichts zu tun. Intelligenz ist auch Differenzierungsvermögen. Wer nicht unterscheiden konnte, verwechselte die gemeinsame Geltendmachung menschlicher Werte wie Freiheit und Selbstbestimmung sicher mit Masse, Hysterie und Aufruhr. Die bis dahin eilfertig zitierte traditionelle Massenpsychologie sprach der Masse eine Selbstregulation im Sinne der emotionalen Intelligenz ab.

Schon Anfang der 80er Jahre war der herkömmliche Begriff der Intelligenz aufgebrochen worden, indem der »Vater« der kognitiven Psychologie, Ulric Neisser, von der Cornell Universität die provozierende Frage stellte: »Intelligenz – gibt's die?«

Seine Kritik lief darauf hinaus, daß die untersuchte Intelligenz sich in die Laboratorien zurückgezogen habe, wo das Denken in alltäglichen Lebenszusammenhängen eben nicht zu Hause sei. Und Howard Gardner erschütterte die klassische Intelligenztheorie noch mehr, indem er von sieben gleichwertigen verschiedenen Intelligenzen sprach.[1] Unter diesen sieben befanden sich auch zwei, die mit dem Menschen selbst unmittelbar zu tun hatten. Und sie sollten immer mehr an Bedeutung gewinnen. Die sogenannte personale Intelligenz wurde aufgespalten in diejenige, die die eigene Person, und in die, die andere betrifft. Selbsterkenntnis und Menschenkenntnis waren seit jeher die populären Ausdrücke dafür. Jetzt definierten die Psychologen sie erneut. Sie trafen dabei ins Schwarze.

Roger Peters sprach 1988 von der praktischen Intelligenz. Das klang vernünftig. Sie wurde auch Alltagsintelligenz genannt und mit den Attributen sozial und emotional versehen. Dazu erschien auch schon 1988 ein informativer Artikel in der deutschen Zeitschrift *Psychologie heute* von Heiko Ernst. In den 70er Jahren gingen bereits einige amerikanische Intelligenzforscher von der Annahme aus, daß es zwei Arten von Denken gebe. Seymour Epstein von der Universität von Massachusetts meinte dazu: »Die eine bezieht sich darauf, wie wir die Welt erfahren und emotional auf sie reagieren. Sie hat mit dem herkömmlichen Intelligenzquotienten nichts zu tun. Die andere, rationale Denkart wiederum hat wenig mit dem Erfolg im Leben zu tun.«

Bald faßte man die praktische, soziale, emotionale Intelligenz beziehungsweise Kompetenz in dem einen Begriff »emotionale Intelligenz« zusammen. Die Widersprüchlichkeit und provokatorische Verbindung von »Intelligenz« und »Emotion« gewannen erheblichen Reizwert für die Werbung. Die Lebenspraxis der Gefühle wurde mit dem Denken und der Intelligenz zusammengebracht: ein neues Betätigungsfeld für die Intelligenzforschung. Es hieß, unsere Emotionen seien maßgebend dafür, wie und mit welchem Erfolg wir unsere intellektuellen Fähigkeiten einsetzen. Epstein sprach sogar damals schon von einer »emotionalen Intelligenz«. Das sei die Alltagsintelligenz, die richtig mit Gefühlen umgehe und diese sogar erfolgreich zur Lösung von Problemen benutze. Auch der Begriff »Management der Gefühle« tauchte in dieser Zeit auf; damit waren aber die besondere Bedeutung und der richtige Einsatz der Gefühle gemeint.[2]

Emotionale Intelligenz heißt: Der Mensch ist sich seiner Emotionen bewußt. Aber er muß seine Gefühle nicht nur erkennen, sondern auch damit umgehen, sie angemessen zum Ausdruck bringen können. Dazu gehört unter Umständen auch, daß er sie unterdrückt. Ein Umsetzen der Emotionen in die praktische Tat ist ebenso wichtig. Gefühle können auch eine spezifische Leistung anregen, zu der rationale Intelligenz und eine fachliche Begabung erforderlich sind. Emotionen können ein Verhalten positiv oder negativ verstärken. Auch Empathie gehört zur emotionalen Intelligenz: das Erkennen, wie ein anderer denkt und fühlt, ist wichtig. Das setzt die Beobachtung und richtige Interpretation der Körpersprache voraus. Letztlich gehört zur emotionalen Intelligenz, daß der Mensch mit den eigenen Emotionen und denen anderer so umgeht, daß sinnvolle, dauerhafte soziale Bindungen entstehen können. Der amerikanische Psychologe Daniel Goleman schlägt mit Hilfe zahlreicher Beispiele eine so umfassende Einübung und Verwendung der emotionalen Intelligenz vor, daß sich daraus ein ganzes Erziehungsprogramm mit entsprechender Philosophie ergibt.

Der Ausdruck »emotionale Intelligenz« bezeichnet viele Möglichkeiten. Ist damit eine Intelligenz gemeint, die sich der Emotionen annimmt? Dann bliebe es beim Primat einer Intelligenz, die nicht die Emotion selber sein kann. Oder ist es die Intelligenz, die in der Emotion selbst liegt und aus dieser Erkenntnisse gewinnt, die zu dem führen, was wir intakte soziale Beziehungen nennen?

In der Geistesgeschichte ist diese Alternative seit langem bekannt. Die Antworten fallen je nach Einstellung und Mentalität immer so aus, daß die einen die Erkenntnis in den Verstand verlegen, die anderen in das Gefühl. Eine dritte Möglichkeit besteht im Versuch des Ausgleichs.

Hier wird der Begriff wie bei Daniel Goleman verstanden, der mit seinem Buch *Emotionale Intelligenz* einen Volltreffer landete.

Die Intelligenz nimmt sich die Emotionen vor, will sie regulieren, verwenden, einsetzen, beruhigen. Der Begriff setzt Emotionen voraus und spricht diesen aber eine gewisse Erkenntnisfähigkeit auch nicht ab.

Das entspricht etwa der Lebenserfahrung fast aller Menschen und auch den Ergebnissen der Streßforschung. Dem konventionellen Intelligenzbegriff haftet dagegen ein großer Makel an. Man konnte den Intelligenzquotienten feststellen, aber nie mehr ändern. Er sollte eine stabile Größe sein, die damit über das Schicksal aller entschied, die sich jemals einer Intelligenzprüfung zu unterwerfen hatten.[3] Eine solche unveränderliche, angeblich sogar auf Vererbung beruhende Größe mußte zum Widerspruch reizen, zumal man oft erlebte, daß Menschen mit einem niedrigen IQ in höhere Positionen aufrückten und mehr Erfolg hatten als andere mit hoher Intelligenz.

Während 1989 die Weltgeschichte einen ihrer emotionalen Höhepunkte erlebte, ging an den amerikanischen Universitäten die Routineforschung über die emotionale Intelligenz ihren gewohnten Gang. Goleman saß in einem Haus in den Wäldern Vermonts und fing an, seine Vorstellungen und sein Wissen über die emotionale Intelligenz zu Papier zu bringen.

Die Umstrukturierung der Weltlage und die atemberaubenden Veränderungen ohne Krieg in kürzester Zeit nahmen viele Wissenschaftler damals fernab der Städte kaum zur Kenntnis. Man stand ja selbst vor gewaltigen Veränderungen und Aufgaben. Diese betrafen die wissenschaftlichen Instrumente und die neuen Theorien. In der Wissenschaft würde es bald auch stille Revolutionen und Umbrüche geben. Davon war man seit der Erfindung der Positronen-Emissions-Tomographie (PET) und des Forschungssatelliten COBE überzeugt.[4] Deshalb nahm die Wissenschaftselite in Amerika kaum Notiz von dem, was sich im Osten ereignete. Und die Öffentlichkeit wurde nicht gewahr, was sich in der Welt der Wissenschaft tat. Die beiden Bereiche waren so weit auseinandergedriftet, daß selbst Wissenschaftler von den Forschungen der jeweils anderen Disziplinen kaum Kenntnis hatten.

Ich war damals in Amerika, um sowohl die neuen Forschungslaboratorien auf den Gebieten der Hirnforschung und Pharmazie kennenzulernen als auch an Experimenten teilzunehmen, die in wissenschaftliches Neuland vorstießen.[5] Schon damals war den Insidern erkennbar, daß sich ein Jahrzehnt des Gehirns anbahnte. Was mich aber überraschte, war die Isolation mancher dieser Laboratorien. Ihre Flachbauten lagen oft hinter Bäumen versteckt und waren kaum zu sehen. Die Wissenschaftler selbst hielten nur unter sich Kontakt, aber kaum mit Menschen der Außenwelt. So muß den Kollegen zumute gewesen sein, die seinerzeit in Los Alamos, in der Wüste von Neu-Mexiko, in aller Abgeschiedenheit die erste Atombombe bauten. Als ich einen Chemiker fragte, wie er sich hier fühle, meinte er: »Wir sind eine stille Elite. Wir arbeiten viel, konzentriert und mit großem Schwung. Wir sind eine geschlossene Gesellschaft, überzeugt davon, daß jeder von uns einen wichtigen Beitrag leistet, das Ziel zu erreichen.«

»Und das Ziel?«

»Neuland erforschen, wissenschaftliche Erkenntnisse gewinnen!«

Es war eine seltene Koinzidenz der Ereignisse in meinem Leben. In einem Forschungsinstitut sollten einzelne Wörter, die der Mensch ausspricht, auf ihren emotionalen Gehalt und in ihrem jeweiligen Aktivitätszentrum im lebenden menschlichen Gehirn untersucht werden. An dem Tag, als die Experimente am Hirnforschungsinstitut der Washington Universität in St. Louis begannen, ging über alle Nachrichtenagenturen der Welt die Meldung, daß Tausende von Deutschen jeden Tag die DDR in Richtung Ungarn verließen.

An diesem Vormittag hatte ich zwei Informationen zu verarbeiten, die offenbar nichts miteinander zu tun hatten. Die eine lautete: Zahlreiche Menschen in der DDR sind entschlossen, ihre Heimat zu verlassen. Die andere lautete: Die Gehirnforschung entdeckt mit radioaktiven Stoffen jene Areale, die Menschen aktivieren, wenn sie bestimmte Wörter wie Volk, Freiheit und Vaterland in ihrem Bewußtsein denken, lesen, registrieren oder skandieren. Hatten die Ereignisse etwas miteinander zu tun? Oder bringt der menschliche Geist etwas zusammen, weil es sich zu gleicher Zeit in seinem Denken niederschlägt?

Diese Situation brachte mich später auf den Gedanken, es gebe so etwas wie eine kollektive emotionale Intelligenz, nicht nur eine individuelle. Die Ereignisse der Wende 1989 können als Leistung nach meiner Auffassung so gesehen werden. Es war die Alternative deutlich geworden, daß der Mensch sich seiner Gefühle bewußt werden und sie kontrolliert für seine Ziele einsetzen, aber auch in ihnen gefangen bleiben kann. Hier war es eine große Gruppe, sogar ein Volk, das sich artikulierte. Das war das Besondere.

Noch eine andere Erfahrung sollte mich aufschrecken. Der Pharmakonzern Bristol-Myers Squibb hatte 1988 ein neues Laboratorium in Connecticut gebaut. Hier arbeiten über tausend Wissenschaftler an neuen Medikamenten, die eine intensive Gehirnforschung erforderlich machen. Der Direktor, Dr. Mike Eison, ein bekannter Biologe, zeigte mir an Versuchsratten, welche Wirkung Antidepressiva haben können. Ratten, die nicht aßen, nicht tranken, keine sexuellen Verhaltensweisen zeigten, sondern teilnahmslos in einer Ecke hockten, konnten mit neuartigen Medikamenten innerhalb von wenigen Tagen wieder flott gemacht werden. Die dafür verantwortlichen Transmitter und Stoffwechselvorgänge des Gehirns wurden zum ersten Mal nachgewiesen. Man konnte demonstrieren, welche Schaltungen im Gehirn ablaufen. Es gab aufregende Erkenntnisse über Schaltvorgänge im Gehirn, bei denen das klassische Verhaltensrepertoire der tierischen Intelligenz durch moderne Psychopharmaka wiederhergestellt wurde. »Einige von uns«, meinte Eison, »glauben schon, daß Angst und Depression Teil eines Kontinuums sind. Beide sind miteinander verbunden. Und tatsächlich ist die Diagnose oft schwierig.« Er hatte ein Medikament entwickelt, das überraschenderweise Angst und Depression zugleich beseitigt, ohne große Nebenwirkungen auszulösen. Auch hier beeindruckten die modernen Techniken. Rattenhirne waren in Scheiben geschnitten, deren Dicke Bruchteile eines Millimeters maßen. Unter dem Elektronenmikroskop mit hunderttausendfacher Vergrößerung konnte man sehen, wie Neuronen sich unter dem Einfluß neuer Medikamente verändert hatten.

»Wir stehen am Anfang einer neuen Wissenschaftsepoche«, meinte Mike Eison. Und er wird damit wohl recht behalten.

Die Fülle der entsprechenden Publikationen ging damals unter. Die Veröffentlichungen in Zeitschriften und Wissenschaftsjournalen fanden noch keine Beachtung bei uns, weil die Nachrichten über die Jahrhundertereignisse im Ostblock die Menschen beherrschten. Es sollte sich erneut bestätigen, daß wissenschaftliche Entdeckungen die Allgemeinheit erst nach einigen Jahren erreichen und von dieser aufgenommen werden. Jetzt ist es soweit.

Der Aufschrei aus Amerika

Am 16. Oktober 1995 erschien ein acht Seiten langer Artikel in *Time* über das Buch *Emotional Intelligence* von David Goleman. Die Überschrift lautete »›The EQ Factor‹. New brain research suggests that emotions, not IQ, may be the true measure of human intelligence« (»Der EQ Faktor«. Die moderne Hirnforschung nimmt an, daß Gefühle, nicht der Intelligenzquotient, der wahre Maßstab für die menschliche Intelligenz sind). Im Februar 1996 erschien dann auch ein größerer Artikel über das Buch im *Spiegel* unter der Überschrift »Macht der Gefühle«. Zuvor waren Hunderte von Artikeln über die Revolution in der Hirnforschung in vielen Zeitschriften veröffentlicht worden und hatten den Boden bereitet, auf dem das allgemeine Interesse an der Neuropsychologie und der Neurophilosophie sich entfaltete.[6] Der statistisch-technisch anmutende Titel in *Time* und der mehr gefühlszentrierte Titel im *Spiegel* kennzeichnen die Rezeption des Buches. Und sie erklären auch die Resonanz, die es in Amerika und Deutschland findet. Für die USA ist die Psychologie, wenn sie nicht gerade Psychoanalyse ist, eng verbunden mit Meßdaten, Statistik und der Suche nach Verhaltensfaktoren. Hier mißtraute man von Anfang an der Selbstbeobachtung. Was man nur in der Selbstbeobachtung erfahren konnte, durfte nicht Maßstab für eine Wissenschaft sein, denn man konnte das Selbsterfahrene durch wissenschaftliche Methoden weder bestätigen noch widerlegen. Konsequenterweise ging man deshalb zur Beobachtung des Verhaltens über, zu jederzeit nachvollziehbaren und wiederholbaren Experimenten. Der Behaviorismus machte Schule. Und was die Psychoanalyse betrifft, so schien eine Selbstanalyse schon wegen des Unbewußten ohne fremde Hilfe nicht möglich.

In Deutschland hat die Psychologie eine andere Geschichte. Sie wurzelt tief in ursprünglich religiösen Vorstellungen. So sollte der Gläubige im Pietismus sich jeden Tag vergewissern, ob er auch ein christlich »exemplarisches« Leben gelebt habe. Er mußte sich seine wahren Motive eingestehen und nicht etwa christliches Verhalten heucheln. Das war aber nur über die Selbstbeobachtung möglich, denn es ging nicht so sehr um Verhalten als vielmehr um die eigenen Motive, die eigenen religiösen inneren Prozesse. Daraus wurde im Zuge der Säkularisierung eine andere Psychologie im Vergleich zur amerikanischen, der der Calvinismus entgegengekommen war. Nach diesem ist ohnehin alles schon entschieden, wenn der Mensch auf die Welt kommt. Er kann nur aus Erfolg oder Mißerfolg im Leben schließen, ob er von Gott auserwählt ist oder nicht, ob er zu den Guten oder den Bösen gehört. So bedurfte es hier gewaltiger Anstrengungen im äußeren Verhalten. Die Psychologie in Amerika orientierte sich an dem Kriterium des Erfolgs. Der wurde registriert und beobachtet, nicht das innere psychische Geschehen. Die Motive waren uninteressant.[7]

Goleman bricht mit dieser amerikanischen Tradition. Er fordert fast europäisch, sich ständig selbst im Auge zu haben und seine eigenen Gefühle systematisch zu registrieren und zu regulieren. Er beruft sich deshalb auch gern auf abendländische Philosophen, die eigentlich niemals die Gefühle außer acht gelassen haben.

Die Entwicklung, der Goleman folgt, hat sich schon seit Jahren angebahnt. Der Begriff der emotionalen Intelligenz wurde 1989 geprägt von Peter Salovey, einem Psychologen der Yale Universität, und John Mayer, der an der Universität von New Hampshire lehrt. Sie beschrieben damit das Verstehen der Gefühle, der eigenen und der fremden. Intelligenz setzten sie mit Verständnis gleich. Sie reflektierten dabei auf die alte philosophische Forderung, sich selbst zu erkennen, und auf die moralische Forderung, andere zu respektieren, indem man ihre Gefühle ernst nimmt.

Sie meinten damit aber auch die Fähigkeit, Emotionen so zu kontrollieren und zu regulieren, daß man sein Leben verbessert, es erträglicher macht.[8] Es ist, als wäre Blaise Pascals vor drei Jahrhunderten gesprochenes berühmtes Wort in Amerika angekommen: »Das Herz hat seine Vernunft, die der Verstand nicht kennt. Man weiß das aus tausend Beispielen.«

Schon in den 60er Jahren bahnte sich die Wende an. Stuart Shaw entwickelte ein Konzept des EQ, während er für das Unternehmen Procter & Gamble tätig war. Jemand, der Produkte zu verkaufen hat, sollte danach mehr von einer Empathie für die Konsumenten profitieren als von einer kalt berechnenden Analyse des Marktes. Die Gefühle des Kunden seien wichtig und möglichst schnell zu erkennen. Das lief bei den amerikanischen Handlungsreisenden auf Empathie hinaus: ohne die innere Einstellung und ohne die richtige Einschätzung des Kunden kein Geschäft.[9]

Roger Peters charakterisierte einen Häusermakler als jemanden, der in der Lage sei, auf Anhieb und beim ersten Sehen eines Käufers zu unterscheiden, ob der es wirklich ernst meint oder nicht.

Zu der Zeit war aber der klassische Begriff von der Intelligenz noch nicht zu erschüttern. Intelligenz setzt die Fähigkeit des Differenzierens voraus. In Verbindung mit der emotionalen Intelligenz wurde das Differenzieren der Gefühle ein neues

Ziel. Und es dauerte wie in solchen Fällen nicht lange, bis man entdeckte, daß die alten Griechen das auch schon gewußt hatten. Nur war ihnen dafür kein besonderer Ausdruck eingefallen. Sie klassifizierten Gefühle, setzten dafür aber keine besondere Fähigkeit voraus.[10]

Kann die Psychologie helfen?

Erschütterungen der sozialen Ordnung beunruhigen mehr und mehr Amerika, aber auch Europa. Doch nicht Untergangsbücher erscheinen, sondern solche, die Hilfe versprechen. Leute mit emotionaler Intelligenz sind Optimisten. Plötzlich entdeckte man die Emotionen. Sollten die Mißstände mit den Emotionen und deren Verwahrlosung zu tun haben? Lag alles an den Gefühlen? EQ wichtiger als IQ?

Goleman und viele andere seiner Landsleute sorgen sich um Amerika. Die Scheidungsquote hat fünfzig Prozent erreicht. Immer mehr Minderjährige werden schwanger. Die hohe Kinder- und Jugendkriminalität kündigt eine große Verbrechenswelle an, die uns in einigen Jahren bevorsteht. Bildungsnotstand und Drogenmißbrauch breiten sich aus. Amerika ist für viele ein Alptraum geworden.

In den Führungsetagen findet man vermehrt Chefs mit Typ-A-Verhalten, nicht zuletzt auch bedingt durch zunehmende Isolation. Das ist der affektive, zu Feindseligkeit und Hetze neigende Mensch mit Bluthochdruck und anderen Risikofaktoren des Herzinfarkts, der seine Gefühle nicht unter Kontrolle hat, sie aber zur eigenen Leistungssteigerung oft erfolgreich und rigoros einsetzt, der auf die Gefühle anderer keine Rücksicht nimmt. Zunächst konzentrierte man sich auf ihn. Typ-A-Verhaltensforschung war plötzlich »in«.

Medizin und Streßforschung befaßten sich in den 70er Jahren mit diesem Typ. An ihm konnte man sehr gut demonstrieren, was geschieht, wenn man sich nicht durchschaut, seine Motive nicht wahrhaben will und Emotionen bei anderen nicht respektiert.[11]

Golemans Projekt: die emotionale Intelligenz

Goleman hält es angesichts der »Indikatoren für emotionales Elend« in der amerikanischen Gesellschaft für zwingend notwendig, »der emotionalen und sozialen Kompetenz unserer Kinder und unserer selbst größere Aufmerksamkeit zuzuwenden und die Kräfte und Fähigkeiten des menschlichen Herzens energischer zu fördern«.[12]

Seine Thesen und Postulate:
1. Die Menschen haben es verlernt, ihre Gefühle wahrzunehmen. Eine »fortwährende Wahrnehmung der eigenen inneren Zustände« beziehungsweise ständige »Achtsamkeit«[13] ist aber erforderlich, damit der einzelne seine Emotionen regulieren, eindämmen oder einsetzen kann.
2. Die Leistungen der rationalen und der emotionalen Intelligenz dürfen nicht als Gegensätze, sondern müssen in einem Zusammenhang gesehen werden.

Erziehung in Elternhaus und Schule soll sich auf Emotionen konzentrieren, das heißt bei den Kindern wesentliche emotionale Fähigkeiten entwickeln und fördern. Bestimmte Kursprogramme zur emotionalen Bildung, die in besonderen amerikanischen Einrichtungen emotionale und soziale Kompetenzen vermitteln, sollen Vorbeugungsmaßnahmen zugrunde gelegt werden, die für alle Schüler an ganz normalen Schulen gelten sollen.[14]

Bei aller Sympathie für Golemans Appell an die Menschen, sich ihrer Emotionen bewußt zu werden, kann man Einwände gegen seine Thesen und das daraus folgende Handlungskonzept nicht ganz von der Hand weisen: Eine ständige Konzentration auf eigene und fremde Gefühle kann kein Mensch durchhalten. Wollte man sie zum Prinzip des Alltags machen, würde das zu einer Selbstbeobachtung führen, die negative und positive Handlungsimpulse gleichermaßen hemmt. Wer andere ständig beobachtet und dabei noch verstehen will, ist überfordert. Es ist nicht möglich, die Zusammenhänge auszumachen, aus denen unser Verhalten resultiert. Vieles ist physiologisch verursacht, manches unbewußt und anderes wieder von Wissen und Erfahrung abhängig.

Selbstbeobachtung und Empathie führen zu einer Konstruktion von Zusammenhängen, für die es keine objektiven Richter gibt. Wir können kaum zwischen seelischen Erlebnissen und den funktionalen Zusammenhängen dieser Erlebnisse unterscheiden. Sollte diese Aufmerksamkeit das Alltagsverhalten bewußt dominieren, wäre eine introvertierte Lebensweise die Folge. Die soziale Bindung ginge verloren, Kontakte verkümmerten. Das Konzept bewirkte damit das Gegenteil dessen, was es erreichen will.

Abgesehen davon, daß Appelle oft zum Scheitern verurteilt sind, verbietet es der Selbstschutz dem Menschen, sich selbst und andere ständig zu beobachten. Andernfalls könnte er hypochondrisch und neurotisch werden. Schnelle Entscheidungen würden unmöglich gemacht. Einige von uns würden zu Hamlet-Figuren: zögernd, zweifelnd, beobachtend, analysierend, unentschlossen, handlungsunfähig. Eine unkritische Übernahme des Goleman-Konzeptes würde also im Grunde die Förderung der emotionalen und sozialen Kompetenz, das heißt sein Ziel, geradezu verhindern. Es darf nicht zum Lehrstoff für Fortbildungskurse nach Berufsschluß werden oder zu einem neuen modischen Management der Emotionen. Damit kann man weder soziale Betriebsstrukturen ändern noch die Natur des Menschen. Der Wert des Konzepts liegt aber in der Motivation zum

Nach- und Umdenken, die offenbar sehr viele Menschen erreicht hat. Goleman will über Schule, Bildung und Erziehung aber auch etwas verändern. Allerdings müßte sich die gesamte Kultur wandeln, wenn das Erziehungssystem auf emotionale Werte umgestellt werden sollte. Das ist bisher leider noch keiner Gesellschaft gelungen.

Die Gesellschaft entwickelt sich rapide auf eine ganz neue Form zu. Information ist das vorrangige Produkt geworden. Wer Informationen sammeln und produzieren kann, sie bearbeitet und verbreitet, vor allem sie zum eigenen Nutzen anwendet, hat einen Vorsprung im Bereich des möglichen und notwendigen Handelns. Fernsehbilder voller Grauen wecken Emotionen, vom Mitleid mit den Opfern bis zur Empörung über die Unmenschlichkeit der Täter. Diese Bilder rütteln wach und fordern zu aktiver Hilfe auf. Doch was ist zu tun? Die Bilder geben keinerlei Hinweise, wie viele auf der Flucht sind, in welche Richtungen sie drängen, welche politischen Machtverhältnisse sich anbahnen und welche Seuchen sich ausbreiten, welche Ursachen das Geschehen hat. Um das zu wissen, bedarf es differenzierter und genauer Informationen, die nicht durch Gefühle zu beschaffen sind, sondern durch datenverarbeitende technologische Kommunikationssysteme. Wir verdanken unserer immer höher entwickelten rationalen Intelligenz die Entdeckung der emotionalen Intelligenz. Wir kennen die Ursprünge und die Funktionsweisen der Emotionen. Diese sind tiefer in der Natur verankert als der Verstand. Unsere wissenschaftlichen IQ-Eliten haben sich jedoch rar gemacht. Ihr Grund für den Rückzug aus der Öffentlichkeit lautet, die Wissenschaft sei zu kompliziert und zu komplex geworden, um von jedermann verstanden zu werden.

Deshalb kann die Gegenthese nur heißen: Mehr Kommunikation zwischen Gesellschaftsgruppen, die der rationalen Intelligenz ihre beruflichen Erfolge verdanken, und allen anderen Gruppen, die mehr auf der Basis der emotionalen Intelligenz arbeiten. Öffentlichkeit und Gesellschaft bleiben Ignoranten, wenn sie nur Untersuchungsergebnisse erfahren, aber keine Untersuchungsmethoden. Die emotionale Reaktion der Öffentlichkeit kann zwar eine gewisse Kontrollfunktion gegenüber manchen Leistungen der rationalen Intelligenz – zum Beispiel der Weiterentwicklung der Genforschung – ausüben, aber dazu gehören sachkundige Informationen.

Der Nobelpreisträger Arno Penzias hat einen Begriff postuliert, der beides gut miteinander verbindet. Er spricht vom emotional intelligenten Denken. Die Urteilsfähigkeit und die Fähigkeit, in größeren Zusammenhängen zu denken, seien etwas anderes als die abstrakte Intelligenz. Sie seien aber auch nicht mit der emotionalen Intelligenz identisch, denn das emotionale Denken sei die Fähigkeit, ständig Neues zu lernen und das eigene Wissen jederzeit in Frage zu stellen. Emotional sei es aber dennoch, weil die eigenen Überzeugungen und Verhaltensweisen dabei revidiert werden müßten. Penzias will die abstrakte Intelligenz mit der praktischen und emotionalen Intelligenz versöhnen. Es gebe geniale Schachspieler, die nicht in der Lage seien, den Weg zum Fahrstuhl selbst zu finden. So gesehen, könnten hochintelligente Menschen sehr dumm sein.[15]

Amerikanische und deutsche Psychologie

Nach dem Zweiten Weltkrieg ergab sich für Deutschland die Situation, auch auf dem Gebiet der Psychologie fast alles aus Amerika zu übernehmen. Das gelang weitgehend schon deshalb, weil die führenden deutschen Psychologen in den 20er und 30er Jahren in die USA emigriert waren und dort die Psychologie mit europäischem Gedankengut versorgten. Jetzt kam diese Psychologie zurück nach Deutschland, allerdings amerikanisiert.

Die Zeit war reif für eine Erkenntnis, die der Berliner Gestaltpsychologe Wolfgang Köhler vor Jahrzehnten an den grundlegenden Unterschied von psychologischen Tatsachen und funktioneller Abhängigkeit geknüpft hatte.[16] Sogar die Psychoanalyse Sigmud Freuds konnte sich darin wiedererkennen. Ich werde auf diese Erkenntnis besonders eingehen, weil sie eng mit dem Golemanschen Konzept verbunden ist.

Sigmund Freud hat erklärt, daß wir nicht Herr im eigenen Haus seien. Er wußte, daß wir über unsere wahren Motive und Gefühle oft nicht Bescheid wissen.

Ein anderer, fast vergessener Philosoph und Psychologe, P. D. Ouspensky, 1877 in Moskau geboren, hat das Problem ebenfalls bereits in den 20er Jahren erkannt, und zwar unabhängig von Freud. Als Wanderer zwischen östlichen und westlichen Kulturen unterschied er zwischen psychologischen Tatsachen wie Intelligenz, Begierden, Interessen, Neigungen und Motiven und dem Bewußtsein von deren Funktionen. Er konnte nicht glauben, daß der Mensch jemals zu seinen Möglichkeiten fände, wenn er nicht lernte, sich genau zu beobachten.

»Der Mensch wird dabei bemerken, daß er nichts, am allerwenigsten sich selbst, unparteiisch beobachten kann«, rief er den Menschen überall auf der Welt entgegen, wo er seine Vorträge hielt. Der Mensch könne sich selbst nicht studieren wie den Mond oder ein Fossil. Es genüge nicht, aus der Unzufriedenheit über die Lebensbedingungen eine Achtsamkeit anzustreben, um von ihr eine Besserung zu erwarten. Nur mit Ausdauer, einem lange anhaltenden Bestreben, sich zu ändern, könne man hoffen.

»Wenn wir uns etwas zuschreiben, das wir nicht haben, kann es sich nicht um eine empirische Tatsache handeln, die die moderne Psychologie erforscht. Es ist dann eine Möglichkeit, die man zu erreichen versucht. Das setzt ein Bewußtsein voraus, das nie und nimmer zusammenfallen kann mit Eigenschaften, Fähigkeiten, Emotionen und Intelligenz. Dieses Bewußtsein ist ein Achtgeben auf sich selbst, eine Kenntnis davon, wer der Mensch ist und wo er ist. Das Aufmerken auf das, was er weiß, und das, was er nicht weiß, macht das Bewußtsein aus«, erklärte Ouspensky. Und das erfahre jeder nur an sich selbst, niemals an anderen. Dieses Aufmerken sei nicht kontinuierlich, nicht bleibend. Höchstens zwei Minuten gelänge es, ein solches Bewußtsein sich einzugestehen. »Die höchsten Augenblicke des Bewußtseins schaffen das Gedächtnis.« Alles andere werde vergessen. Auf diese Weise entstehe die Illusion des dauernden Aufmerkens. Und die Schlußfolgerung, daß man dauernd wachsam sein muß, könne nur als eine göttliche Forderung verstanden werden, die den Göttern in die Quere komme. Wir erinnerten uns in Wirklichkeit nur an einzelne Momente unseres Bewußtseins.[17]

Mayer, Salovey und Goleman treffen diese wesentliche Unterscheidung auch. Aber sie scheint ihnen dennoch nicht klar und deutlich bewußt zu sein. Entscheidend ist die Frage, ob der Mensch sich überhaupt ändern will. Ebenso entscheidend ist die Schärfung des Bewußtseins gegenüber den Emotionen. Aber dieses Bewußtsein kann nicht als Fähigkeit in die emotionale Intelligenz verlegt werden. Die von Goleman empfohlene »Achtsamkeit« ist ein Zustand des Bewußtseins, keine Fähigkeit wie die emotionale Intelligenz. Mit dem bewußten Willen, Möglichkeiten zu erkunden, verlassen wir die empirische Psychologie, die es mit »Objekten«, aber nicht mit Möglichkeiten zu tun hat. Im Hinblick auf die Evolution könnte mit neuen Möglichkeiten auch eine andere Entwicklung des Menschen verknüpft sein. Das ist jedenfalls die Ansicht der meisten Evolutionsforscher: Sollte der Mensch noch einmal eine Million Jahre existieren, wäre er mit dem heutigen nicht mehr vergleichbar.

Goleman verweist auf J. Kabat-Zinn von der Medical School der Universität von Massachusetts, der die Achtsamkeit sogar zu einer klinischen Behandlungsmethode erhoben hat und sie folgendermaßen beschreibt: »Achtsamkeit bedeutet, auf eine bestimmte Weise aufmerksam zu sein: absichtlich, im gegenwärtigen Moment und nicht urteilend.«[18] Laut Goleman hat Achtsamkeit »eine stärkere Wirkung auf heftige negative Gefühle. Die Einsicht ›Es ist Zorn, was ich empfinde‹ bietet ein größeres Maß an Freiheit – nicht bloß die Option, auf den Zorn einzuwirken, sondern die zusätzliche Option, daß man versucht, ihn loszuwerden«[19].

Ist man sich der Problematik eines emotionalen Zustandes und der in ihm wirkenden Prozesse bewußt und sucht nach einer Lösung, so muß man erkennen, daß der gewünschte Zustand noch nicht da ist, aber angestrebt wird. Das Ganze läuft in der Praxis also darauf hinaus, Gefühle umzustimmen. Im Altertum befaßten sich die Philosophen mit diesem Thema. Heute machen Sport und Politik von der Umstimmung der Gefühle Gebrauch. Psychologische Techniken wurden entwickelt, die auf neuen Forschungsergebnissen beruhen. Das »Supertraining« ist zum Beispiel ein Training des zentralen und autonomen Nervensystems, das es erst gibt, seitdem der Mensch die Reise zum Mond plante. Inzwischen ist es weit verbreitet.[20]

Die Psychologie wußte früh, daß Emotionen auch gelernt werden. Der Lernvorgang ist bekannt und gipfelt im sogenannten Kontiguitätsgesetz. Was gleichzeitig im Erleben und im Bewußtsein ist, hat die Tendenz, auch wieder gleichzeitig aufzutreten. Das gilt vor allem für die Emotionen. Ausbildung und Arbeit von Schauspielern und Dompteuren profitieren von solchen Erkenntnissen. Auch Sportler trainieren zuweilen den emotionalen Umgang mit sich selbst, indem sie sich in einen optimalen emotionalen Zustand versetzen. Doch normalerweise werden Gefühle nicht durch gewollte Lernprozesse vermittelt. Motivation und Ausdauer fehlen, wenn sie nicht institutionell gesichert werden.

Salovey selbst, der bei Goleman Pate gestanden hat, unterscheidet fünf Bereiche der emotionalen Intelligenz:
1. Die eigenen Emotionen kennen
2. Emotionen handhaben

3. Emotionen in die Tat umsetzen
4. Empathie
5. Umgang mit Beziehungen.[20a]

Das Konzept ist beeindruckend, doch die Verwirklichung problematisch. Schon aufgrund des Unbewußten ist es nicht möglich, Emotionen in ihrem funktionalen Zusammenhang zu begreifen. Ihre Dämpfung gelingt nur bei moderaten Emotionen. Dafür gibt es auch schon Trainingsprogramme.

Intelligente Techniken lehren uns zwar, unter bestimmten Bedingungen Emotionen zu handhaben. Asiatische Kulturen kennen Yoga und Taijiquan, um innere Ruhe zu bringen und Depressionen zu verjagen. Letztlich ist auch das Autogene Training eine Technik mit dem Ziel, den Übenden in eine ruhige Emotionslage zu versetzen.

»De nobis ipsis silemus?«
(Schweigen wir über uns selbst?)

Gefühle konnten von der Forschung lange vernachlässigt werden. Das war schon mit der Psychologie des Forschers selbst begründet; seine Gefühle hatten zu schweigen; nichts Persönliches durfte seine Arbeit berühren. Für das Leben aber sind Gefühle das Wichtigste. Hier kann es sich keiner erlauben, sie sich selbst zu überlassen. Emotionale Intelligenz wird ein Erziehungsziel. Ständige Selbstbeachtung soll geübt werden; Goleman zielt aufs Ganze. Für Amerika ist sein Konzept eine Art Sozialtherapie. In Deutschland liegen die Verhältnisse anders. Im Zuge einer weltweiten Amerikanisierung könnte es aber bald bei uns soweit sein, daß wir uns um unsere Emotionen Sorgen machen müssen. Auch in Deutschland nehmen Kriminalität, Ehescheidungen und Firmenkonkurse zu. Ob daran die Verwahrlosung der Gefühle schuld ist, kann vermutet werden.

Seit zweihundert Jahren setzt Amerika auf die Freiheit des

Verhaltens. Selbsterkenntnis blieb ihm fremd. Es nahm keine Rücksicht auf Gefühle. Es missionierte oder kapselte sich ab. Das war keine sensible Voraussetzung für Gefühle. In Deutschland war es im Laufe seiner Geschichte eher umgekehrt. Gefühle wurden zu ernst genommen, Romantik und Introspektion zu weit getrieben und häufig von der Politik mißbraucht. Von der Religion geforderte Selbstreflexion und Besinnung auf sich selbst führten zur Introversion.

Man muß deshalb sorgfältig prüfen, ob Golemans Thesen die universale Bedeutung haben, die ihnen durch die Erkenntnisse der Hirnforschung zugeschrieben werden. Emotionen entstehen nicht nur aus der Individualität eines Organismus heraus, sondern sind auf eine Sozietät gerichtet. Man lacht anders in einer fröhlichen Runde als im stillen Kämmerlein. Die Emotionen sind nicht überall gleich auf der Welt, weil sie von Kultur zu Kultur variieren. Man zeigt zum Beispiel in China nicht seine wahren Gefühle.[21]

Evolution

Frühzeitig hat die Evolution dafür gesorgt, daß rationale Fähigkeiten die emotionalen nicht beherrschen. Wir hätten sonst nicht überlebt. Die Neurowissenschaft belehrt uns, daß die Anfänge der Evolution noch immer unser Verhalten bestimmen. Sie lassen sich weder verdrängen noch bändigen, höchstens zeitweise beruhigen. Es gibt zahlreiche Situationen, in denen die Natur die emotionale Intelligenz ausschaltet. Wie beim Urmenschen. Wie werden wir damit fertig?

Die Natur selbst hat in der Evolution des menschlichen Gehirns dafür gesorgt, daß die lebenswichtigen und rettenden Emotionen nicht über das Bewußtsein laufen können. Es gibt eine anatomische Leitung, die das Großhirn umgeht. Auf diese Weise gewann der Mensch in grauer Vorzeit einen kurzen, aber wichtigen zeitlichen Vorsprung, um sich in Sicherheit zu bringen oder den Gegner zu erschlagen. Die Weiterleitung von Nervenreizen liegt zum Beispiel bei den langen Nerven an den oberen Extremitäten um 50 bis 65 Meter pro Sekunde, sonst zwischen 0,1 bis 120 Meter pro Sekunde, je nach Markscheidendicke. Das konnte schon zu lange dauern, um sich zu retten. Aber dieser Rettungsmechanismus funktioniert noch heute, obwohl er uns nicht paßt und überflüssig erscheint. Die emotionale Intelligenz wird nämlich ausgeschaltet, wenn der Organismus als Ganzes um sein Überleben fürchtet. Deshalb können manche Menschen später nicht sagen, weshalb sie zugeschlagen haben oder vor der Polizei geflohen sind, weshalb sie geschrien haben, als sie Zeuge eines Bombenterrors wurden, oder weshalb sie ihrem Leben ein Ende setzen wollten. Sie haben kein Bewußtsein von der emotionalen Funktion, die das Bewußtsein umging. Es gibt offenbar mehr Situationen, in denen das Bewußtsein ausgeklammert wird, als wir in der modernen Zivilisation wahrhaben wollen.

Nicht alles ist mit der Evolution, der Entwicklung des Gehirns zu erklären. Wir werden auch bestimmt und geprägt durch das, was wir von außen aufnehmen: Normen, Werte, Moral, Umgangsformen. Unsere Geschichte ist mit der Amerikas nicht gleichzusetzen, ebensowenig unsere sozialen Strukturen. Golemans Konzept läßt sich auf Deutschland nicht so ohne weiteres übertragen, weil es aus einer extravertierten Zivilisation auf eine introvertierte Kultur trifft, der vielleicht eher das Gegenteil guttäte.

Es gilt auch, die Kluft zu überbrücken, die sich zwischen den Antworten in einem Hörsaal der Universität und den Fragen, die Schulanfänger in einem Klassenzimmer stellen, auftut. Man muß sowohl dorthin gehen, wo die rationale Intelligenz zu Hause ist, als auch dahin, wo die emotionale Basis sich noch unverbogen darstellt, wo Emotionen aufwallen, auf die Erwachsene unvorbereitet reagieren. Ist der EQ – und nicht der IQ –

jetzt unser Schicksal? Ist die Evolution des Menschen überhaupt abgeschlossen? Unter den Hunderten von Definitionen der Psychologie findet sich kaum eine, die dieser Frage Rechnung trägt. Der russische Psychologe Ouspensky hat die Psychologie als das Studium angesehen, das sich mit den Grundsätzen, Gesetzen und den Tatsachen befaßt, »die sich auf die mögliche Entwicklung des Menschen beziehen«[22]. Eine solche Definition widerspricht natürlich der Auffassung der meisten Psychologen, daß die Psychologie eine empirische Wissenschaft sei und sich objekten Methoden unterzuordnen habe. Das Konzept von Goleman scheint darauf ausgerichtet zu sein, sowohl der Empirie als auch der Evolution zu genügen. Sollte das zutreffen, so möchte ich es gern unterstützen. Ich halte eine psychologische Beurteilung, die die Möglichkeiten eines Menschen außer acht läßt, für unzulänglich.

IQ: Qualität mit Prädikat

Mit dem IQ waren zwar auch Möglichkeiten gegeben, aber nur im Rahmen eines in sich unveränderlichen IQs. Bei dem EQ ist das anders. Er ist entwicklungsfähig und eröffnet Chancen, die nicht in der festen Position eines IQ verankert sind. Der EQ ist flexibler, dynamischer. Man hat ihn fälschlicherweise als Opposition gegen den IQ angesehen. Das Umgekehrte ist der Fall. Der EQ, die emotionale Intelligenz als Äquivalent zum alten Intelligenzquotienten, hat schnell Konkurrenz bekommen. Dabei ist jener noch nicht einmal wissenschaftlich fixiert worden. Auch Goleman umgeht die Frage, was den EQ nun eigentlich quantitativ ausmacht. Die klassische Intelligenz mit ihrem IQ wehrt sich.

Die erfolgreichsten Sozialgruppen in Amerika haben einen überdurchschnittlich hohen IQ.[23] Das gilt auch für Deutschland. Es ist zumindest in den modernen Berufssparten wie Computertechnik, Gentechnik, Raumfahrtindustrie, Gesundheitsforschung nicht die emotionale, sondern die rationale Intelligenz, die das Leben erhält.

Der EQ ist Teil des IQ. Es gibt keinen EQ ohne rationale Intelligenz. Eine rationale Intelligenz ohne EQ-Anteile ist aber auch nicht möglich.

Emotionale Intelligenz: neuer Wein in alten Schläuchen

Was mit dem Begriff »emotionale Intelligenz« beschrieben wird, ist nicht neu. Selbst der Begriff wurde schon vor Jahren geprägt. Neu ist der Zustand der amerikanischen Gesellschaft, die auf Mißstände reagiert, die mit der emotionalen Intelligenz eine plausible Interpretation finden. Bei uns wird es ähnlich sein. Sich selbst organisierende Gesellschaften sind immer auch informationsverarbeitende Systeme, die auf den Gesamtzustand der Gesellschaft reagieren und ihn dadurch schon verändern. Doch Schlußfolgerungen sind schwer zu ziehen. Es sind wohl eher die Reaktionen vieler Menschen, die sich ergeben, wenn eine Gesellschaft über ihren eigenen Zustand eine Rückmeldung erfährt. Man denke nur an die Vorgänge im Ostblock 1989 und vor allem in der ehemaligen DDR.

Unsere Gesellschaft besteht aus Teilpopulationen. Es gibt Wissen und Erkenntnisse produzierende Forscher, Wissen verbreitende Medien und eine das Wissen nutzende und bewertende Öffentlichkeit und Wirtschaft. Sie befinden sich in einer zunehmend stärker werdenden Wechselbeziehung. Diese stellt die Psychologie vor enorme Schwierigkeiten. Sie hat es plötzlich mit Möglichkeiten der Entwicklung zu tun, für die sie keine Erkenntnismethoden besitzt. Techniken werden das Problem nicht lösen können; auch die emotionale Intelligenz nicht, die weder gut noch böse ist. Sie kann aber beides werden in den Händen derjenigen, die sie für Gutes oder Böses gebrauchen. Die Lösung kann auch nicht in der ständigen Achtsamkeit bestehen, wie Goleman sie fordert. Das wäre ein intellektueller Weg, der biologisch zum Scheitern verurteilt ist. Wodurch wird der Mensch am meisten geformt? Kultur, Religion, Gesellschaft, Psychologie, Familie? Die Werte, für die er sich entscheidet oder mit denen er aufwächst?

Philosophie war zuerst Kosmologie und dann Erkenntnistheorie, beides bei den Griechen im alles umfassenden Logos vereint. Für Gefühle als Grundlage ihrer Philosophie konnten sich nur wenige Philosophen begeistern, einige allerdings vehement wie Machiavelli, Schopenhauer und Nietzsche. Sonst wurden die Gefühle in die Literatur verlegt. Dostojewski gelang es, den Leser gefühlsmäßig in die Atmosphäre seiner Romane hereinzuziehen.[24] Heute vermitteln Soap-operas Millionen von Fernsehteilnehmern Emotionen, die ein Schurke wie J. R. Ewing zeigt oder ein liebenswerter Pfarrer wie Pater Brown darstellt.

Daniel Goleman kommt das Verdienst zu, den Begriff der emotionalen Intelligenz allgemein bekannt gemacht zu haben. Da dieser Begriff die Emotionen aufwertet, aber nicht die Intelligenz klassischer Prägung abwertet, sollte man ihn in der von Goleman gewählten Definition beibehalten: »Was können wir wirklich ändern, damit es unseren Kindern besser ergeht? Woran liegt es beispielsweise, wenn Menschen mit einem hohen IQ straucheln und solche mit einem bescheidenen IQ überraschend erfolgreich sind? Entscheidend sind nach meiner Ansicht sehr oft die Fähigkeiten, die ich als emotionale Intelligenz bezeichne; dazu gehören Selbstbeherrschung, Eifer und Beharrlichkeit und die Fähigkeit, sich selbst zu motivieren. Wie wir sehen werden, sind das Fähigkeiten, die man Kindern beibringen kann, so daß sie das intellektuelle Potential, das die genetische Lotterie ihnen vermittelt hat, besser nutzen können.«[25] Diese Botschaft Golemans kann man nur unterstreichen. Sie ist allerdings nicht neu. Sowohl in der deutschen als auch in der amerikanischen Pädagogik sind weit vorausschauende Pädagogen diesen Weg gegangen. Ihre Charaktererziehung lebt jetzt wieder auf. Daß diese in den letzten Jahrzehnten mehr oder weniger gescheitert war, lag an der veränderten sozialen Einstellung der Menschen zu sich selbst und zu anderen. Das Leben in der Gesellschaft ist egoistischer und kälter geworden. Die westliche Zivilisation ist daher krank zu nennen. Aus diesem Grund werden in diesem Buch weniger die positiven Aufrufe unterstützt, die so oft Enttäuschungen im Gefolge haben, als vielmehr die psychologischen Widerstände der menschlichen Natur aufgezeigt, die den emotionalen Reformen Paroli bieten. Vielleicht gelingt es über eine Auseinandersetzung mit ihnen, eines Tages das zu verwirklichen, was David Goleman angeregt hat.

Nach seiner Auffassung gibt es viele Anhaltspunkte dafür, daß die ethischen Grundhaltungen des Menschen auf emotionalen Fähigkeiten beruhen. Das Medium der Emotionen seien die Impulse. Wer sich jedoch seinen Impulsen ausliefere, keine Selbstbeherrschung übe, leide an einem moralischen Defizit. Goleman sieht in der Fähigkeit, Impulse zu unterdrücken, die Grundlage von Wille und Charakter. Andererseits ist nach seiner Ansicht die Basis des Altruismus die Fähigkeit, die Gefühle der anderen, zum Beispiel ihre Verzweiflung, zu erkennen. Beide Fähigkeiten hält Goleman für unverzichtbar: »Und wenn in unserer Zeit zwei moralische Haltungen nötig sind, dann genau diese: Selbstbeherrschung und Mitgefühl.«[26]

Große Koalition: Verstand und Gefühl

Goleman fordert, die rationale mit der irrationalen Welt wieder zu versöhnen. Doch wer fühlt sich dabei angesprochen? Es war die rationale Intelligenz, die die Bedeutung der Emotionen erkannte. Und es ist die rationale Intelligenz, die den Weg weist. Sie hebt die Emotionen hervor, aber warnt auch vor ihnen.

Goleman behauptet, achtzig Prozent der Erfolge im Beruf

und im Leben verdanke der Mensch seiner emotionalen Intelligenz, nur zwanzig Prozent der rationalen. Es gibt aber keine emotionalen Erfolge ohne rationale Intelligenz. Es ist wahrscheinlich der Synergieeffekt von IQ und EQ, der die Erfolge der emotionalen Intelligenz plötzlich so deutlich werden läßt.

Vor allem die Sprache übermittelt Gefühle, so daß deren angemessene Übermittlung auf das Ausdrucksvermögen, also die sprachliche Intelligenz angewiesen ist.

Goleman wendet sich gegen die herkömmliche und traditionelle Intelligenzforschung. Sie lasse das unberücksichtigt, was im Leben zum Erfolg führt. Und das nennt er emotionale Intelligenz.

Er beruft sich auf Ergebnisse der Hirnforschung, die in sein Konzept passen. Diese zeigt, daß alle Leistungen des Gehirns in Parallelprozessen ablaufen. An verschiedenen Stellen des Gehirns wird ein und dieselbe Aufgabe bearbeitet. Emotionen können, aber müssen nicht in sie eingebunden sein. Es werden von der Hauptinstanz Aufträge an verschiedene Ressorts vergeben. Eines von ihnen bearbeitet die Emotionen.

Die Hauptinstanz ist die allgemeine Intelligenz, der Faktor g; g steht für »general«. Das ist das allgemeine Potential, von dem alle anderen Fähigkeiten und Talente abhängig sind. Wahrscheinlich bedarf es eines hohen Generalfaktors, um die emotionale Intelligenz zu verstehen. Es gibt darüber noch nicht eine einzige Untersuchung. Wir können aber mit Sicherheit annehmen, daß das Golemansche Konzept ohne den klassischen Faktor g in sich zusammenbricht.

Hundert Jahre Wissenschaft mit fünfhundert Nobelpreisträgern haben ein Weltbild geschaffen, das nur noch wenige Insider verstehen. Es war eine Frage der Zeit, wann der Rückschlag erfolgen würde. Jetzt ist er erfolgt mit Konzepten, die die Gefühle preisen und sich dabei auf eben jene Wissenschaft berufen, die keiner mehr versteht. Der daraus entstehende Konflikt kann gelöst werden. Die Wissenschaftler selbst erörtern wieder alte philosophische Fragen, die Laien berufen sich mehr auf Gefühle. Beide werden sich näherkommen, wenn es gelingt, die jeweiligen Probleme in einem größeren Zusammenhang zu sehen.

Die neue Klasse: Amateur-Philosophen

Das 20. Jahrhundert hat uns revolutionäre wissenschaftliche Entdeckungen beschert. Die rationale Intelligenz feierte in diesem Zeitraum ihre bisher größten Triumphe. Doch brachte sie die Welt auch zeitweise an den Abgrund. Jetzt macht die Neurowissenschaft von sich reden. Mit hochkomplizierten technischen Instrumenten inspiziert sie das lebende Gehirn. Sie sieht, wie wir denken, fühlen, sprechen und entscheiden.

Die Hirnforschung ist sogar auf der Suche nach dem Geist. Wird sie ihn jemals finden? Oder die Seele? Die menschliche Intelligenz ist sich ihrer selbst bewußt geworden. Doch reicht das für allerletzte Fragen?

Die Hirnforscher sind die Philosophen von heute. Können wir das Universum verstehen? Wie hat alles einmal angefangen? Kann unser Geist sich selbst erforschen? Kann er den Sinn begreifen?[27]

Wir haben vom Baum der Erkenntnis gegessen. Zurück ins Paradies können wir nicht. Aber wir können uns auf grundlegende Werte besinnen und mit ihrer Hilfe den Zwiespalt zwischen Ratio und Emotion immer wieder auflösen und ausgleichen. Es kommt darauf an, welche Lebensatmosphäre wir uns schaffen.

Wie schon dargelegt, hat die Wissenschaft in diesem Jahrhundert aufsehenerregende Entdeckungen gemacht. Aber auch in der Wissenschaft gibt es Hochkonjunkturen und Rezessionen. Was die Hirnforschung angeht, herrscht jetzt Aufbruchstimmung. Gewöhnlich gehen die wissenschaftlichen Fragen lange

Zeit von einem neuen Paradigma aus. Ob die Hirnforschung einen solchen Paradigmawechsel zur Zeit erlebt, kann noch nicht gesagt werden. Nur soviel steht schon fest: Die Psychologen haben die Neurologen zu respektieren gelernt und umgekehrt. Die gegenseitige Information läßt altbekannte Theorien wanken, aber gleichzeitig neue entstehen. Wenn aber die Experten einer Wissenschaft bei den Experten einer anderen in die Schule gehen, kommt es zu philosophischen Erkenntnissen, die auch für den aufgeschlossenen gebildeten Laien interessant werden. Hat dieser erst erfaßt, daß die Wissenschaften, die seine Lebenswirklichkeit berühren, mit Neuem aufwarten können, dann ist auch er bereit, sich mit dem Neuen zu befassen. Hier trägt die wissenschaftliche Publikation eine hohe Verantwortung. Sie muß allgemeinverständlich, aber richtig aufklären.

2. TEIL

Triumph der rationalen Intelligenz

Bunte Bilder aus der Tiefe des Gehirns

Experimenten mit Positronen-Emissions-Tomographen verdanken wir die neuen Erkenntnisse über Funktionsweisen unseres Gehirns. Hier wird ein solches Experiment geschildert, damit der Leser erfährt, von welchen Prozeduren und Erfindungen Erkenntnisse abhängig sind und wie Schlußfolgerungen überraschender Art möglich werden.

Protokoll eines Experiments

Der 24. September 1989 war ein ganz gewöhnlicher Arbeitstag im Mallinkrodt Institut der Washington Universität in St. Louis (USA). Um 9 Uhr versammelten sich alle Mitarbeiter zu einer Lagebesprechung. Forschungsvorhaben und Forschungsergebnisse wurden besprochen. Die Sitzung leitete Professor Marcus Raichle. Er ist nicht nur der Direktor des Instituts, sondern auch ein weltbekannter Pionier der PET-Scan-Forschung. PET ist, wie weiter oben schon erwähnt, die Abkürzung für Positronen-Emissions-Tomographie.

Um 10 Uhr waren einige Studenten bestellt, die sich für Experimente zur Verfügung stellen wollten. Jeder erhielt dafür 50 Dollar pro Versuch. Jetzt sollten sie noch über den Verlauf und die Risiken aufgeklärt werden. Das machte wie immer Steve Petersen, ein Neuropsychologe, der sich besonders um die Erkundung der Sprachzentren im menschlichen Gehirn verdient gemacht hat. Im Institut ist er außerdem so etwas wie ein »Mädchen für alles«.

Steve verkündet den fünfzehn Anwesenden, daß ein unabhängiges wissenschaftliches Gremium seine Zustimmung zu den Versuchen gegeben hat, die heute um 14 Uhr beginnen.

»Freiheit der Wissenschaft ist gut. Kontrolle auch! Hah, Hah.« Das ist sein Einführungsslogan, wie immer. Er erklärt kurz die Vorbereitungen und den geplanten Ablauf. Die Studentin Jeane, die heute nachmittag als erste dran ist, stellt noch einige Fragen, aus denen sich ein Dialog über die Technik der PET ergibt. Steve wirkt etwas ungeduldig, aber er bemüht sich, das schwierige Verfahren wissenschaftlich präzise darzustellen. Es ist ja auch ein Gast aus Deutschland anwesend. Inzwischen ist Professor Raichle dazugekommen. Er bleibt am Fenster stehen und hört gelassen zu. Der fast zwei Meter große Chef ist ein bedeutender Forscher. Einige munkeln schon davon, daß er noch den Nobelpreis erhalten werde. Er hat die Neurologie aus einem seichten Fahrwasser ins offene Meer gelotst.

»Die neuen technischen Apparate, mit denen man das Gehirn untersucht, sind nicht mehr auf die anatomischen Strukturen im Gehirn gerichtet«, beginnt Steve seine Ausführungen, »sondern auf die physiologischen Prozesse. Wir können die Arbeitsweise des Gehirns heutzutage auf dem Bildschirm verfolgen. Positronen-Emissions-Tomographen liegt die Vorstellung zugrunde, daß aktive Hirnpartien stärker durchblutet werden als ruhende. Durch unseren Körper fließt ständig Blut. Es muß auch den Brennstoff heranschaffen, den die gerade arbeitenden Nervenzellen des Gehirns benötigen. Die Energie, die das Gehirn braucht, ist Glykose. Die haben wir markiert, bevor wir sie in Ihre Armvene spritzen. Wir können dann verfolgen, wohin das Blut die Energie leitet. Wir werden Ihnen einige leichte Aufgaben stellen und sind gespannt darauf, in welchem Teil Ihres Gehirns sie gelöst werden. Wir werden es Ihnen später verraten. Sie bekommen vor dem Versuch also eine Injektion, die ganz ungefährlich ist. Sie haben dann nur noch meine Anweisungen zu befolgen. Das Ganze dauert eine Stunde.«

Steve wartet einen Augenblick. »Hat jemand noch eine Frage?«

Jeane hat nicht nur eine, sondern viele Fragen. Sie studiert Englisch und Spanisch. Zuerst will sie wissen, ob das Experiment nicht doch gesundheitsschädigend sei. Von wegen Radioaktivität und so!

»Nein«, sagt Steve. Da schaltet sich der Professor ein und sagt, sein Sohn habe sich auch diesem Experiment gestellt. Wenn es nur ein bißchen gefährlich wäre, hätte er als Vater das nicht zugelassen. Daran möge man erkennen, daß kein Risiko damit verbunden sei. »PET arbeitet mit winzigen und daher harmlosen Mengen von radioaktiven Stoffen. Wenn Sie in einem Flugzeug fliegen, bekommen Sie mehr davon ab als bei uns!«

Die Studentin ist beruhigt. Dann wendet sie sich an Steve: »Werden Sie allein das Experiment mit uns durchführen?«

»Oh nein. Wir sind ein ganzes Team. Zu einer PET-Untersuchung gehören manchmal Neurologen, Chirurgen, Systemanalytiker, Ingenieure, vor allem aber Chemiker.«

»Chemiker?« fragt Jeane staunend.

»Ja. Ich sollte Ihnen noch sagen, daß die Spritze, die Sie nachher bekommen, von Chemikern in unserem Keller vorbereitet wird. Da es sich um ein Radionuklid handelt, steht alles unter Zeitdruck. Es zerfällt sehr schnell.«

»Wenn die Chemiker im Keller arbeiten, müssen ja erst recht lange Wege in Kauf genommen werden«, meint Jeane.

Steve lächelt über eine solch naive Äußerung. Aber er freut sich auch, daß sie ihm Gelegenheit gibt, seine didaktischen Fähigkeiten zu beweisen.

»Sehen Sie«, sagt er, »der Inhalt der Injektion ist ein Isotop, das sich schnell verflüchtigt. Um ein Isotop herzustellen, braucht man einen Teilchen-Beschleuniger. Und den haben wir im Keller.« Und nach kurzer Pause fügt er hinzu: »Ein Kernkraftwerk in der Nähe täte es aber auch.« Es komme darauf an, daß man einen instabilen Atomkern erzeuge. Dazu brauche man ein Zyklotron.

»Hmm.« Die Studentin will nun wissen, was mit ihren Magnetfeldern im Gehirn passiert. »Das kann man doch auch feststellen.«

Steve läßt sich nicht anmerken, daß er über diese Frage ein bißchen enttäuscht ist. Jeane kommt mit einer ganz neuen Technik daher. Hatte sie wohl gerade in einer Zeitschrift gelesen. Das kennt man ja. »Sie denken an Squid [Abkürzung von Superconducting quantum interference device]. Damit kann man kleine Veränderungen in den Magnetfeldern registrieren. Wenn

Neuronen feuern, produzieren sie elektrischen Strom. Elektrische Felder indizieren magnetische Felder. Magnetische Veränderungen zeigen also neurale Aktivität an. Aber das machen wir hier nicht.«

Steve kommt auf PET zurück.»Wir wollen die Hirnaktivität erkennen mit Hilfe von Strahlen, die aus dem Teil des Gehirns kommen, den Sie sozusagen eingeschaltet haben. Im Gehirn passiert immer etwas. Ob Sie nun jetzt hier zuhören oder nachher in der Cafeteria eine Tasse Kaffee trinken. Oder ob Sie nächste Nacht von dem Experiment träumen. Es passiert immer etwas irgendwo in Ihrem Gehirn.«

Und weil alle jetzt wieder lächelnd aufmerken, fügt er hinzu: »Im Augenblick wird bei Ihnen sogar wieder das Aufmerksamkeitszentrum aktiviert. Das sehe ich. Sie verbrauchen jetzt Traubenzucker im Stirnlappenbereich.«

Alle bewundern ihn und scheinen zufrieden.

Dem deutschen Gast fällt auf, daß es außerordentlich lässig zugeht zwischen Professoren und Studenten und daß sie alle viel Zeit haben. Obwohl unter den Versuchspersonen keine Naturwissenschaftler sind, wird ihnen alles erklärt, auch wenn man merkt, daß sie es kaum verstehen. Doch ein Gespräch kann motivieren, sich mit dem Sachverhalt später auseinanderzusetzen. Professor Raichle schaltet sich noch einmal ein. Er befürchtet, daß die schlichte Unterweisung in ein Seminar über Atomphysik oder sogar Wasserstoffbomben ausarten könne. So erklärt er sich bereit, an einem der nächsten Tage das Experiment in allen Einzelheiten auch den Laien nahezubringen. Eine kleine Broschüre über PET, die im Sekretariat zu haben sei, müßten die Interessenten aber vorher durchgelesen haben. Leider dränge jetzt doch die Zeit. Kurz darauf wird Schluß gemacht. Nach dem Mittagessen würde man sich wiedersehen.

Zu mir gewandt, stellt er befriedigt fest, daß die Kooperationsbereitschaft der Versuchspersonen ein wichtiger psychologischer Bestandteil des Experiments sei, und daran mangele es nicht, wie man gesehen habe. Angst oder Aufregung könnten die Untersuchungsergebnisse verfälschen. Es ginge schließlich darum, über markierte Stoffwechselvorgänge im Gehirn herauszufinden, wo dort am meisten Energie verbraucht wird, wenn wir sehen, hören, denken, traurig werden oder in Panik geraten. Emotionen hätten ihren Sitz im Gehirn. Da sie heute nicht im Mittelpunkt der Untersuchung stünden, seien sie nur störend. Man wolle die Sprachzentren ausfindig machen. Er sei immer wieder glücklich, mit Studenten zusammenzuarbeiten. Das entschädige ihn dafür, daß er eine berufliche Tätigkeit ausübe, die leider ausschließlich in Forschung bestehe.

Nach dem Mittagessen treffen wir uns wieder. Im PET-Raum läßt Steve die Jalousien herab. Das schon vorher eingeschaltete Licht wird durch einen Dimmer gedämpft. Am Arbeitstisch und an einem großen Röhrengerät brennen kleine Schreibtischlampen. Die Atmosphäre des Raumes ist schwer zu beschreiben. Es wirkt alles ziemlich locker. Aber es ist auch unheimlich. In der Röhre steckt die Studentin. Sie liegt auf einem Operationstisch, Beine ausgestreckt, Arme angewinkelt.

Die Lichter werden abgeschaltet. Es ist dunkel. Doch Petersen, zwei Assistentinnen und ein weiterer Helfer bewegen sich sicher im Raum, obwohl sie im Augenblick kaum etwas sehen können. Alles wird überwacht und beobachtet von Marcus Raichle. Er steht wieder am Fenster, seinem Lieblingsplatz. Man wartet jetzt auf das Startzeichen zum Experiment.

Den Kopf der Studentin kann man kaum erkennen. Sie trägt eine starre Gesichtsmaske, aus der nur Mund und Augen herausschauen. Man hat die Maske vorher für sie angefertigt. Das sieht aus, als wolle sie zum Karneval in Venedig. Die Maske soll verhindern, daß der Kopf sich bewegt. Einige Institute arbeiten mit schwarzen, andere mit weißen Masken.

Die rund gestaltete Maschine umgibt ein Kreis von vielen Kristallen. Das sind Detektoren. Sie sollen nachher die Strahlung auffangen, die aus dem Kopf der Probandin kommt. Die Frau liegt ganz still da. Über ihrem Kopf, etwa dreißig Zentimeter entfernt, hängt der Monitor eines Computers. Er zeigt in der Mitte ein kleines weißes Kreuz.

»Sie sind jetzt ganz ruhig, Jeane. Sie entspannen sich. Sie richten Ihr Augenmerk auf das Kreuz!«

Die Sätze, von Steve gesprochen, erinnern an eine Hypnose. Aber hier wird keiner hypnotisiert. Kurz darauf hört man im Hintergrund des Raumes eine Stimme zählen: 5 – 4 – 3 – 2 – 1 – 0, wie bei einem Countdown der NASA, wenn eine Rakete in den Weltraum gestartet wird. Ein Mitarbeiter aus dem Raichle-Team hat gezählt. Über eine Art Rohrpost aus dem Kellergewölbe trifft bei 0 eine Plastikspritze ein. Sie enthält die angekündigte radioaktive Form von Glykose. Glykose ist die einzige Energiequelle für unser Gehirn. Für das Experiment hat man sie aus den Blättern einer Steckrübe hergestellt. Das erleichtert die Untersuchung erheblich. Diese Glykose vermischt sich sofort mit dem Blut. So gelangt sie wenige Augenblicke später, nach etwa zehn Sekunden, auch ins Gehirn. Je stärker ein Teil des Gehirns in Anspruch genommen wird durch Aufgaben, die man der Versuchsperson stellt, um so mehr Glykose wird an den betreffenden Ort transportiert.

Man kann auch andere radioaktiv gemachte Substanzen nehmen, wie etwa Kohlenstoff 11 oder Fluordeoxyglykose. Sie wirken wie Markierungen. Sie zeigen an, wo das Blut sich hinzieht, weil dort Brennmaterial für die Nerven gebraucht wird. Die technologische Prozedur zielt zum Schluß auf Hirn-Diagramme, die auf einem Monitor erscheinen: Live-Aufnahmen aus der Tiefe des Gehirns! Aber die befinden sich im Raum nebenan. Die PET-Scan-Maschine kann also demonstrieren, wo im Gehirn zum Beispiel gerade gedacht oder wo ein Alarm ausgelöst wird, der zu Panik führt, wo man sich freut oder wo man sich ekelt.

Die PET-Technik ist im Prinzip und vom Konzept her einfach.

FDG (Fluor-2-deoxyglykose) ist im Blut erkennbar, nachdem man es injiziert hat. Man kann also den Blutstrom verfolgen, weil FDG darin schwimmt und durch die Adern geschwemmt wird. Es wird auch vom Gehirn aufgenommen. Innerhalb der nächsten dreißig Minuten wird das Gehirn Traubenzucker benötigen. Da dieser radioaktiv gemacht worden ist, sendet er Positronen aus. Die kollidieren mit Elektronen des körperlichen Gewebes und zerfallen in Gamma-Strahlen von 180-Grad-Winkeln. Um den Kopf der Versuchsperson werden diese Gammastrahlen aufgefangen. Das geschieht durch die Kristalle. Dabei werden Photone freigesetzt, Lichtquanten durch Hochgeschwindigkeits-Verstärker-Fotoröhren erfaßt. Der Ort der Kollision ist feststellbar. Innerhalb von wenigen Minuten ereignen sich Millionen solcher Zusammenstöße. PET-Scanner können während der Periode von dreißig Minuten, in der das Isotop zerfällt, die metabolische Aktivität des betreffenden Gehirnareals als Bild darstellen. Die Halbwertzeit der radioaktiven Glykose zwingt zu schnellem Handeln der Experimentatoren.

Ein Atom besteht aus einem Atomkern und einer ihn umgebenden Elektronenhülle. Der Atomkern besteht wiederum aus Protonen und Neutronen. Nun gibt es verschiedene Atomarten eines Elements. Sind gleich viele Protonen vorhanden, aber unterschiedlich viele Neutronen, dann spricht man von einem Isotop. Das ist ein abartiges Element, das zerfällt und dabei Alpha-, Beta- oder Gammastrahlen aussendet. Man macht sich also zunutze, daß instabile, neutronenarme Atomkerne keinen Bestand haben. Dadurch gehen sie in einen stabileren Energiezustand über. Dabei wandelt sich ein Proton im Atomkern in ein Neutron um. Sind die Atomkerne neutronenarm, wird ein Gleichgewicht erstrebt, indem positiv geladene Elementarteilchen, eben die Positronen, emittiert werden. Treffen diese auf negativ geladene Elektronen, verwandeln sich beide Teile von Masse in Strahlenenergie. Sie zerstrahlen, weil Antimaterie auf Materie trifft. In entgegengesetzten Richtungen fliegen sie mit gleicher

Energie auseinander. Die berühmte Formel dafür ist die von Albert Einstein: $E = mc^2$ (E = Energie, m = Masse, c = Lichtgeschwindigkeit). Es kommt zu einer Explosion von Gammastrahlen-Energie. Diese Explosionen werden von den Detektoren ausgemacht und an den Computer weitergeleitet. Der verarbeitet die Informationen zu einem bunten Bild vom Gehirn. Gelb und Rot stehen für hohen Energieverbrauch, Blau und Violett für geringen. So hat man das eingerichtet.

Das alles passiert im Gehirn der Studentin. Und man ist dabei großen Geheimnissen auf der Spur.[1]

Rasputin und die sieben Zwerge

Steve ist jetzt soweit. Er entnimmt der Rohrpost mit Gummihandschuhen die Injektionsspritze und begibt sich vorsichtig mit ihr zu der Probandin. Er injiziert ihr den Inhalt der Spritze, etwa sechs Kubikzentimeter, in eine dafür vorbereitete Armvene. Da die Substanz sofort anfängt zu zerfallen, kann man sie im Blut verfolgen. Sie funktioniert wie ein Sender, der immer schwächer wird.

Steve setzt jetzt den PET-Scanner in Bewegung. Scanner heißt Sucher, Abtaster. Das mit Radioaktivität versehene Blut hat das Gehirn erreicht. Der Ring von Radio-Detektoren fängt an zu kreisen. Das sieht so aus, als würde ein Hula-Hopp-Band um den Detektorring anfangen, sich in Schwingungen zu bewegen. Er bewegt sich um den Kopf der Studentin. Für die vierzig Sekunden, in denen diese auf das weiße Kreuz sieht, fließt radioaktives Blut in den Teil des Gehirns, der Sehreize aufnimmt und in der Fachsprache visueller Kortex genannt wird. Ströme von Gammastrahlen werden produziert, die von den Detektoren aufgefangen werden.

»Das Gehirn sendet jetzt«, flüstert Raichle mir ins Ohr.

Aufgrund von Durchblutungsmustern entstehen sozusagen

Äquivalenzen von allen möglichen Prozessen, die im Gehirn ablaufen. Das können Emotionen sein, aber auch Denken, Wahrnehmen.

»Den Gefühlen auf der Spur?«

»Ja, so ist es!«

Im Nebenraum befinden sich einige Computer. Der größte von ihnen hat den Spitznamen Rasputin. Die kleineren sind die sieben Zwerge. Überall, wo mit besonders starken Computern gearbeitet wird, haben diese Maschinen von den sie bedienenden Menschen Spitznamen erhalten. Das vermenschlicht den Umgang mit ihnen. Hier haben sie die Aufgabe, die empfangenen Signale zu einem Bild zusammenzusetzen, das den Blutstrom im Gehirn wiedergibt. Wo die meiste Energie gebraucht wird, schafft das Blut sie auch hin. Das kann man abbilden.

Das erste Bild, das produziert wird, ist ein Kontrollbild. Es zeigt das, was das Gehirn aktiviert, wenn die Augen auf irgend etwas blicken, das sich nicht bewegt. Hier ist es ein weißes Kreuz.

Nach etwa zehn Minuten wird die erste Aufgabe gestellt. Die Probandin wird noch einmal angesprochen.

»Richten Sie Ihr Auge auf das weiße Kreuz! Und bleiben Sie, bitte, entspannt! Gleich werden Sie an der unteren Horizontale einzelne Wörter eingeblendet bekommen, jeweils im Abstand von einer Sekunde. Aber bleiben Sie, bitte, ruhig. Es kann Ihnen nichts passieren, Jeane«, so die Stimme von Petersen.

Eine weitere Dosis der radioaktiven Substanz wird injiziert. »Wiederholen Sie nicht die Wörter, die Sie sehen. Gucken Sie sie, bitte, nur ruhig an. Weiter nichts!«

Jetzt wird eine andere Querschnittsaufnahme gemacht. Tomographie heißt ja nichts anderes, als daß vom Computer erstellte Schnitte durch das Gehirn aufgenommen werden, wie bei einem Mikroskop. Man kann auf diese Weise überall im Gehirn einen solchen Schnitt machen. Es ist ein Computerbild, natürlich kein richtiger Schnitt. Minuten später hat Rasputin das Muster rekonstruiert, das durch die Gammastrahlung hervorgerufen wurde. Wir haben also ein zweites Bild. Mit diesen beiden Bildern wird nun mit äußerster Präzision eine Landkarte vom lebenden Gehirn hergestellt.

Das zweite Bild wird auf das erste gelegt. Der Computer macht das. Das erste Bild wird von dem zweiten subtrahiert. Der Computer hat zu tun. Aber schwierig ist das für ihn nicht. Dadurch entsteht ein drittes Bild, das nur das enthält, was das lesende – nicht das nur schauende – Gehirn an Aktivitäten produzierte. Die Wissenschaftler stoßen freudige Laute aus wie »Oh« und »Ah«, als sie die ersten Bilder auf dem Monitor zu sehen bekommen. Sie zeigen deutlich ein hellbuntes Areal im Gehirn: im okzipitalen (zum Hinterhaupt gehörenden) und temporalen (zu den Schläfen gehörenden) Teil. Diese Gebiete müssen also verantwortlich sein für das Erkennen von Wörtern.

Für die Studentin besteht keine Gefahr, obwohl sie mit Radioaktivität versehen wurde. Gefahr besteht höchstens für die Wissenschaftler selbst, denn der Mensch, dem man eine Injektion gibt, ist plötzlich zu einer Strahlenquelle geworden. Deshalb wird immer wieder leise von dem Leiter des Experiments gesagt: »Vorsicht, Sie kommen jetzt in den Strahlenkreis der Probandin. Halten Sie sich nicht zu lange darin auf!« Es ist, als sähe er die Strahlen mit eigenen Augen.

Der erste Teil des PET-Scan-Sprachtests ist jetzt beendet. Das Daten- und Rohmaterial liegt vor. Doch das ist erst der Anfang. Weitere Versuche, in denen Studenten Wörter lernen, aussprechen, sich erinnern und lesen – alles, was mit Sprechen und Sprache zu tun hat –, wird unter PET-Scan-Bedingungen aufgezeichnet. Die Bilder werden bearbeitet und verglichen. Auf diese Weise kommt man dahinter, wo im Gehirn gearbeitet wird, wenn wir sprechen, lesen und uns sprachlich erinnern. Ein neues Gebiet, eine Landkarte des Gehirns wird aufgezeichnet und vermessen. Dabei geht es um Bruchteile von Millimetern. Und man entdeckt auch emotionale Zentren, die von der Vorstellungswelt der Sprache abhängig sind. Die Überraschung ist groß. Mindestens sechs zentimeterweit auseinanderliegende Zentren sind beteiligt. Kein Mensch weiß bisher, wer das so gut organisiert. Eine Kommandozentrale im Gehirn hat man noch nicht gefunden. Wer alles koordiniert, weiß man nicht. Aber es wird weiter gesucht. Vielleicht ist ein gut funktionierendes Gehirn immer auch ein gut organisierendes Gehirn. Es wird sich zeigen und eine wichtige Erkenntnis darstellen, die auch die Organisation der äußeren Welt beeinflußt. Die Suche nach der entscheidenden Zentralinstanz könnte so ausgehen wie bei einem Biologen, der den Wald vor lauter Bäumen nicht mehr sieht. Das Gehirn in seiner Ganzheit ist wahrscheinlich die Leitung.

Morgens um 9 Uhr kommen immer alle Institutsangehörigen zusammen. Da wird diskutiert, Neues ausgeheckt und auch besprochen, was man der Presse mitteilt oder in Fachzeitschriften publiziert. Publicity ist wichtig. Dann machen die Sponsoren das Geld locker.[2] Und in St. Louis gibt es reiche Leute aus den alten Zeiten, als hier noch riesige Holzmengen umgeschlagen wurden. Einer dieser Millionäre war dermaßen beeindruckt, daß er Raichle für vier Millionen Dollar ein neues Institut bauen ließ.
»Die Psychologen, die die Intelligenz erforschen und das mit Hilfe von Intelligenztests tun, haben Konkurrenz bekommen«, meint John, ein etwas vorlauter Assistent, der aber das Wohlwollen des Chefs genießt, weil er so flapsig daherredet. Die Neurowissenschaftler planen eine Revolution.
»Die Philosophen, die von der Liebe, dem Vertrauen, der Existenzangst gesprochen haben, bekommen es auch noch mit uns zu tun«, fügt Raichle schmunzelnd hinzu.
Er weiß, daß man sich in einer Revolution der Molekularmedizin befindet, in der PET eine besonders wichtige Rolle spielt. Und er gehört zu den Revoluzzern.[3]

Mentale Zentren für das Sportlerhirn?

Wenn der Mensch eine Sprache spricht, nimmt man an, er könne sie auch lautlos verstehen. Der gesunde Menschenverstand sagt uns, daß es keinen Unterschied ausmacht, ob wir sprechen oder lautlos sprechen. Sprache ist Sprache. Das ist jedoch ein Irrtum. Raichle entdeckte auch noch etwas ganz anderes: Wenn wir sprechen, ist ein anderes Gehirnareal aktiv als das, welches wir zum Verständnis der Sprache gebrauchen. Das würde sehr schnell erklären, warum Menschen eine Sprache verstehen, aber nicht sprechen, andere sie lesen, aber sich nicht in ihr ausdrücken können.

Die klassische Neurologie nahm an, daß das Zentrum für Sprachbedeutung und Sprachverständnis ganz in der Nähe des Hörzentrums liege. Aber dieses Zentrum leuchtet nicht auf bei PET-Scan-Experimenten mit Wortassoziationen. Wortassoziationen werden da abgewickelt, wo das Lesezentrum ist. Insgesamt sind drei verschiedene Zentren beteiligt, wenn wir sprechen: in der rechten Gehirnhälfte, im frontalen Kortex und eines in der Mitte. Die frontale Region verbraucht aber auch mehr Glykose, wenn mathematische Prozesse ablaufen. Rätsel über Rätsel!

Die Erkenntnisse dieser Experimente stellten alles auf den Kopf, was man bis dahin angenommen hatte. Die Folge wird eine Veränderung der Erziehung, der Beurteilung der Intelligenz und der Ressourcen sein, die unser Gehirn uns zur Verfügung stellt. Aber man weiß noch viel zuwenig, um daraus praktikable Konzepte zu entwickeln. Augenscheinlich geht jetzt die Phantasie mit denen durch, die so begeistert von der Hirnforschung sind, weil sie ihnen neue Nahrung für Pläne, Entwürfe und Veränderungen im Bereich der Erziehung bietet.

In St. Louis entdeckte man sogar ein kleines Zentrum, das offenbar nur für mentale Prozesse zuständig ist, die etwas mit

Bewegungsabläufen zu tun haben. Wenn man eine Faust ballt, braucht das dafür zuständige Gehirnzentrum mehr Energie. Das geschieht im sogenannten Brocaschen Sprachzentrum, etwa auf Scheitelhöhe in der linken Gehirnhälfte. Das ist aber auch, wie man jetzt erst erkannt hat, zuständig für Bewegungsabläufe, die von hier aus kontrolliert werden. Wenn wir uns vorstellen, wir würden die Faust ballen, ohne sie wirklich zu ballen, dann wird in der Nachbarschaft des Zentrums Energie verbraucht. Das kann nur heißen, daß auch vorgestellte Bewegungsabläufe eine physiologische und anatomische Gehirnbasis haben. Auch nur gedachte, vorgestellte Bewegungen werden kontrolliert. Damit werden Bewegungen unabhängig von der Ausführung. Sie werden auf ihren mentalen Gehalt reduziert. Für die Evolution des Menschen war das ein großer Vorteil. Er konnte etwas einüben, ohne dabei allzuviel Energie zu verbrauchen. Er konnte seine bewegungsmäßige Unterlegenheit gegenüber Tieren kompensieren mit der Überlegenheit seines Geistes und seiner Vorstellungskraft. Und wenn er sich Bewegungsabläufe vorstellte, machte er außerdem keine Fehler. Auch das war ein Vorteil, den Sportler heute noch nutzen, wenn sie mental vor dem Wettkampfstart trainieren. Am wirkungsvollsten hat sich ein Training erwiesen, das aus mentalen und realen Bewegungsabläufen im Verhältnis von 1 zu 3 besteht. Der brasilianische Fußballspieler Pelé war der erste, der das erkannte.

»Vor jedem Spiel habe ich mir im Geiste vorgestellt, wie ich mit dem Ball am Fuß an meinen Gegnern vorbeigehe. Nichts war mehr dazwischen. So scharf stellte ich mir das vor. Die besten Spiele aber machte ich, wenn ich mir intensiv vorgestellt hatte, ich würde durch meine Gegner hindurchgehen. Oft habe ich das auch geträumt.«[4]

Diese Leistungsfähigkeit setzt ein Großhirn voraus und eine Intelligenz, die in der Vorstellung, der Phantasie und im Optischen liegt. Es gibt keinerlei Anzeichen dafür, daß vorgestellte Ereignisse der Vergangenheit, der Gegenwart und der Zukunft außerhalb des Neo-Kortex (Großhirnrinde) möglich sind. Der umgekehrte Schluß ist auch richtig. Wenn wir Lebewesen finden, die kein Großhirn haben, können sie auch nicht denken oder sich etwas vorstellen. Ihre Bewegungsbalance muß angeboren sein.

Man kann nur darüber staunen, daß so entfernt voneinander liegende Forschungsdisziplinen wie PET-Scan-Experimente und Paläontologie plötzlich in unserem denkenden und forschenden Gehirn zusammenrücken. Und selbst dafür gibt es schon Hinweise, die das erklären. Unser Gehirn ist nämlich auf eine Weise als Informationsspeicher konstruiert, daß wir über die Tätigkeit, die wir bei der Erlernung eines Sachgebietes ausführen, auch das Archiv strukturieren, in dem es abgelegt wird.

Das Gehirn lagert das Wissen in eben solchen Systemen, die beim Erwerb des Wissens oder der Handlung eine Rolle spielten. Ein Messer wird im Gehirn dort gespeichert, wo wir die Regale stehen haben, die für den Umgang mit dem Messer wichtig waren. Deshalb finden wir »Messer« auch im späteren Alter in der Nähe von »Küche« und nicht etwa unter »Besteck«. Es kommt darauf an, wie und auf welche Weise das Gehirn etwas erwirbt oder wie das Gehirn es herangeschafft hat. Das Gehirn deponiert auch alles, was mit den Interaktionen zu tun hat. Im Falle von Messer und Gabel: wie sich die Geräte anfühlen und wie die Hände damit umgehen.[5]

Andere Sinne haben auch ihre Archive. Ebenso Schmerzen! Jemand kann nach einer Amputation Schmerzen empfinden an einem Glied, das gar nicht mehr da ist. Aber im Gehirnarchiv ist es noch registriert. Ebenso Laute. Es hört jemand verschiedene Töne. Laute Töne werden in einem ganz anderen Teil des Gehirns verarbeitet als leise. Aber alles ist angeordnet wie die Tastatur eines Pianos. Die Entfernung zwischen zwei Gehirnarealen, von denen das eine ein hohes C und das andere ein mittleres C registriert, ist analog derjenigen zwischen einem mittleren C und einem hohen C auf dem Klavier. Da es Sprachen gibt wie die chinesische, bei der die Tonhöhen schon verschiedene Wörter ausmachen, ist es nicht abwegig, von einem chinesischen Gehirn zu sprechen. Es wird nämlich durch die Muttersprache in besonderer Weise sensibilisiert. Das ist der Grund dafür, weshalb wir so schwer Chinesisch lernen. Bei uns spielen Tonhöhen eine andere Rolle. Das Wort Reh bleibt Reh, auch wenn es mal höher oder mal tiefer gesprochen wird. Mit dem Wort Haus ist es genauso. Im Chinesischen würde es sich dagegen um vier verschiedene Wörter handeln.

Im Japanischen ist es noch offenkundiger, obwohl die grammatische Struktur mit dem Chinesischen gar nicht verwandt ist. Das Gehirn nimmt nämlich auch eine sprachliche Analyse von Reizen vor, die bei uns keine Rolle spielen, wenn es um Sprechen, Zuhören oder Lesen geht. Das Rascheln der Bäume, das Vogelgezwitscher, das Bellen eines Hundes, das Plätschern eines Baches werden von Japanern aufgenommen wie bei uns Konsonanten und Vokale. Bei den Japanern soll auch die linke Gehirnhälfte nicht nur auf Konsonanten spezialisiert sein wie bei westlichen Menschen. Ein ganz wesentliches Element des Japanischen sind die Vokale. Da sie sehr wichtig sind, werden sie in der linken Gehirnhälfte analysiert. »O oooo oo o« kann ein japanisch gesprochener Satz sein. Bei uns wäre es nur der emotionale Ausdruck für Verwunderung oder Klage. Bei uns spielt sich das rechts ab, im »japanischen Gehirn« links, weil damit Gefühlswerte bezüglich der Natur verbunden sind.[6]

Reptiliengehirn auch beim Menschen

Ich erinnere mich noch an alle Einzelheiten einer Vorlesung, die der Anatom Wolfgang Bargmann vor über dreißig Jahren an der Kieler Universität gehalten hat. Ich war mit ihm verabredet und nutzte die Gelegenheit, vorher sein Kolleg zu besuchen. Er sprach über das menschliche Gehirn, insbesondere über den

Aufbau und die Konnexion der Milliarden Neuronen, der Nervenzellen unseres Gehirns. Plötzlich horchten alle auf, die gewohnt waren, sich ihr Wissen in Routinevorlesungen anzueignen.

»Es geht nicht um den Aufbau des menschlichen Körpers, sondern um den Aufbau des menschlichen Geistes«, hörten sie ihren Professor sagen. »Am Anfang Ihres Studiums müssen Sie lernen, durch Sezierschnitte Körperteile eines Toten angemessen aufzulösen. Sie bauen damit den Körper geistig in sich auf. Er entsteht in der Vorstellungswelt Ihres Bewußtseins neu.«

Ist damit die Anatomie eine Geisteswissenschaft?

Ein solches Eingeständnis von einem Anatomie-Professor konnte ich mir nicht entgehen lassen. Deshalb sprach ich Bargmann zu Beginn unseres Treffens sofort darauf an. Dabei zitierte er die Rede seines berühmten Kollegen Rudolf Virchow beim Antritt des Rektorats an der Friedrich-Wilhelm-Universität zu Berlin. Der habe 1893 über »Lernen und Forschen« gesprochen und deutliche Akzente gesetzt, wie Lehre, Lernen, Forschung und Methoden immer wieder zu einer Einheit zusammenfinden müßten, was aber zunehmend schwerer werde.[7] Er konnte nicht ahnen, mit welch revolutionären Umwälzungen die Wissenschaft schon in den nächsten Jahren die Welt verändern sollte. 1895 entdeckte Wilhelm von Röntgen die X-Strahlen. 1901 bekam er dafür den Nobelpreis. 1905 erhielt Albert Einstein diese höchste wissenschaftliche Auszeichnung für sein neues physikalisches Denken. Auch die Anatomie, so meinte Bargmann, sei davon erfaßt worden. Und dieser Mann ahnte wiederum nichts von der Erfindung hochtechnologischer radioaktiver Apparate, mit denen man zwanzig Jahre später ins Innere des lebenden menschlichen Gehirns sehen konnte.

Das menschliche Gehirn ist eine archäologische Fundstätte. Die oberen Schichten mit ihren weggeworfenen oder abgelegten Gegenständen überraschen uns nicht. Doch wenn wir tiefer graben und etwas finden, wächst die Neugier. Aber auch hier will schon das Graben gelernt sein. Wir stoßen in frühere Zeiten vor. Aus Tonkrügen und Steinwerkzeugen schließen wir auf das Leben vor Tausenden von Jahren. Aus entwicklungsgeschichtlich früher ausgebildeten Hirnpartien schließen wir auf Tätigkeiten der ersten Menschen.

Die tieferen Schichten und die in der frühen Evolution schon vorhandenen Fähigkeiten und Gefühle erregen nicht nur unser wissenschaftliches Interesse. Wir haben zu ihnen noch eine anatomische und irrationale Beziehung. Sie sind nicht romantisch, sondern ganz realistisch, wenn wir von ihnen zu Verhaltensweisen und Reaktionen veranlaßt werden, die etwas mit Ärger, Wut, Empörung, Freude, Trauer und Angst zu tun haben. Manchmal glauben wir auch, eine Entscheidung »aus dem Bauch« fällen zu müssen. Wir haben das Gefühl, nicht nur rationale Lebewesen zu sein.

Der Aufbau unseres Gehirns ist in drei Stufen erfolgt. Zuerst besaßen die Lebewesen nur ein Reptiliengehirn. Es ist das Stammhirn, in dem die entscheidenden vitalen Vorgänge beheimatet sind. Es geht um das Leben schlechthin. Später und darüber hat sich das limbische System entwickelt, das für alles verantwortlich ist, was mit Affekten und Gefühlen zu tun hat. Das Großhirn mit den Milliarden von grauen Zellen im Neokortex ist das entwicklungsmäßig jüngste Gebilde. Es hat zwei Hälften, die sich im Laufe von Millionen Jahren eine Arbeitsteilung gegeben haben, die noch heute existiert. In Wirklichkeit haben wir also vier verschiedene Bezirke im Kopf: Stammhirn, Mittelhirn und zwei Großhirnhälften. Alle haben ihre eigene Struktur, ihre eigene Chemie und ihre eigenen Umwelten, auf die sie ansprechen.[8]

Die Struktur und Anatomie des menschlichen Gehirns ist seit langem bekannt. Die Künstler der Renaissance zeichneten menschliche Organe nach der Natur. Bei verbotenen Sektionen trennten sie Muskeln fein säuberlich voneinander und waren von der wunderbaren Architektur des menschlichen Körpers beeindruckt. Griechen und Römer kannten den menschlichen Körper auch, aber nicht von innen. Das überließen sie den Philosophen und später den Kirchenvätern. Noch der französische Philosoph René Descartes räumte dem Geist den Vorrang ein, obwohl er bereits nach körperlichen Substraten des Geistes Ausschau hielt. Er vermutete den Sitz der Seele in der Zirbeldrüse im Zentrum des Gehirns, was so ganz abwegig keineswegs war, wie wir heute wissen. Die Zirbeldrüse ist der Produzent für Melatonin, das den Rhythmus aller inneren Organe reguliert. Melatonin sorgt für den Tag-Nacht-Rhythmus aufgrund von Informationen, welche die Zirbeldrüse durch Hell-Dunkel-Signale der Augen erhält. Beim Jet-lag kommt die Zirbeldrüse nicht so schnell mit, so daß der Rhythmus nicht klappt. Meßbare Melatonin-Konzentrationen dienen der Krebsdiagnostik. Gesunde Menschen produzieren nachts mehr Melatonin, Krebskranke nicht.[9] Am deutlichsten, meinen jetzt einige Kunsthistoriker, komme das, was die Menschen früher darüber gewußt hätten, in der Kunst zum Ausdruck. Von Michelangelo Buonarotti weiß man, daß er heimlich Menschen sezierte und sich auch für das Gehirn interessierte. Seine Suche nach Geist und Körper als Einheit kommt besonders in seinem Gemälde in der Sixtinischen Kapelle zum Ausdruck, das die Erschaffung Adams darstellt. Die Grundlage war ein Wissen um die Realität aufgrund von Studien, aber auch eine Vision von Vorgängen, die im menschlichen Körper stattfinden, die er nicht wissen, sondern nur ahnen konnte. Das sagen jetzt einige Kunsthistoriker wie der Amerikaner Frank Lynn Meshberger, der seinerseits wieder von der modernen Hirnforschung angetan ist. Deshalb sucht er bei Michelangelo zum Beispiel nach Symbolen und verschlüsselten Botschaften, die anatomische Kenntnisse und geistige Erkenntnisse der Renaissance widerspiegeln.[10]

Gott reicht Adam seinen rechten Arm. Vorsichtig berührt Adams linke Hand mit einem Finger den Arm Gottes, als ob der elektrische Funken von einer Synapse im Gehirn zu einer anderen überspringt und über Transmitter die geistige Aktivität weiterträgt. Synapsen sind mikroskopisch kleine Lücken zwischen den Neuronen. Über sie kommt es zu einer überspringenden Verbindung, die durch Transmitter erfolgt, die wiederum durch elektrische Impulse ausgelöst werden, die von den Neuronen stammen. Die feuern scheinbar unentwegt, aber nach einem geheimen Schaltplan mal stark, mal schwach, mal überhaupt nicht. Das ganze Leben hängt ab von einem komplexen Zusammenhang Hunderter von verschiedenen Neurotransmittern, die in dem Millionenspiel der Neuronen in unserem Gehirn die eigentliche Chemie ausmachen. Unsere Gefühle, Gedanken, Erinnerungen und Träume, unser Schlaf, Sex, die Reaktionen auf Streß sind das Ergebnis von Spitzenleistungen, die unser Gehirn unentwegt vollbringt.

Bei Michelangelo ist Gott selbst eingebettet in die Konturen eines menschichen Gehirns. Deutlich sind das Stammhirn, das limbische System, das Großhirn und die Hirnrinde zu erkennen. Wenn das stimmt, wäre die Struktur des menschlichen Gehirns ein Ebenbild göttlicher Struktur. Michelangelo war im Besitz von differenzierten anatomischen Kenntnissen, die ihn zu der Frage motivierten, wie die feinsten Sehnen und Muskeln es fertigbringen, Bewegungsabläufe von hoher Eleganz und Anmut hervorzubringen. Offenbar hat der große Künstler mehr darüber gewußt, als er zu Lebzeiten mitteilen durfte.

In den 60er Jahren unseres Jahrhunderts hatte die Schule der Anatomie einen gewissen Abschluß erreicht. Aber als eine geistige Leistung, die durch manuelle Tätigkeit erfahren wird, wird sie wohl immer eine Schulungsgrundlage bleiben. Doch haben sich die Perspektiven geändert.

Die alte Anatomie schien auf dem Gebiet der Hirnforschung zu stagnieren, als man von ihr mehr Aufschluß über die geistige Struktur erfahren wollte. Als die Professorin Mariann Diamond von der Universität Princeton 1983 das Gehirn Albert Einsteins vor sich auf dem Tisch liegen sah, sagte sie:

»Da stehe ich nun und schaue auf das Gehirn, das sich die Relativitätstheorie ausgedacht hat. Ich habe in einem Teil des Gehirns 73 Prozent mehr Stützzellen pro Nervenzelle gefunden als bei einem Durchschnittsgehirn. Aber was das bedeutet, weiß ich nicht.«

An der Cornell Universität hatte man schon um 1900 ein ehrgeiziges Experiment begonnen, das gescheitert ist. Man untersuchte die Gehirne von berühmten und berüchtigten Toten, um festzustellen, ob es eine Beziehung zu dem jeweiligen Temperament der Lebenden gegeben habe. Darunter waren auch die Gehirne von Psychopathen und Mördern. Noch heute werden etwa hundert dieser Gehirne in der Uris Hall der Universität in Spiritus aufbewahrt.

Auch die Untersuchung anderer Genies oder Staatsmänner brachte nichts. Professor Oleg Adrianow sezierte das Gehirn Andrej Sacharows. Die hauchdünnen Scheiben mit hunderttausendfacher Vergrößerung unter dem Elektronenmikroskop geben keinerlei Aufschluß. Die Gehirne Josef Stalins und Wladimir Iljitsch Lenins wurden untersucht. Man fand nichts, das man nicht bei anderen Menschen auch gefunden hatte. Offenbar ist die Anatomie des Gehirns kein Gradmesser für die Genialität eines Menschen. Und doch weiß man genau, daß sich hier alles abspielt.[11]

Rudolf von Virchow hat vor hundert Jahren gesagt, er habe bei seinen Sektionen nie so etwas gefunden wie die Seele. Doch heutige Forscher, fortgeschritten in der Wissenschaft durch hochtechnologische präzise Instrumente und Untersuchungsmethoden, gehen wieder auf die romantische Suche nach der Emotion. Sie brauchen nicht mehr zu warten, bis ein Mensch tot ist. Sie sehen ins Innere eines Gehirns, das noch lebt, und zwar nicht mittels Röntgenstrahlen, die die Struktur wiedergeben, sondern durch PET-Scanner, die den Blutkreislauf abbilden.

Wenn wir die verschiedenen Hirne mit Computern vergleichen, ist das zwar nicht ganz zulässig. Es handelt sich beim Gehirn um eine sehr komplexe Ballung von Zellen, die durch biochemische Stoffe kommunizieren. Es geht dabei um Reaktionen, die in tausendstel Milligramm und Mikrosekunden gemessen werden. Die Hirne haben aber alle ihre eigene Software. Das bedeutet, daß sie auch ihre eigene Intelligenz haben. Die Anatomie wäre bei diesem Vergleich eine Hardware-Angelegenheit.

Die Intelligenz des Reptilienhirns ist auf etwa zwanzig verschiedene Verhaltensmuster begrenzt, die alle mit der Selbsterhaltung und der Arterhaltung zu tun haben. Dazu gehören die Territorialansprüche, Nahrungssuche und Ranghierarchien. Sieht man einmal von Verhaltensweisen ab, die sich auf die Erhaltung des anderen beziehen, also eine Grundform des Altruismus darstellen, so ist erstaunlich, wieviel wir von unserem Reptiliengehirn nicht nur in uns haben, sondern auch anwenden.

Gemäß der Computer-Analogie haben wir also auch ein Reptilienprogramm. Es beeinflußt unser Verhalten bei Ritualen, Hackordnungen und dem Sichausrichten nach Autoritäten. Es ist zuständig für unveränderliche Verhaltensweisen wie Imponiergehabe, Herausforderung und Unterwerfung. Leider ist auch der Beginn von Kriegen als Herausforderung und die Beendigung von Kriegen als Unterwerfung im uralten Reptilienhirn verankert. Die Entscheidung mag vom Kortex getroffen worden sein. Dann aber läuft vieles automatisch ab.

Im Centralpark in New York habe ich einmal einen Mann beobachtet, dessen Verhalten fast nur aus Ritualen bestand. Er hatte drei leere Flaschen bei sich, die er so auf den Gehweg stellte, daß man nur darüber hinwegsteigen konnte oder genötigt war, die Flaschen zu umgehen. Dann mußte man allerdings für einige Schritte den Weg verlassen und den Umweg über den Rasen machen. Wenn ein Passant das getan hatte, sammelte der Mann die Flaschen wieder ein, ging einige Meter weiter und stellte sie von neuem auf. Dieses stereotype Verhalten hatte entweder den Sinn, andere Menschen zu beeinflussen, oder es hatte gar keinen Sinn. Es war reine Stereotypie. Ich wollte herausfinden, was ihn dazu veranlaßte. Der Mann war aber nicht ansprechbar. Schließlich wandte ich meine Aufmerksamkeit denen zu, die die Flaschen respektierten. Zu meiner Überraschung fand ich nicht einen einzigen Passanten, der seines Weges ging, ohne den Flaschensteller zu beachten. Alle wählten den Umweg. Das war die Lösung. Es war eine Kommunikation zustande gebracht worden, die den Mann, der seinen Neokortex nicht gebrauchte, zufriedenstellte. Ich habe den Mann noch einige Male später gesehen. Sein Verhalten war stupide das gleiche. Es war, als ob es ausschließlich aus seinem archäologischen Gehirn stammte und gespeist wurde. Die Umwelt spielte bei der Auslösung des Verhaltens praktisch keine Rolle. Reptilienhirn und limbisches System genügen offenbar, um das Leben zu erhalten und eine geringe emotionale Erfahrung durch neurale Verbindungen zwischen beiden zu gewährleisten.

Vielleicht war es in diesem Falle auch ein schizophrenes, zwanghaftes Verhalten mit pathologischer Selbstisolation. Ich weiß es nicht.

Der Sitz der Emotionen

Das limbische System ist der Sitz der Emotionen. Ist man aktiv, enthält es mehr Noradrenalin. Und das führt dazu, daß sich die Pupillen weiten, die Muskulatur besser durchblutet wird, der Puls sich beschleunigt. Der emotionale Zustand ist also abhängig von der Balance, die die Neurotransmitter im limbischen System einnehmen. Kein Gefühl ohne physiologische Prozesse!

Aber es gehen auch Botschaften von anderen Bereichen des Körpers in der Schaltzentrale der Emotionen ein und werden hier interpretiert.

Primäre Gefühle, also solche, die angeboren sind, beruhen auf Schaltungen des limbischen Systems. Die Amygdala, eine mandelförmige Struktur im limbischen System, und das vordere Ende des Gyrus cinguli, eines weiteren Bestandteils des limbischen Systems, spielen dabei eine besondere Rolle. Der Zusammenhang zwischen der Amygdala und den Gefühlen kann aufgrund zahlreicher Forschungen als gesichert gelten. Wird chirurgisch der Schläfenlappen entfernt, dem die Amygdala angehört, tritt eine affektive Gleichgültigkeit ein.

Das limbische System ist das Gehirn aller Säugetiere. Das Verhalten ändert sich sofort, sobald man Teile davon berührt oder reizt. Ein elektrischer Stimulus in die Amygdala bringt das Tier dazu, entweder Erregung, Wut oder Freude zu empfinden. Bei einem fremden Hund weiß man nie, wie er reagiert, wenn man ihn reizt. Eine Katze bereitet sich auf einen Angriff vor. Die Pupillen weiten sich. Sie macht einen Buckel und zieht den Mund in die Breite. Durch experimentelle Gehirnoperationen an Tieren wurde bewiesen, daß das limbische System diejenige Instanz des gesamten Gehirns ist, in dem sich die Emotionen bilden.

Bei Epileptikern ist der Beweis am deutlichsten ausgefallen. Sie erleben Emotionen, denen keinerlei Realität entspricht. Und da sie als Menschen über einen Neokortex verfügen, können sie in Bruchteilen von Sekunden ihre eigenen Emotionen antizipieren. Keiner hat jemals klarer und detaillierter diese extreme Situation von emotionaler Intelligenz beschrieben als der russische Dichter Fjedor Michailowitsch Dostojewski. Er war Epileptiker mit einer außergewöhnlichen sozialen Intelligenz und ist praktisch immer noch der Lehrmeister der Psychologen und Psychiater. In seinem Roman *Der Idiot* trägt Fürst Myschkin sowohl Züge von Jesus Christus als auch von einem Einzelgänger und jemandem, der seine epileptischen Anfälle fürchtet, aber nie kontrollieren kann. Sie treten immer gerade dann auf, wenn er in Erregung gerät oder sich in extremen Situationen als handlungsunfähig erlebt.

Das limbische System macht nur ein Fünftel des Gehirns aus. Aber wegen seiner wichtigen Funktionen ist es weitaus bedeutungsvoller, als die Größe nahezulegen scheint. Es ist wie das Rad an einem Wagen. Das Großhirn liegt darum herum und wird durch zahlreiche Speichen mit Hormonen, Trieben, Temperaturregulation, negativen und positiven Emotionen versorgt. Es dreht sich dabei und ist deswegen kaum zu erkennen. Die sich ergebenden emotionalen Reaktionen und Erfahrungen scheinen sogar in einem Teil des limbischen Systems gespeichert zu werden. Dieses ist also eine Art Spezialgedächtnis für Emotionen. Ändert sich das limbische System durch experimentelle Eingriffe, ändert sich das Verhalten des gesamten Organismus. Das limbische System ist zuständig für Essen und Trinken, Fluchtverhalten, Kampf und Sexualität. Mit diesen vier Verhaltensmustern ist gleichzeitig die Produktion von Emotionen eng verbunden. Das ist die Grundausstattung.

Das ist aber noch nicht alles. Sogenannte Sekundärgefühle können sich dazugesellen. Sie entstehen, wenn wir in der Lage sind, Empfindungen zu verarbeiten und Situationen, Personen und Objekte zu identifizieren. Das Netzwerk des limbischen Systems reicht also weit über seinen eigenen Bereich hinaus. Insbesondere nutzt es die Potentiale und Fähigkeiten, die unser Großhirn durch die Sinneswahrnehmungen empfängt. Für die Beurteilung der menschlichen Gefühle ist das wichtig zu wissen, denn Gefühlen liegen ziemlich komplexe Vorgänge zugrunde. Sie spielen sich im Kopf ab, und nicht im Herzen, wie man lange geglaubt hat.

Wollte man Ernst machen mit der Selbstbeobachtung und Selbsterfahrung, müßte man in den Zoo gehen, um das Verhalten von Reptilien zu beobachten. Denn es ist unser Verhalten, soweit alles andere ausgeschaltet ist. Die Selbsterhaltung und Arterhaltung sind hier zu studieren. Durch das limbische System kommt die emotionale Resonanz hinzu. Wir sind darauf angewiesen, daß zwischen dem Reptiliengehirn und dem limbischen System eine ständige Verbindung besteht, sonst könnten wir gar keine emotionalen Erfahrungen machen. Wahrscheinlich zieht es deshalb so viele Menschen in die zoologischen Gärten, weil sie spüren, daß auch ihr Schicksal von Vorgängen abhängt, die bei Tieren die zentrale Rolle spielen.

In der Evolution müssen die Säugetiere vor Millionen von Jahren dazu übergegangen sein, einen Kortex zu entwickeln. Das war zu der Zeit, als die Amphibien das Wasser verließen und zu Reptilien wurden. Fast wäre es zu einem großen Malheur gekommen. Der Neokortex (stammesgeschichtlich der jüngste Teil der Großhirnrinde) wuchs und wuchs. Er drohte so groß und schwer zu werden, daß die Menschen nicht mehr aufrecht hätten gehen können oder jede menschliche Geburt nur noch mit einem Kaiserschnitt hätte erfolgen müssen. Das Wachstumsproblem mußte von der Natur anders gelöst werden. Der geniale Schachzug der Evolution bestand darin, in die Tiefe zu gehen: Der Neokortex vergrößerte seine Oberfläche durch Furchen, ohne sich auszudehnen. Heutzutage sind 98 Prozent der Kortexoberfläche in den eigenen Tiefen vergraben und von außen unsichtbar. Die Archäologie ist solide. Das Fundament bleibt, die Obergeschosse differenzieren sich. Ihre Spezialisierung ist erstaunlich. Und je tiefer wir in die Geheimnisse des Gehirns eindringen, um so erstaunter sind wir. Hirnforscher können heute schon vermuten, daß wir unsere Lernpotentiale noch keineswegs ausgeschöpft haben. Einige Wissenschaftler sind sogar der Ansicht, es seien bisher nur 10 bis 20 Prozent genutzt. Deshalb gebe es für die Evolution noch ungeahnte Möglichkeiten.

Als Paul McLean 1952 die Funktion des limbischen Systems entdeckte und ihm seinen Namen gab, war das der Beginn einer ganz neuen psychobiologischen Betrachtungsweise. Dieses System ist mit der Produktion von Emotionen beschäftigt. Obwohl es nur ein Fünftel des Gehirns ausmacht, ist es das »Herz«. Offenbar wollte die Natur das starre und stereotype Verhalten der Reptilien lockern. Es war der erste gelungene Versuch der

Emanzipation. Seitdem kennt jeder gesunde Mensch den Unterschied zwischen dem, was er denkt, und dem, was er fühlt. Normalerweise harmonieren Denken und Fühlen. Ein Essen mit Freunden stimmt uns froh, gibt uns das wohlige Gefühl von Sicherheit und Ruhe. Mit seinen politischen Gegnern zusammen essen zu müssen, kann jedoch Emotionen auslösen, die auf Kampf oder Flucht programmiert sind.[12] Von hier ist es nur ein kleiner Schritt zu verstehen, daß Verhaltensweisen irrationalen Charakter bekommen. Sie können sogar destruktiv werden. Der abgesetzte amerikanische Präsident Richard Nixon ist dafür ein Beispiel. Seine paranoide Furcht vor Verschwörern veranlaßte ihn, seinerseits eine Verschwörung anzuzetteln. Die objektive Gefahr, 1974 den Wahlkampf zu verlieren, war gering. Aber die irrationale Gefahr in seinem Gehirn war riesengroß. Es war das irrationale Gefühl, bedroht zu sein, das ihn ins Watergate-Abenteuer stürzte. Sein limbisches System hatte den Kontakt zum Neokortex verloren. Sein Verhalten konnte von ihm nicht mehr rational kontrolliert werden. Aber er war aufgrund seiner Hirnrinde in der Lage, während der Verhöre vor dem Untersuchungsausschuß des amerikanischen Senats seine Gefühle ständig zu rechtfertigen, indem er die eigene Paranoia zum Maßstab erhob. Paranoia im Dienste des Weltfriedens, meinte Nixon, sei so schlecht nicht.[13]

»Die moderne Neurowissenschaft kann mit dem Konzept eines Gehirns, das eine kalte, hart kalkulierende Maschine ist, nichts mehr anfangen. Zu viele Forschungsergebnisse sprechen dagegen«, sagt heute, über zwanzig Jahre nach Watergate, Marcus Raichle von der Washington Universität in St. Louis. »Wir müssen unbedingt die gesamte Palette unserer Emotionen einbeziehen. Und das gilt schon bei der Untersuchung des Sprechens. Wir glauben, daß wir jetzt einen Zugang zu den Emotionen finden, der manches klärt.« Dank der Revolution in der Hirnforschung.

Für den Laien mag es nicht wichtig sein zu wissen, wo die

Emotionen »sitzen«. Für die Erkenntnis des Wissenschaftlers ist das sehr wichtig. Für den Praktiker können Schlußfolgerungen gezogen werden, die überraschend sind. Der Mensch kann keine Entscheidungen treffen, wenn bei ihm die Emotionen ausfallen. Das konnte inzwischen wissenschaftlich nachgewiesen werden. Wenn die entsprechenden anatomischen Verbindungen zerstört worden sind – zum Beispiel durch Verletzung –, gibt es auch keinen entsprechenden Blutchemismus mehr, der für den Transport der wichtigen Hormone und Substanzen sorgt, die für Gefühle nötig sind.

Wenn aber schon bei rationalen Entscheidungen emotionale Anteile unbedingt erforderlich sind, dann können rein rationale Prozesse nicht mehr als realistisch angesehen werden. Es gibt nämlich keine. Sie wären nichts anderes als Defizite, denen die Gefühle als unbedingt notwendiger Bestandteil fehlen. Das ist eine der interessantesten Hypothesen der modernen Hirnforschung: ohne Emotion keine Einsicht.

Umgekehrt gilt das gleiche. Wenn nur emotionale Prozesse genutzt werden, fehlt in unserer komplexen Welt von heute die gesamte strategische Verarbeitung der Informationsflut. Die Informationsgesellschaft als solche hat keine Emotionen. Sie kann sie aber bei Menschen hervorrufen. Hier sind so viele Informationen zu bearbeiten, daß unser emotionales Gehirn überfordert ist, wollte man es zum Regulator machen. Da wird die rationale und künstliche Intelligenz der Technologien schneller und sicherer sein als emotionale Prozesse. Auch diese Hypothese ist aufregend: ohne Ratio nur emotionales Chaos.

Riskante Experimente

Am 25. Mai 1983 legte sich der Radiologe Dr. Henry Wagner von der John Hopkins Universität in Baltimore nicht auf die Couch. Das war ihm zu bequem. Er legte seinen Kopf in einen

PET-Scanner, um herauszufinden, was in seinem Gehirn passiert, wenn radioaktives Opium injiziert wird. Von diesem Medikament wußte man durch Experimente mit Ratten, daß es zu Rezeptoren im Gehirn in Beziehung stand. Es handelte sich um radioaktives Carbondioxid mit einer Halbwertzeit von 20 Minuten, das in Carfentanil, ein starkes Narkotikum, gesteckt wurde. Damit narkotisiert man Bären und wilde Tiere in der Natur, um dann an ihnen Messungen vorzunehmen. Das Experiment von Wagner war eine Revolution in der Erforschung der menschlichen Hirnprozesse. Es gelang zum ersten Mal, Neurotransmitter-Rezeptoren im Gehirn eines lebenden Menschen zu lokalisieren. Sechzig Minuten lag Wagner regungslos da, während seine Kollegen auf dem Bildschirm verfolgten, wohin das radioaktiv gemachte Opium mit dem Blut gelangte. Es sammelte sich im Gehirn in Opium-Rezeptoren. Zum ersten Mal sahen Wissenschaftler diese Rezeptoren in Aktion. Noch einige Jahre vorher war man keineswegs sicher, ob die Gehirnzellen überhaupt Rezeptoren für bestimmte chemische Substanzen besitzen. Jetzt stand man plötzlich vor der Möglichkeit, neue Landkarten der Rezeptoren anzufertigen. Wenn es erst gelingen sollte, Verhaltensbeobachtungen mit speziellen Rezeptorenbereichen in Verbindung zu bringen, würde es auch möglich sein, Medikamente, wie zum Beispiel Antidepressiva, Neuroleptika und Tranquilizer, objektiv zu testen.

Am Nachmittag des 25. Mai wurde das Experiment wiederholt. Doch diesmal bekam Wagner vorher die Injektion eines Opiat-Antagonisten, nämlich Naloxon. Dieser Stoff blockiert sofort die Rezeptoren, die sonst Opiate aufnehmen. Jetzt fühlte sich der Proband überhaupt nicht müde und gelähmt. Er war hellwach und konnte die Zeit unter dem PET-Scanner kaum aushalten, ohne sich ständig zu bewegen.[14]

Es gab zuvor keine Instrumente, mit deren Hilfe man in das lebende menschliche Gehirn sehen konnte, um den Blutkreislauf dort zu verfolgen. Dank der Entwicklung dieser Techniken erkannte man neue Zusammenhänge von Schizophrenie, Depression, Alzheimerscher Krankheit, Suchtkrankheiten und dem Denken, Fühlen und Wahrnehmen.

»Es ist nicht ausgeschlossen, daß wir deshalb in den nächsten zehn Jahren hundert neue Krankheitsbilder des Gehirns entdecken werden«, meint William Comer, Präsident des Pharmakonzerns Bristol-Myers-Squibb.

1986 wurden die 227 bedeutendsten biomedizinischen Forscher der USA gefragt, was sie in den nächsten zehn Jahren an wissenschaftlichen Fortschritten und Entdeckungen erwarteten. Nach ihrer Ansicht sollte es große Erfolge in der Krebstherapie geben. Die Gesellschaft werde das Rauchen abschaffen. Zwischen der Behandlung mit Medikamenten und der durch psychologische Maßnahmen komme es zu einer Balance. Das Lebensalter werde sich in Amerika auf 82 Jahre für Frauen und 75 für Männer erhöhen.[15]

Neue Einsichten in alte Probleme gibt es in großem Umfang. Wie kommt es zum Beispiel, daß das menschliche Gehirn für die Frucht einer Pflanze wie Mohn Rezeptoren bereitstellt? Woher wissen die Gehirnzellen, daß es Mohn in der Natur gibt? Die Antwort lautet: Sie wissen es nicht, aber sie produzieren es selbst, damit in extremen Situationen, wo es um Leben und Tod geht, zwei Dinge erreicht werden: Es dürfen keine Schmerzen den Widerstand gefährden, und es muß eine Euphorie da sein, damit man Lust hat, zu kämpfen und sich zu wehren. Genau dafür sind Opiate das richtige Mittel. Zugeführtes Opium begibt sich sofort in die Reservate, die im Gehirn dafür angelegt sind. Die Katastrophe besteht nur darin, daß das Gehirn nun selbst keine weiteren Reservelager mehr anlegt. Es hat ja genug. Die eigene Produktion wird eingestellt. Plötzlich richtet sich das Verlangen nach Nachschub an eine potentielle Außenstelle. Der erste Schritt zur Sucht ist getan.

Das Wagner-Experiment hat wissenschaftshistorische Bedeutung. Ganz abgesehen davon, daß sich ein Gehirnforscher selbst als Versuchskaninchen einbrachte, war das Ergebnis mehr als erstaunlich und öffnete das Tor zum Verständnis von Hunderten neurologischer Erkrankungen. Es bewies, daß wir Rezeptoren im Gehirn haben, die Opium aufnehmen. Die verschiedenartigen Substanzen, die Schmerzen stillen und euphorische Effekte hervorbringen, wurden zum Fanal für die Pharmaindustrie. Ihre Forschung konnte jetzt Neuland betreten. Es ist deshalb auch kein Zufall, daß die Industrie vor lauter Begeisterung in ihren Jahresberichten, die sonst nur Bilanzen und Aktienkurse enthielten, wissenschaftliche Essays veröffentlichte, so zum Beispiel über die Enkephaline.[16] Das hatte es bis dahin noch nicht gegeben. Die Entdeckung von Enkephalinen überraschte auch deshalb, weil sie nur aus fünf Aminosäuren bestehen, also sehr klein und einfach aufgebaut sind. Als Moleküle, die innerhalb des Gehirns Botschaften transportieren, stellen sie sich auch sonst noch im Körper ein. Das Immunsystem hängt von ihrer Funktion ab.

Die Rolle, die diese Neuropeptide im zentralen Nervensystem spielen, verstehen wir noch nicht genügend. Die Forschung steckt hier noch in den Anfängen.

»Einige von ihnen vermitteln Emotionen«, sagt Candice Pert, eine bedeutende PET-Forscherin. »Andere regulieren Appetit, Schlaf, Streß-Reaktionen, Durst, Gedächtnis und Lernen.«

Sicher ist nur, daß die Milliarden von Nervenzellen, über die unser Gehirn verfügt, sich schon frühzeitig spezialisieren. Die Neuronen, die aktiv sind, wenn wir hören, sind nicht aktiv, wenn wir sprechen. Gehirnzellen sind keine Leberzellen. Diese kann man wegnehmen, ohne daß sich an der Leberfunktion Entscheidendes verändert. Gehirnzellen sind dagegen alle individualisiert. Sie können zwar Funktionen anderer Zellen übernehmen. Aber keine Zelle ist wie die andere. Alle sind verschieden. Ihre wahre Funktion scheint darin zu liegen, Beziehungen zu stiften zu anderen Neuronen. Deshalb konnte man ihre Bedeutung noch nie unter einem Mikroskop erkennen.

Im Jahre 1987 machte der dänische Neurologe Niels Lassen am Bispebjerg-Krankenhaus in Kopenhagen einen PET-Scan-Versuch, bei dem es ihm gelang, einen menschlichen Gedanken im Bild darzustellen. Es war, als sollte sich hier wiederholen, was dem Dänen Niels Bohr Jahrzehnte vorher mit der Theorie der Atome gelungen war. Ein einzelnes Atom wurde in seiner Struktur erkannt. Jetzt war es vielleicht der Gedanke, der sich mit Atomphysik befaßte und den Lassen darstellte. Den Inhalt des Gedankens konnte er natürlich nicht auf seinen Bildern ausmachen. Aber er konnte zeigen, wo im Gehirn gedacht wird. Sein Experiment begann damit, daß die Versuchsperson nach Aufforderung die linke Hand heben mußte. Die frontalen und motorischen Zonen der rechten Gehirnhälfte wurden stärker durchblutet, weil sie jetzt Glykogen brauchten. Dann wurde der Versuchsperson gesagt, sie solle ganz ruhig bleiben, aber nur denken, sie bewege die linke Hand. Jetzt wurden die Bezirke des Gehirns, die die Motorik vorher in Gang gesetzt hatten, geschont. Die PET-Abbildung zeigte lediglich das Neuronen-Grundaktivitätsmuster des Gedankens minus motorische Komponenten.

In einer anderen Studie fand der Däne, daß es im Gehirn einen großen Unterschied macht, ob man seine Muttersprache hört oder eine Sprache, die man nicht versteht. Die Muttersprache ist in einigen Arealen des Kortex verankert, die andere Sprache hat kein Erkennungsmuster im Gehirn. Ein Spionageagent, der vorgibt, Englisch überhaupt nicht zu verstehen, könnte durch PET heutzutage schnell überführt werden, wenn er tatsächlich Englisch verstünde.[17]

Solche Untersuchungen sind zur Zeit noch abhängig vom Scharfsinn und der Erfindungsgabe des Forschers. Aber der Trend ist schon angelegt. Die traditionellen Techniken der Informationsgewinnung wie Interviews und spontane Reaktionen auf Reize werden zunächst ergänzt und in einigen Jahren ersetzt durch subtile Gehirnanalysen à la PET.

Man kann auch die Angst mit PET messen. Die Stoffwechselaktivität in der rechten Gehirnhälfte verändert sich dabei gegenüber der linken, wie wir noch sehen werden.

Das verlorene Paradies

PET-Scan-Experimente würden sich ganz gut für einen Science-fiction-Film eignen. Die Wissenschaftler könnte man Frankenstein oder Iwan den Schrecklichen nennen. Die Computer tragen solche Namen schon. Und sie sind so groß, daß sie sich in Horrorfilmen tatsächlich gut ausnehmen würden. Nur dürfte man mit ihnen nicht seine Witze machen, wie es heute geschieht. Sie würden im Film dann natürlich böse werden und sich rächen. Die Atmosphäre in den Instituten erinnert an Los Alamos oder Silicon Valley.

Doch Scherz beiseite!

Seitdem der Mensch die Radioaktivität entdeckt hat, ist die Welt verändert. Nicht das Phänomen als solches revolutionierte die Welt, sondern die Möglichkeiten seiner Anwendung. Nun schickt der Mensch sich sogar an, sein eigenes Denken auf sein eigenes Denken anzuwenden – dank Radioaktivität.

»Wir sind Frontsoldaten geworden und überschreiten demnächst die letzte Grenze«, sagte Richard Restak, der als Gehirnforscher und Autor das neue Wissen im Fernsehen verbreitet, auf dem Münchner Kongreß für die Erforschung cerebraler Gehirndominanzen 1988.

Bis zum Jahre 2002 werden alle Gene des Menschen in einem Atlas dargestellt sein. Es ist, als wolle die Wissenschaft die Science-fiction-Literatur überholen.[18]

Jetzt sieht es so aus, als überschreite der Mensch die letzte

Grenze der Erkenntnis. Er macht zum ersten Mal Entdeckungen, die das Innere des lebenden Gehirns, nicht des toten, betreffen. Er kann intrakranielle Prozesse sichtbar machen und dabei typische normale Denkprozesse verfolgen. Da ist es kein Wunder, daß diese Bilder aus der Tiefe des Gehirns ähnliche Aufmerksamkeit auf sich ziehen wie vormals Röntgenaufnahmen oder Telefotos aus dem Weltraum. Physik, Chemie, Biologie und Astronomie gelangen sogar schon wieder an Grenzen der Wissenschaft, wo religiöse Fragen auftauchen. Möglichkeiten wie die PET-Scan-Aufnahmetechnik hat es bisher in der Psychologie und Neurologie noch nicht gegeben. Davon wird eine Revolution des Wissens ausgehen, nicht nur in bezug auf Emotionen.

In Deutschland hat der Gesetzgeber allerdings neuropsychologische Experimente verboten, wenn sie mit Isotopen arbeiten und dabei nicht-medizinischen Zwecken dienen. Doch mit Gesetzen kann man die Erkenntnis nicht stoppen. Durch die Einschränkung dieser Experimente in Deutschland entgehen uns in den nächsten zwanzig Jahren die Nobelpreise, die für die Erforschung des Gehirns durch PET-Scan vergeben werden. Um darüber zu forschen, müßten wir uns schon der Obhut und Mitarbeit der Amerikaner und Japaner anvertrauen. Und tatsächlich geben sich prominente deutsche Neurowissenschaftler bei den Amerikanern und Japanern die Türklinke in die Hand. Die älteren Forscher informieren sich dort, die jüngeren bleiben gleich da. Das berühmte Nuklearmedizinische Institut der McGill Universität Montreal wird von einem Japaner geleitet. Professor Lucas Yamamoto lehrt außerdem noch an der Universität in Tokio. Er empfängt besonders gern Deutsche, um sich mit ihnen zu unterhalten und ihnen den ersten, längst ausrangierten PET-Scanner überhaupt in seinem kleinen Museum zu zeigen. Er war maßgebend an dessen Erfindung und Weiterentwicklung beteiligt. Es kann aber sein, daß man eine Stunde warten muß, wenn deutsche Wissenschaftler zu viele Fragen vorbringen und Yamamotos Terminplan durcheinanderbringen.

PET ist inzwischen das wichtigste Forschungsinstrument. Da es nicht wie die Kernspintomographie und Computertomographie die Struktur des Gehirns abbildet, sondern die Stoffwechselvorgänge, eröffnet es der Medizin ungeahnte Perspektiven, aber auch allen anderen Wissenschaften, deren Forschungsgegenstand der Mensch ist.

Etwa hundert Universitäten verfügen über PET-Scanner und forschen damit, vor allem in den USA, in Japan und Belgien. In Deutschland gibt es sie in Hannover, Heidelberg und Köln. Die Maschinen sind zu teuer; sie kosten jeweils etwa zehn Millionen DM. Zu ihrer Nutzung braucht man ein Team hochqualifizierter Mitarbeiter.

Im September 1989 fanden in der ganzen Welt an ungefähr zehn verschiedenen Stellen sogenannte PET-Scan-Experimente statt. An drei verschiedenen Instituten untersuchte man die mathematische Intelligenz, die emotionale Intelligenz, die menschliche Sprache und das Streßgeschehen sowie Panikzustände. Das Neurologische Institut der McGill Universität in Montreal, an dem der große Neurochirurg Wilder Penfield zum ersten Mal bei offenen Gehirnoperationen eine elektrische Stimulation von Nervenzellen durch gezielte Berührungen durchgeführt hatte, das Mallinkrodt Institut der Washington Universität in St. Louis und das Institut für Neurologie an der Universität Irvine in Kalifornien erkannten fast zu gleicher Zeit, daß unser Wissen über das Gehirn, die Intelligenz, die Sprache und viele neurologische Krankheiten einzubrechen drohte. Es war unzulänglich, wenn nicht gar falsch.

Die John Hopkins Universität in Baltimore hat sich in diesem Zusammenhang auch einen Namen gemacht. Von den hundert Universitäten mit PET-Scanner und den Spezialinstituten und Laboratorien der Pharmaindustrie erwartet man in den nächsten Jahren tiefe Einblicke in die menschliche Natur. Aber es wird wohl noch lange dauern, bis sich Staatsmänner und große Künstler selbst bereit erklären, ihre Gehirne noch zu ihren Lebzeiten der Forschung für einige Untersuchungen anzubieten. Den Wissenschaftlern macht das nichts aus. Sie experimentieren auch mit ihresgleichen.

Vor allem geht es demnächst wohl um die Emotionen. Seitdem man sehen konnte, wie Furcht sich im Gehirn aus der Amygdala ausbreitet, ist die Erwartung nicht ganz unbegründet. Dieser kleine Knoten von Nervenzellen schließt sich eng an den Hirnstamm an und hat sich auf die Furchterinnerung spezialisiert. Einstmals starke Emotionen werden hier gespeichert. Wer zum Beispiel zehn Jahre alt war, als John F. Kennedy ermordet wurde, wird sich daran erinnern, wo er sich gerade aufhielt und was er machte, als die Nachricht eintraf. Das ist die Leistung der Amygdala. Wir haben nicht nur Gefühle, wir erinnern uns auch an Gefühle. Das ist wichtig, um Entscheidungen zu fällen. Wie Professor Antonio Damasio sagt: »Emotion ist ein zentrales Ereignis für jeden rationalen Gedanken.«[19]

Wenn die emotionalen Erinnerungen nicht mehr da sind, weil ein Gehirntumor sie vielleicht zerstört hat, verliert der Mensch auch die Fähigkeit, die emotionalen Folgen seiner Entscheidungen zu bedenken. Kluge Entscheidungen sind nämlich emotional kluge Entscheidungen, weil sie die Reaktionen anderer mit einbeziehen. Wir haben gelernt, solche Gefühle in unsere Entscheidungen zu integrieren. Die Weisheit des Alters ist eine Weisheit der Gefühle. Vielleicht halten viele Ehen deshalb nicht, weil die Partner sich über ihre Gefühle nicht klar sind. Aber ohne die Beteiligung von Gefühlen können gar keine tragfähigen Entscheidungen getroffen werden.

Solche Überlegungen treiben die Forschung an. Doch aus ihnen Schlußfolgerungen zu ziehen, die Erziehung, Leben und Beruf nach diesen Erkenntnissen schon ausrichten wollen, hieße, die Welt und die Menschen von den ersten aufregenden und noch keineswegs gesicherten Einsichten einiger Wissenschaftler abhängig zu machen. Allein Technik und Methodik dieser Untersuchungen sind noch nicht einmal der Öffentlichkeit bekannt. Eine kleine Wissenschaftselite publiziert Ergebnisse, die die Allgemeinheit nicht überprüfen kann. Deshalb wird in diesem Buch auch die Technik der Gehirnuntersuchungen genauer beschrieben.

Auf der Suche nach dem Geist

»Es wird immer noch weithin angenommen, daß vollständige Kenntnisse der Physik, der Chemie und der Biologie letztlich die Phänomene des Lebens, das Bewußtsein und den Geist erklären können«, meint der Quantenphysiker Henry Margenau.[20] Das führt zu einer Ungereimtheit zwischen der zeitgenössischen Physik und den Wissenschaften vom Leben. Durch die Quantentheorie sind aber Veränderungen hinsichtlich der Wirklichkeitsvorstellung erfolgt, die fundamental sind. Es läßt sich nämlich keine schlüssige Erklärung für die Gesetze der Quantenmechanik finden, es sei denn, man bezieht sich auf das Bewußtsein. Der Beobachter selbst, der Wissenschaftler, kann mit seinem gesamten Verhalten nicht mehr ausgeklammert werden. Das gilt allerdings nur für die kleinsten Größenordnungen. Die Beobachtung des Teilchens führt dazu, daß man etwas mit ihm anstellt.

»Also darf ich nicht sagen: Das Atom ist ein Teilchen, oder: Es ist eine Welle, sondern: Es ist weder ein Teilchen noch eine Welle, und ich entscheide durch meine experimentelle Anordnung, als was es sich manifestiert«, sagt Friedrich von Weizsäcker. Entscheidend ist die Unbestimmtheit des Atoms selber.

»Atome bilden eher eine Welt von Tendenzen oder Möglichkeiten als eine von Dingen und Tatsachen«, meinen Robert Augrus und George Stanciu über den Umbruch der biologischen Wissenschaft.[21]

Man konnte nicht weiter auf Modelle zurückgreifen, die allgemeinverständlich und leicht vorstellbar waren wie die Physik Newtons, nur weil sie von allen verstanden wurden. Der Physiker Heinz Pagels erklärt das so:

»Wenn wir die Realität der Quantenphysik begreifen wollen, müssen wir die Realität, die wir sehen und sinnlich wahrnehmen können, zugunsten einer instrumentell entdeckten und nur intellektuell wahrnehmbaren Realität aufgeben. Die Welt, die die Quantentheorie beschreibt, leuchtet uns nicht unmittelbar ein, wie dies bei der alten, klassischen Physik der Fall war. Die Realität der Quanten ist zwar rational, aber man kann sich kein Bild davon machen.«[22]

Nimmt man dieses Denken und überträgt es auf den Menschen, vor allem seine Psychologie, so galt das eigentlich schon immer. Kein Experiment kann die Anordnung des Experiments durch eben den Menschen, der es entwirft, ausschalten. Und keine Versuchsperson zeigt ein Verhalten, das nicht in irgendeiner Form auch eine Reaktion auf das Experiment ist. Die Möglichkeiten, die im Verhalten und der Entwicklung des Menschen liegen, werden provoziert. Aber es sind eben nur Möglichkeiten. Andere bleiben so lange ungenutzt, bis sie aktiviert werden. Grundsätzlich läßt sich aber beim Menschen nicht das ganze Ausmaß seiner Möglichkeiten erfassen.

Auf die Untersuchungsergebnisse der PET angewandt, heißt das: Wir haben eine Erkenntnis gewonnen, die aber nicht unzulässig verallgemeinert werden darf. Es ist schwer verständlich, wenn ein einzelnes Experiment verallgemeinert wird zugunsten eines Konzeptes, von dem man eine gesellschaftliche Verbesserung erwartet.

Der Ursprung des Handelns liegt im Geist, in seiner Freiheit und seinem freien Willen. Die moderne Physik kann gar nicht anders, sie muß diesen Geist akzeptieren, indem sie ihn selbst nicht wieder der Analyse der Physik unterwirft.

»Wenn ›Geist‹ völlig außerhalb jedes physikalischen Körpers

existiert, ist es schwer einzusehen, warum sich so viele geistige Eigenschaften sehr genau mit Eigenschaften des Gehirns in Verbindung bringen lassen«, meint Roger Penrose, ein exzellenter Physiker, der auch das Gehirn erforscht. Seines Erachtens sollten wir uns auf die »materiellen« Strukturen konzentrieren. Entscheidend würde dabei sein, materielle Strukturen auf der Quantenebene zu erkennen. Quantenphysikalische Prozesse können auf das ganze Gehirn wirken.[23] So hat also die Quantentheorie zum Bewußtsein des Geistes geführt. Es ist unausweichlich, daß die Forscher, die in das innere Gehirn sehen, zu diesem Ergebnis gelangen. Und in allen Instituten der Welt, die sich mit subatomaren Vorgängen befassen, hat auch der Geist wieder Einzug gehalten.

Der Geist, der zuerst von den Griechen entdeckt wurde, ist wieder Thema geworden, diesmal durch die moderne Physik. »Freiheit ist eine Vorbedingung des Experiments«, sagt von Weizsäcker. »Nicht Umstände, Motive und Emotionen bestimmen das Experiment, sondern meine freie Entscheidung.«

Es gibt noch einen weiteren Unterschied in der Interpretation der neurowissenschaftlichen Entdeckungen. Während einige die psychologischen Konsequenzen ziehen, suchen andere nach dem menschlichen Geist. Sie werden ihn nicht finden. Und das wissen sie auch. Aber das Bedürfnis weist bei ihnen in eine Richtung, die entscheidend sein dürfte: Sie suchen nach einer übergreifenden Ordnung, nicht nach einem psychologischen Management. Interessanterweise werden die neuen Entdeckungen in den USA in amerikanischen und deutschen Zeitschriften mit Überschriften kommentiert wie »In search of the mind« oder »The mind in motion«, »Wie der Geist im Gehirn entsteht«, »Was die Seele wirklich ist«. Darin kommt nicht zum Ausdruck, daß die Psychologie aufgerufen ist, neue Verfahren der Intelligenz zu entwickeln, sondern daß wir nichts über den menschlichen Geist wissen, es sei denn, es ist die gesamte Philosophie.

Wenn Emotionen weder gut noch böse sind, können sie für sich allein nicht eingesetzt werden, um die Welt zu verändern. Dafür müßten andere Kriterien gelten, nach deren Maßstab sich Emotionen erst bewähren. Es ist wohl kaum zu glauben, daß die Golemansche Aufforderung, zuerst einmal innezuhalten und sich dann die aufwallende Emotion einzugestehen – »Das ist Rache, was ich erlebe« –, bei Hamas-Angehörigen durchzusetzen ist. Die Fundamentalisten in der ganzen Welt sind durch emotionales Management individuell nicht zu erreichen. Hier sind die Politiker gefordert. Das zeigt doch, wie sehr in unserer Welt nicht psychologische Theorien den Ausschlag geben, sondern weltanschauliche Ideen, Glaubensgrundsätze, Religionen, Zivilisationen. 1993 erschien der berühmte Artikel »The Clash of Civilizations« des Historikers Samuel Huntington von der Harvard Universität. Schwierigkeiten bereiten demnach die Kulturen mit ihren Religionen. Wie soll ein Angehöriger der westlichen Welt mit Hilfe seiner emotionalen Intelligenz den Fanatismus von Schiiten und anderen Fundamentalisten verstehen? Das kann er nur aus der Kenntnis der Kulturen und Religionen, nicht emotional.

Die Gedanken sind frei, aber wir wissen nichts

In Zukunft wird es PET-Scanner geben, die so perfekt sind, daß sie sofort ohne Zeitverzögerung auf einem Monitor das aktuelle Geschehen im Gehirn wiedergeben. Nehmen wir an, wir säßen davor. Dann sähen wir Aktivitätsmuster unserer eigenen Beobachtung des Monitors. Spräche uns jemand an, erschienen bunte Bilder vom Hörzentrum. Antworteten wir, leuchtete ein anderes Areal auf. Bei Hintergrundmusik verlagerte sich alles in die rechte Gehirnhälfte. Kurz: Wir sähen die Abbildung unserer eigenen Gehirntätigkeit, also auch die Aktivität, die dadurch entsteht, daß wir sie sehen.

Studiert in diesem Fall die Intelligenz die eigene Gehirnleistung? Oder müßte man sagen, unser Gehirn analysiert sich selbst? Haben wir es hier mit einer Sache oder mit zweierlei zu tun? Wir studieren das Gehirn. Da gibt es keinen Zweifel. Wenn wir das nicht täten, müßte man fragen, was die Abbildung auf dem Monitor sei, die sich ändert, wenn wir uns ändern. Wir kommen nicht darum herum. Wir studieren etwas von uns selbst.

Wenn wir uns der Tatsache bewußt sind, daß es unser eigenes Gehirn mit seinen neuralen Aktivitäten ist, das wir betrachten, kommen wir in große Verlegenheit. Es sind genau die Gedanken, die René Descartes vor dreihundert Jahren in seinen Meditationen beschrieb: »Ich denke, also bin ich!«

Wir könnten sagen:

»Wir sehen unsere PET-Aufnahmen, also sind wir das auch!«

Wir beobachten über PET unser Gehirn in Aktion und erkennen dabei bewußt, daß es unser Gehirn ist, das beobachtet. Können wir etwas objektivieren, das mit unserer Fähigkeit zu objektivieren identisch ist? Es hängt von unserem Bewußtsein ab, was wir sehen. Stellen wir die Hintergrundmusik ab und verfolgen auf dem Bildschirm die Veränderung, die sich daraus ergibt, sind wir Idealisten im philosophischen Sinne. Wir räumen uns den Vorrang ein: Unser Ich ist das erste, das PET-Bild das zweite. Wir haben die Bilder verändert. Aber wie kann etwas Immaterielles auf etwas Materielles, das ich auf dem Monitor sehe, einwirken?

Das Studium unserer eigenen Gehirnaktivitäten kann durch das Bewußtsein, daß wir es sind, nicht geändert werden. Wir sehen das Bewußtsein nicht. Vor sechs Jahren, als das von Präsident George Bush ausgerufene »Jahrzehnt des Gehirns« begann, glaubten etliche Wissenschaftler, sie würden das Bewußtsein demnächst entdecken. Davon ist man schließlich aber wieder abgekommen.

»Es gibt kein Zentrum, das für Selbsterkenntnis zuständig ist, keine noch so winzige Zone im Gehirn, in der unser Bewußtsein angesiedelt ist«, sagt Richard Restak, der dieses hypothetische Experiment erfunden hat und damit vom Neurologen zum Philosophen wurde. Unser Bewußtsein ist eine Eigenschaft des funktionierenden Gehirns.[24]

Obwohl wir nicht wissen, was Bewußtsein ist, erleben wir es zuweilen auf dramatische Weise. Untersuchungen des Neuropsychologen Ernst Pöppel haben ergeben, daß das Bewußtsein in Zeitfenstern von jeweils dreißig Millisekunden Dauer eingeteilt ist. Innerhalb dieser Zeitspanne können wir keine akustischen Wahrnehmungen mehr unterscheiden. Aus diesen Zeitfenstern macht unser Bewußtsein Zeitpakete von etwa drei Sekunden. Alles, was wir in irgendeiner Form in das Bewußtsein holen, unterliegt diesem Drei-Sekunden-Takt. Darüber hinaus kann das Bewußtsein etwas nicht mehr als Ganzes fassen. Das Bewußtsein verfügt über eine Fähigkeit der Strukturierung, also über das, was wir bisher dem konstruktiven Denken zuerkannten.

Innerhalb dieser Drei-Sekunden-Spanne kann das Bewußtsein höchstens sieben verschiedene Informationseinheiten aufnehmen. Im Vergleich zu einem gewöhnlichen Personalcomputer ist das menschliche Gehirn beschränkt. Das Hexeneinmaleins des Gehirns arbeitet also mit ungeraden Zahlen von 3 und 7. Werden wir aufgefordert, uns ganz schnell eine Zahl von 1 bis 10 zu denken, kommen fast 90% auf 3 oder 7. Natürlich haben diese nichts zu tun mit der gemessenen Funktionsweise des Gehirns. Aber als magische Zahlen können wir sie uns besser merken.[25]

Dennoch ist das menschliche Gehirn ein besonderer Computer, der das Problem der Schnelligkeit auf seine eigene Weise löst. Werden am offenen Gehirn bestimmte Partien des Neokortex elektrisch gereizt, so teilen die Patienten bei vollem Bewußtsein überraschenderweise oft mit, daß ein Reiz eine halbe Sekunde vorher schon erfolgt sei. Da jeder Sinnesreiz erst einmal über die Augen, die Ohren oder die Haut den Neokortex erreicht, bei der elektrischen Reizung der Großhirnrinde dieser Weg aber wegfällt, mogelt das Gehirn. Es verlegt den Reiz entsprechend zeitlich vor. Es ändert das Datum des Poststempels. Damit wird dem Adressaten vorgegaukelt, der Brief sei schon eher abgeschickt worden. Nur ist in diesem Fall der Adressat das eigene Ich. Die Grenzen der Selbstbeobachtung werden von Pöppel schonungslos aufgedeckt.

Bis zur Entwicklung der PET-Scan-Technik war es möglich, zwischen Denken und körperlichen Prozessen zu unterscheiden. Descartes hatte schon etwas geahnt, als er nach seiner Erkenntnis »Ich denke, also bin ich« (Cogito ergo sum), einschränkend sagte: »Ich bin nur so lange, wie ich denke.«[26]

Heute ist klar, daß Gedanken, Emotionen, Gefühle mit Zustandsveränderungen, die im Gehirn stattfinden, einhergehen. Geistige Zustände und Augenblicksmomente verändern auch den Bedarf an Glykose, Sauerstoff und anderen Nährstoffen des Körpers. Gedanken ohne entsprechende Veränderung der Gehirnaktivität sind unmöglich. Es ist also nicht ungewöhnlich, wenn jetzt Philosophen und Hirnforscher gemeinsam das Problem lösen wollen. John Eccles, ein bedeutender Gehirnforscher, hat zusammen mit dem verstorbenen Philosophen Karl Popper eine neue Hypothese aufgestellt, die erklärt, wie Geist und Gehirn interagieren. Die Hypothese beruht auf quantenphysikalischen Überlegungen. Es ist nicht erforderlich, eine unabhängige geistige Welt und eine ebenso eigengesetzliche materielle Welt anzunehmen. Das sind ontologische Fragen, denen man nicht mehr nachgeht, weil die Fragestellung sinnlos ist. Die Wirkung mentaler Ereignisse auf neurale Ereignisse ist wahrscheinlich ein Feld von Potentialitäten, die der Quantenmechanik analog sind. Ein solches Feld besitzt weder Masse noch Energie.

»Die mentale Konzentration, die bei Intentionen oder planmäßiger Überlegung auftritt, kann durch einen Prozeß, der den Wahrscheinlichkeitsfeldern der Quantenmechanik analog ist, neurale Ereignisse bewirken«, sagt John Eccles.[27]

Der synaptische Mechanismus, durch den die Nervenzelle mit einer anderen kommuniziert, enthält die Lösung selbst. Der Effekt liegt aufgrund der Größenordnung im Bereich der Heisenbergschen Unschärferelation, also im Zuständigkeitsbereich der Quantenmechanik.

»Auch die Aktionspotentiale, die die Übermittlung der Nervensignale physikalisch steuern, sind letztlich quantenmechanischen Ursprungs«, stellt Roger Penrose fest. Bereits an den Synapsen sind also nach heutiger Kenntnis Quanteneffekte im Spiel. Verallgemeinert man diese Erkenntnis auf das ganze Gehirn, könnte man annehmen, daß überall auch Neuronen vorhanden sind, die wie die Photonendetektoren der Netzhaut im Grunde Quantendetektoren sind.[28]

Unser Verständnis des Gehirns ist noch sehr bruchstückhaft. Solange man es unter dem klassischen Gesichtspunkt von Neuronen betrachtet, die entweder feuern oder nicht, mag es noch gehen. Aber wenn quantenphysikalische Spekulationen Raum greifen, ist alles abstrakt, schwer verständlich und unanschaulich. Wir alle denken und handeln so, als hätten wir eine Kontrolle über unser Verhalten, unsere Verantwortung und unser Tun, ja sogar über unsere Emotionen. Nach der Mikrolokalisationshypothese von Eccles ist die Geist-Gehirn-Interaktion eng mit den Eigenschaften der erregenden Synapsen verbunden.

Der Quantenphysiker Henry Margenau hat 1984 ein Buch veröffentlicht, in dem steht, daß die Wahrscheinlichkeitsfelder der Quantenmechanik weder Energie noch Materie enthalten. Im Gehirn mit seinen Millionen von Neuronen und Hunderttausenden von geschalteten Kreisen laufen solche Vorgänge auf so geringen räumlichen Abständen ab, daß sie nicht mehr mit der klassischen Physik erklärt werden können. Dazu bedarf es der probabilistischen Gesetze und der Chaosforschung. Die für eine Leistung benötigten Gehirnzellen werden nur nach Wahrscheinlichkeitsgesetzen benötigt.

Der Geist wäre demnach ein physikalisches Feld, das nach

den Gesetzen der subatomaren Welt arbeitet. Der Geist ist nicht materiell und nicht kausal zu erklären. Die Frage, wie ein denkendes Gehirn auf die materiellen Zellen überhaupt einwirken kann, ist ein Rätsel. Man vermutet, daß nur ganz neue, auf der Quantenphysik basierende Überlegungen eine erfolgreiche Lösung versprechen. Die Interaktion zwischen Geist und Gehirn kann so gedeutet werden wie bei einem Computer, der programmiert ist. Dann ist das Programm von ihm unabhängig und auch wiederum nicht. Aber man kann sich das vorstellen, weil man selbst mit Computern und Programmen umgeht. Jetzt wagen sich auch die Quantenphysiker an die Gehirnprobleme heran. Die Physik des menschlichen Bewußtseins ist kein Phantom mehr.

Vielleicht kann man es so sehen: Geht man von der Materie und dem Leben immer weiter zurück in die Evolution und in die subatomare Welt, dann lösen sich die Probleme vom Raum in Beziehungen auf. Beziehungen sind keine Materie mehr.
Geht man aber von der Materie und dem Leben immer weiter in der Evolution nach vorn, dann entsteht irgendwann einmal Bewußtsein, ein Zustand der Reflexion der leiblichen Existenz. Demnach wäre das Leib-Seele-Problem kein Problem zweier Substanzen, die nicht wissen, wie sie zusammenkommen. Es ist der Dialog mit der Natur, von der unser Bewußtsein wieder nur etwas ist, das sich der Natur zuwendet. Und die Frage, ob der Mensch sich letztlich selbst ergründen kann, bleibt unbeantwortet. Alles, was er unternimmt, um sich selbst zu erforschen, unterliegt ebenso der Unschärfe als Heisenbergsches Prinzip wie die kleinsten Teilchen. Je tiefer wir in sie eindringen, um so unschärfer werden sie. Ganz unberührt und ganz unverändert bleibt kein Mensch von der Selbstexploration seiner Seele. Sie verändert sich durch Analyse.
Als nach dem Zweiten Weltkrieg die amerikanische Psychologie anfing, sich die Psychologie des beobachtenden und expe-

rimentierenden Psychologen selbst vorzunehmen, meinte 1950 Robert Oppenheimer, der Schöpfer der Atombombe, es sei wohl auch in der Psychologie so wie in der Physik. Position und Geschwindigkeit eines Partikels kann man nicht bestimmen, ohne es durch die Messung selbst zu beeinflussen. Und in der Psychologie?

»Perception as you psychologists study it can't, after all, be different from observation in physics, can it?«

Auf dem Flur des Neurologischen Instituts der Washington Universität von St. Louis hängt ein einfaches Schaubild. Es stellt ein Koordinatensystem dar. Auf der vertikalen Achse, die für Raum steht, sind alle wissenschaftlichen Anstrengungen der Forschergruppe beschrieben, die die funktionalen Strukturen innerhalb des Gehirnraums betreffen. Auf der horizontalen Achse, die für Zeit steht, sind die Experimente aufgeführt, die definieren sollen, wie diese Strukturen nacheinander aktiviert werden, wenn wir zum Beispiel unsere Sprache gebrauchen. Die Zeitachse führt zu dem, was wir Geist nennen, die andere Achse zu dem, was unser Gehirn ist.

Warum das Gehirn mit dem Raum in Verbindung gebracht wird, ist klar. Es ist räumlich ausgedehnt. Warum der Geist mit der Zeit in Verbindung gebracht wird, ist auch klar. Der Geist arbeitet in der Zeit. Es ist, als wäre man zurückversetzt ins 17. Jahrhundert, als schon einmal diese Alternative ein ganzes philosophisches Zeitalter geprägt hat. Was Descartes und andere dachten, steht hier klipp und klar an der Wand eines modernen Forschungsinstituts. Das metaphysische Problem von der absoluten Trennung von Geist und Körper ist wohl heute noch in den Köpfen vieler Menschen, selbst bei denen, die ganz neue Wege betreten haben. Descartes war der Ansicht, daß alles in zweifacher Form existiere. Entweder sei es ausgedehnt, materiell und endlich, oder es sei nicht ausgedehnt, nicht materiell und damit unendlich, unsterblich. Die Zirbeldrüse sollte die

Schaltstelle für Geist und Bewußtsein und alles sein, was wir heute Emotion, Denken, Fühlen nennen. Doch bleibt das Gehirn ein Mysterium. Der englische Biologe Lyall Watson hat es auf die Formel gebracht:

»Wäre das Gehirn so einfach, daß wir es verstehen können, wären wir so einfach, daß wir es nicht könnten.«[29]

Kann etwas sich selbst begreifen? Die alten griechischen Philosophen samt ihrer Sophisten haben sich zurückgemeldet. Sie geistern durch die Geist-Hirn-Institute von Harvard und Yale, Stanford, Berkeley und St. Louis.

In der oberen rechten Ecke des Schaubilds, wo beide Linien von Geist und Gehirn gleich weit von den Achsen entfernt sind, steht geschrieben: »Antwort?« Das Wort stammt von Raichle selbst. Es sollte eine fragende Botschaft an alle sein, die über den Flur gehen. Ein Assistent hat dazugekritzelt: »Rasputin fragen!« Und der das gelesen hat, wollte das unlösbare Problem auf ganz besondere Weise lösen. Er schrieb dazu: »Speicherkapazität erschöpft! Hilfe beim lieben Gott!«

3. TEIL

Glanz und Elend des IQ

Hundert Jahre Intelligenzforschung

Die klassische beziehungsweise mathematische Intelligenz wurde zum Synonym für die Intelligenztests, da diese vornehmlich mathematische und rechnerische Fähigkeiten messen.

Mathematische Intelligenz: Max Planck und Friedrich Gauß

Am Nachmittag des 7. Oktober 1900, einem Sonntag, klingelte bei Max Planck in Berlin das Telefon. Am Apparat war Heinrich Rubens, einer jener experimentellen Physiker, die über die Blackbody Radiation arbeiteten. Rubens berichtete Planck, daß irgend etwas bei der Formel, die der Physiker Wilhelm Wien gefunden hatte, nicht stimmen könne. Das Ziel war, eine mathematische Funktion zu finden. Diese sollte die relative Intensität der Strahlung jeder Wellenlänge als eine Funktion der Wellenlänge und der Temperatur des geschlossenen schwarzen Hohlkörpers ausdrücken. Ständige Fortschritte bei den instrumentellen Experimenten erlaubten immer präzisere Messungen über einen weiten Bereich von Temperaturen und Wellenlängen. Der deutsche Physiker Wilhelm Wien hatte die Formel schließlich entwickelt. Doch nun schien sie nicht zu stimmen. Die Formel gab nicht genau wieder, was Rubens gemessen hatte.

»Meßfehler können es nicht sein«, meinte er am Telefon.

»Geben Sie doch bitte einmal durch, was Sie bei welchen Temperaturen an Strahlenwerten gefunden haben!« sagte Planck.

»Ich habe sie schon vor mir!« antwortete Rubens und fing an zu diktieren.

Nach dem Telefonat begab sich Max Planck in sein Arbeitszimmer und prüfte, wo der Fehler liegen könnte. Nach etwa drei Stunden hatte er die neue Formel gefunden. Er brauchte nur einen negativen Koeffizienten von 1 einzufügen, und schon stimmte die Formel mit den Meßdaten wieder überein. Er schrieb noch eine Postkarte an Rubens mit der Formel. Dann ging er zu Bett und schlief sehr ruhig. An dem ganzen Nachmittag gab es keine Aufregung, kein Sichverwundern, keinerlei Störung. Planck hatte am Abend die neue Formel gefunden und damit physikalisch alles wieder in Ordnung gebracht. Die Formel stimmte mit den empirischen Daten überein.[1]

Was Planck und später andere jedoch nicht wußten, war, daß er der klassischen Physik an diesem Sonntag den Todesstoß versetzt hatte. Die neue Formel eröffnete den Weg zur Quantentheorie und damit zu einer »Umwertung aller Werte«.

Die physikalische Erklärung für das revidierte Gesetz ließ nicht lange auf sich warten. Die Abweichungen waren ziemlich komplex. Weder Max Planck noch andere Physiker erkannten damals die tödlichen Konsequenzen für die klassische Physik. Das geschah erst fünf Jahre später durch Einstein.

In unserem Zusammenhang interessieren lediglich zwei Tatsachen: Plancks mathematische Intelligenz und deren Anwendung auf Daten, die zur Erkenntnis dessen führten, was wir heute über das Gehirn wissen. Es war keine geniale Intuition, sondern ein routinemäßiger Gebrauch seiner Intelligenz und seiner mathematischen Fähigkeiten. Und er hätte die Aufgaben des zu dieser Zeit aufkommenden Intelligenztests ebenso spielend gelöst und sicherlich dafür einen IQ von 170 bis 200 erreicht.[2]

Daß es eine mathematisch-rechnerische Intelligenz gibt, wußte man seit langem. Es hatte immer Mathematiker gegeben, die durch einen kreativen Umgang mit Zahlen Gesetze fanden, die die anderen in Staunen versetzten. Auf diesem Gebiet gab es regelrechte Durchbrüche. Dafür stehen die Namen der Philosophen Blaise Pascal, René Descartes und Wilhelm Leibniz.[3]

Der Mathematiker Carl Friedrich Gauß besaß eine hohe mathematische Intelligenz, die sich schon in der Schule zeigte. Das war um 1787. Der Lehrer, der seine Ruhe haben wollte, stellte der Klasse die Aufgabe, alle Zahlen von 1 bis 100 zu addieren. Das ist eine langweilige Sache. Und man verrechnet sich oft dabei, so daß man von vorn anfangen muß. Zehnjährige brauchen dazu eine Stunde. Doch der junge Gauß meldete sich schon nach zwei Minuten und sagte:

»Ich hab's!«

Der Lehrer konnte das nicht glauben und fragte, was er denn herausbekommen habe.

»5050«, sagte Gauß. Und das stimmte. »Und wie hast du das so schnell herausgefunden?« wollte der Lehrer wissen. Gauß antwortete: »Ich habe 1 und 100 zusammengezählt, die erste und die letzte Zahl. Dann habe ich die zweite und die zweitletzte zusammengezählt. Dabei fiel mir auf, daß immer 101 herauskommt. In der Mitte der Reihe aber ist Schluß mit der Addition. 1 und 100 X 100 : 2 = 5050. Er hatte die Aufgabe gelöst. Und nicht nur diese Aufgabe. Er hatte die Formel gefunden, nach der alle diese Aufgaben gelöst werden, ob es sich nun um tausend oder eine Million Zahlen der Reihe handelte. Er hatte den Umgang mit Zahlen nicht in der herkömmlichen, sondern in ökonomischer Weise gepflegt, indem er die Additionen umstrukturierte. Das ist ein Zeichen von mathematischer Intelligenz.[4]

Später sollte sich herausstellen, daß Umstrukturieren ein Zeichen von jeder Intelligenz ist, gleichgültig, was dabei umstrukturiert wird. Das können Melodien sein, Bewegungsspiele, psychologische Erkenntnisse, Umgang mit Menschen, Organisation von Betrieben.

Der Gestaltpsychologe Max Wertheimer saß mit Einstein in dessen Berliner Wohnung Abend für Abend zusammen, um das mathematische Denken mit der Psychologie zu erfassen. Das war 1932. Einstein erzählte die Geschichte seines Denkens, das zur Relativitätstheorie geführt hatte, und Wertheimer war in der Lage, Einstein zu erklären, welche psychischen Prozesse, von denen Einstein keinerlei Bewußtsein und Erinnerung haben konnte, sich in seinem Kopf abgespielt hatten.[5]

Die Erforscher der Intelligenz: Statistiker und Rechner

Partyabend in Paris-St. Germain! Zu der Zeit war Professor Alfred Binet in aller Munde. Und er erschien sogar auf einer Party. Er hatte gerade den ersten praktikablen Intelligenztest entwickelt. Die Damen umschwärmten ihn. Eine meinte: »Professor! Bin ich sehr intelligent?« Und Binet sagte: »Ja, wenn Sie mir die Frage beantworten können, auf welcher seiner drei Reisen nach Australien James Cook ermordet wurde.« Binet wollte damit eine witzige Situation schaffen, small talk sozusagen. Alles lachte. Die Dame antwortete: »Das ist nun gerade eine Frage, die für mich nicht so gut ist. In Geschichte war ich immer schwach. Können Sie nicht eine andere Frage stellen?«

Bahnbrechend waren um die Jahre vor der Jahrhundertwende die Arbeiten der Franzosen A. Binet und T. Simon. Sie entwickelten einen Intelligenztest für Kinder. Er sollte der pädagogischen Auslese dienen.

Gegen Ende des Ersten Weltkrieges waren die Amerikaner gezwungen, einen Intelligenztest für Soldaten zu entwickeln, der als Gruppentest angewandt werden konnte.

Intelligenz wurde aufgefaßt als ein System der Faktoren, die die intellektuellen Leistungen bedingen. Folgerichtig wurde ein Intelligenz-Struktur-Test geschaffen, der das intellektuelle Leistungsniveau nicht nur feststellte, sondern auch in seiner jeweils individuell gegebenen Struktur nach Profilen unterschied. Der Intelligenztest wurde zum unabdingbaren Bestandteil jeder persönlichkeitspsychologischen Untersuchung. Sein millionenfacher Einsatz bei Rekrutierungen und Auslese für verschiedenste Berufe schien sich zu bewähren. Berufsdurchschnittsprofile wurden der Maßstab für die individuellen Profile. Und alle psychologischen Theorien profitierten von der Wissenschaft, die nun bereits in Physik und Chemie große Triumphe feierte. Das ging bis in Theorien des menschlichen Gedächtnisses hinein, die quantentheoretisch orientiert waren.

Je weiter die psychologische Forschung auf dem Gebiet der Intelligenz kam, um so deutlicher mußte auch werden, daß intellektuelle Leistungsfähigkeit keineswegs den gesamten Bereich abdeckte. Was gab es denn sonst noch an Fähigkeiten?

Howard Gardner vollzog schließlich einen Geniestreich, indem er behauptete, es gäbe nicht eine, sondern sogar sieben verschiedene Intelligenzen. Ein berühmter Musiker zum Beispiel verfüge über eine hervorragende musikalische Intelligenz, ein Mathematiker über eine mathematische und ein Sportler über eine kinästhetisch-körperliche Intelligenz.

Das rief sofort die Gegenseite auf den Plan, der die Identifikation mit attraktiven menschlichen Eigenschaften als wenig hilfreich für die Beurteilung der Intelligenz erschien.[6] Der im Umgang mit Menschen geschickte Politiker à la Lyndon B. Johnson habe zwar soziale Intelligenz,[7] und von einem Psychologen sei auch zu erwarten, daß er über eine besondere emotionale Intelligenz verfüge, aber ohne eine hohe Intelligenz im klassischen Sinne hätten auch sie keine Erfolge zu verzeichnen. Diese Auffassung entspricht zum Beispiel auch der Vorstellung der Psychologen vom Durchschnittsmenschen. Schon Sigmund Freud hatte von diesem eine Selbstanalyse gefordert, die intellektuelle Einsicht mit dem Verständnis psychologischer Erlebnisse verbindet.

Daß das Wort Intelligenz etwas beschreibt, das es gibt, wurde kaum bezweifelt. In der ganzen Geschichte der Menschheit gab es Unterschiede in dem, was Menschen schon sehr früh Intelligenz zu nennen pflegten. In den Uranfängen ging es ums Überleben. Und da zeigte sich, daß in jedem Stamm einige geschickter waren als andere, wenn sie zum Beispiel ein Tier in die Falle lockten. Einzelne hörten eher als die Gruppe, daß sich ein Feind näherte. Schon früh wurde deshalb diese Fähigkeit zum Gegenstand objektiver Forschung – vor allem in der vergleichenden Entwicklungspsychologie – gemacht.

Mitte des 19. Jahrhunderts hatte Charles Darwin seine Theorie der Evolution publiziert. Die öffentliche Diskussion darüber entbrannte sofort nach 1859. Die einen setzten auf Vererbung, die anderen auf Auslese der Arten. Beide Ansichten aber basierten auf der Annahme, daß sich Menschen erheblich voneinander unterscheiden, wenn es um die Lösung von Aufgaben geht.

Die Konstruktion von Tests lag also in der Luft. Francis Galton machte den Anfang. Seine Idee bestand darin, einen Test zu entwerfen, der sich auf Sehen und Hören bezieht. Je besser und schneller die Sinneswahrnehmungen erfolgten, um so größer sei die Chance, im Kampf ums Dasein zu überleben. Der Test erwies sich allerdings als ungeeignet.

Alfred Binet kam der Sache schon näher, wenn er die Fähigkeit eines Menschen, zu urteilen, zu erkennen, Analogien zu bilden und Muster wiederzuerkennen, seinem Test zugrunde legte. Und dieser schien mit dem übereinzustimmen, was der gesunde Menschenverstand bereits festgestellt hatte.

Um die Zeit, da Planck, ohne es zu wollen und ohne es zu wissen, die Physik umstrukturierte, waren schon mentale Tests im britischen Commonwealth, den USA, Japan und einigen Ländern Europas bekannt.[8]

Im ausgehenden 19. Jahrhundert beschäftigte sich ein Psychologe namens Charles Spearman mit der statistisch-mathematischen Analyse von Aufgaben, wie sie Gauß und Planck gelöst hatten, aber auch Binet und andere sie zu stellen gewohnt waren. Sie alle waren der Intelligenz auf der Spur. Die Methode, Beziehungen zwischen Intelligenzleistungen zu analysieren, mündete in die Faktorenanalyse. Sie sollte die Intelligenzforschung von nun an vollständig bestimmen. Der Tendenz der damaligen Zeit folgend, sah man vor allem auf mathematische Leistungen, später auch auf sprachliche.

Zu der Zeit hatte die Mathematik erhebliche Fortschritte zu verzeichnen. Francis Galton und sein Schüler Karl Pearson hatten schon 1888 den sogenannten Korrelations-Koeffizienten gefunden.

1904 gelang dann Charles Spearman, einem früheren britischen Armeeoffizier, der Durchbruch, indem er die Statistik bemühte. Zu der Zeit war schon der Korrelationskoeffizient in Fachkreisen allgemein bekannt. Karl Pearson konnte angeben, wie groß der Zusammenhang zwischen zwei verschiedenen Testergebnissen war. Es könnte ja sein, daß zwei verschiedene Tests doch eine Grundintelligenz prüfen.

Man kann sich das so vorstellen: In seinem Zeugnis hat ein Schüler gute Zensuren in den Fächern, die mit Sprachen zu tun haben. In mathematisch-naturwissenschaftlichen Fächern ist er dagegen schwach. Sind nun fünf sprachliche, aber nur zwei mathematische Zensuren gegeben, dürfte man nicht die Durchschnittszensur ermitteln. Die fünf sprachlichen Zensuren bekämen ein Übergewicht.

Wenn alles gleich ist, so daß man von dem einen Testergebnis auf das andere schließen kann, ist der Koeffizient +1, wenn keine Beziehung besteht, ist er einfach 0. In Wirklichkeit liegen meistens alle irgendwo dazwischen. Als Pearson herausfand, daß bei zahlreichen Tests diejenigen Personen, die gut abschnitten, auch bei anderen Tests gut abschnitten, war die Idee des Korrelationskoeffizienten r geboren. Es war eine der wichtigsten Entdeckungen in der statistischen Testpsychologie.

Spearman überlegte, wie es sein konnte, daß so viele Tests positiv korrelierten. Er kam zu der Antwort: weil alle auf ein und denselben Grundzug zurückgehen, von diesem abhängig sind, ja, er selbst es ist, der in der Zahl zum Ausdruck kommt. Daß nicht alle gleich sind, begründete er damit, daß nicht alle Aufgaben eines Tests den Grundfaktor enthalten. Die einen hätten mehr, die anderen weniger davon.

Die statistische Analyse dafür ist die Faktorenanalyse. Und der

Faktor, der allem zugrunde liegt, ist Faktor g, »general intelligence«. Intelligenz war nun eine statistisch erkannte Fähigkeit geworden, nicht direkt beobachtbar und nur durch Tests erkennbar, aber sie war eine Größe, mit der man objektiv rechnen konnte.

Der nächste Schritt war, g zu definieren. Spearman vermutete, es handele sich um die Fähigkeit, Beziehungen zu erkennen. Auch die Erfahrung legt nahe, daß intelligente Menschen schnell die Beziehungen erfassen, wenn sie eine Aufgabe zu lösen haben. Das kann eine mathematische, aber auch eine situative Aufgabe sein. Im Alltag findet man oft Menschen, die sich auf diese Weise von den anderen unterscheiden. Zwischen Wörtern oder zwischen Zahlen können Beziehungen bestehen, die der eine erkennt, der andere nicht.

1908 kam ein neuer Begriff auf. Das Intelligenzalter ist nicht das Lebensalter, sondern der erreichte Entwicklungsstand der Intelligenz. Das zum Lebensalter in Beziehung gesetzte Intelligenzalter ist der Intelligenzquotient. Was aber ursprünglich nur für die Beurteilung eines Kindes im Vergleich zu anderen Kindern gleichen Alters galt, wurde mit einem Mal zum Synonym für Intelligenz überhaupt. 1917 wurde das Wort ins Wörterbuch aufgenommen.

Intelligenzforschung wurde jetzt betrieben wie Atomphysik. Konstrukte, die nie ein Mensch gesehen hatte oder sehen würde, sollten immer weiter zurückverfolgt werden, bis man sozusagen die Quarks der Intelligenz gefunden hätte, aus denen das ganze intelligente Leben auf dieser Welt besteht.

Die Science-fiction-Literatur hat sich deshalb auch schnell dieser Suche angeschlossen und die Geschichte in die Zukunft verlegt. Außerirdische Intelligenzen, künstliche Intelligenzen, Computer und Roboter nehmen den Kampf auf mit dem Menschen, bis einer kommt, der den Computer besiegt. Doch das ist in unserer Zeit schon keine Zukunft mehr, sondern Wirklichkeit, wie wir noch sehen werden.

Im Ersten Weltkrieg testete Amerika seine ganze Armee.[9] Aus diesem Untersuchungsmaterial von Millionen Menschen, in Verbindung mit der Statistik als Wissenschaft, ging eine Welle der Testanwendung hervor, und zwar in allen Bereichen und Institutionen, die ständig viele Mitarbeiter zu selektieren hatten. Der amerikanische Individualismus fand jetzt eine wissenschaftliche Bestätigung durch die verschiedenartigen Testergebnisse, die die Bewerber erzielten.

Der Zweite Weltkrieg ging noch weiter, indem eine Million Rekruten für dreihunderttausend Fliegende Festungen gesucht wurden. Zehn Mann Besatzung für ein Bombenflugzeug, das die Festung Europa mit seinen Städten sturmreif bombardieren sollte, konnten nicht einfach abkommandiert werden. Man wollte sie auch ihren Müttern gesund zurückgeben. Dazu mußte man ihre Fähigkeiten kennenlernen, ein Flugzeug zu fliegen und unversehrt wieder zu landen. Militärische Fähigkeiten einschließlich der körperlichen wurden wissenschaftlich genau untersucht. Später kam das der NASA zugute. Die Rekrutierung der Piloten wurde zum Paradebeispiel der Testkonstruktion und Testbewährung. Es stellte sich übrigens dabei heraus, daß Mut keine besonders wichtige Eigenschaft für Piloten ist. Emotionen wurden zum ersten Mal auf ihre Gefährlichkeit hin getestet. Zur gleichen Zeit war aber bei der deutschen Luftwaffe eben dieses Emotionale das Heldenhafte. Hier wurden die mutigsten Flieger mit Ritterkreuzen ausgezeichnet. Aber kaum einer überlebte den Krieg. Die Deutschen hatten 1943 ihre Militärtests aufgegeben, weil es nichts mehr zu rekrutieren gab. Alle mußten ran.

Nach dem Krieg erkannten die großen Institutionen Amerikas, wie wichtig es für den Erfolg sei, die individuellen Differenzen verläßlich zu messen. Einige Tests aus den 30er Jahren setzten sich dabei durch. So der Wechsler-Intelligenztest von David Wechsler, der für Kinder konzipiert war. Der Stanford-Binet-Test wurde verbessert. Die Industrie benutzte ihn, um die

Spreu vom Weizen zu trennen. Doch erkannte man auch sehr schnell, daß außer den Fähigkeiten der Intelligenz Persönlichkeitseigenschaften für den Erfolg erforderlich waren. Zahlreiche Persönlichkeitsinventare und Fragebogen wurden entwickelt, die auch nicht haltmachten vor Intimfragen. In von den USA besetzten Gebieten Nachkriegsdeutschlands gab es einen Entnazifizierungsfragebogen, den alle Deutschen auszufüllen hatten und der 220 Fragen enthielt. Die amerikanische Euphorie kannte keine Grenzen. Es wurde sogar ein Bestseller-Roman darüber geschrieben.

Seit den 50er Jahren wurden in der ganzen Welt Millionen Menschen Intelligenz- und Persönlichkeitstests unterzogen.[10]

Es war nur eine Frage der Zeit, wann es zu einer massiven Opposition kommen würde. Wie lange ließen sich die Menschen das gefallen? Walter Lippmann, der einflußreiche Kolumnist der 20er Jahre, wetterte damals schon gegen die Tests, die das demokratische Prinzip der Gleichheit aller Menschen in den Bankrott trieben. Sozialdarwinismus wurde das Etikett für die Intelligenztests.[11] 1969 erreichte die Kontroverse erneut einen Höhepunkt. Arthur Jensen, ein Erziehungspsychologe von Berkeley in Kalifornien, publizierte die These, daß der IQ vererbbar sei, die Schwarzen einen niedrigeren IQ hätten als die Weißen und die Armen wiederum einen geringeren als die Reichen. Die Sozialschichten Amerikas wurden auf ihre Durchschnitts-IQs reduziert. Da der IQ vererbt werde, so argumentierte Jensen, bestünden kaum Aussichten, daß die sozialen Schichten Amerikas zu einer einheitlichen Gesellschaft umgeformt werden könnten. Jensens Name wurde in den USA zu einem Synonym für Rassenhaß.

Dutzende von Büchern erschienen, die das Gegenteil beweisen sollten. Vietnam und Watergate waren weitere Symptome für Auflösungserscheinungen in Amerika. Schließlich wurden Intelligenztests in den Schulen von Kalifornien sogar verboten. »Intelligenz ist ein Bankrott-Konzept«, wetterte der in Harvard lehrende Biologe Stephen Jay Gould in seinem Bestseller *The Mismeasure of Man.*

In den 80er Jahren schien der Kampf entschieden. Mochten Intelligenztests ruhig einige abstrakte Schullaufbahnen voraussagen. Ob die Leute später aber viel Geld verdienen, sich in nicht-wissenschaftlichen Berufen bewähren, zum Bruttosozialprodukt beitragen, das können nie und nimmer IQs bestimmen, lautete die allgemeinverständliche Devise aller, die bei Intelligenztests schlecht abschnitten.

Die Forschung ging weiter ihren Weg. Die Suche richtete sich nicht mehr auf Faktoren, sondern auf Prozesse. Ausschlaggebend für Intelligenz sei es, die Wege zu erkennen, auf denen sich die für den Erfolg notwendigen Informationen beschaffen lassen. Neue Tests wurden entwickelt. Sie alle hatten den Sinn, daß die Probanden Symbole und Repräsentationen im Informationstest erkannten. Mit dem Schlagwort der Informationsgesellschaft waren diese Tests plötzlich up to date. Intelligenz wurde zu einem Begriff geistiger Kapazität, die von außen stammende Informationen durch Flexibilität, Einsicht und Kreativität umsetzen konnte in mentale Schlußfolgerungen. Die angemessene Beziehung zur realen Welt wurde das Kriterium der Intelligenz. Denn in der realen Welt müssen sich die Menschen bewähren, nicht in der irrealen von Tests.

Es wurde vorausgesagt, daß es nicht mehr lange dauern würde, bis alle Fähigkeiten in den Intelligenzbegriff eingingen. Intelligenz ist Erfolg. Wer erfolgreich ist, ist auch intelligent.

Die Theorie der multiplen Intelligenzen war die Folge. Der Harvard-Psychologe Howard Gardner sprach mit seiner Lehre dem Volk aus dem Herzen. Einen g-Faktor leugnete er. Faktorenanalyse interessierte ihn nicht. Die Intelligenz der logischen und sprachlichen Fertigkeiten wollte er vom Sockel stoßen. Damit gewann er die Sympathien von Millionen.

Jetzt konnten sich auf einmal alle Popmusiker intelligent nennen, denn es wurde eine musikalische Intelligenz postuliert.

Alle Berufssportler waren hochintelligent, denn sie gewannen vielleicht die Fußballmeisterschaft oder bei den Olympischen Spielen eine Goldmedaille. Gardner hatte ihnen eine körperliche Intelligenz zugestanden. Im Sinne der interpersonellen Intelligenz erfuhren Charme, Sensibilität, Einfühlungsvermögen eine Aufwertung. Die kleinen und die großen Casanovas, aber auch Dompteure nahmen die Spitze ein, denn sie waren es, die nicht nur verbal mit Frauen oder Tigern kommunizierten, sondern vor allem auch über Stimmungen. Mit einem Wort: Intelligenz wurde für alles in Anspruch genommen, was es an Fähigkeiten gibt. Damit war der Begriff inflationär geworden, wertlos und unbrauchbar, wie die Verfechter der klassischen Intelligenztheorien meinten.

»Die Identifikation des IQ mit den attraktiven Eigenschaften von Menschen ist unglücklich und falsch«, widersprachen bedeutende Psychologen wie Herrnstein und Murray dem Trend der Zeit.

Ihr Standardwerk *The Bell Curve* erschien 1994 und machte Furore.[12] Darin kritisieren die Autoren, daß nach Gardners Definition der Intelligenz auch Schönheitsköniginnen zur Intelligenz gehören, weil sie die Mißwahl gewonnen haben, die ihnen die Bewunderung von Millionen einbringt und den geschäftlichen Erfolg dazu.

Doch hat die gesamte Eigenschafts- und Fähigkeitspsychologie einige Zirkelschlüsse, denen auch Gardner nicht entgehen konnte. Sie besagt zum Beispiel nicht selten, daß eine besondere Fähigkeit in jeder besonderen Leistung stecke. Talent, Genie, überdurchschnittliche Intelligenz sind solche Faktoren für eine überragende Leistung. Aber der Denkprozeß selbst verläuft oft so, wie der ungarische Psychologe L. Székely in dem folgenden Dialog verdeutlicht:

»Warum schreibt Anatole France so geistreich?«

»Weil er über Esprit verfügt.«

»Was ist Esprit?«

»Das ist die Fähigkeit, geistreich zu schreiben.«
»Woher wissen wir, daß Anatole France diese Begabung hat?«
»Das sehen wir ja an seinen Werken. Er könnte gar nicht so geistreich schreiben, wenn er nicht die Fähigkeit dazu hätte.«
»Warum hat Anatole France Esprit?«
»Na nun. Doch weil er ein Franzose ist. Zum französischen Nationalcharakter gehört, daß man Esprit hat.«
»Und woher wissen wir das?«
»Die meisten französischen Schriftsteller haben ja Esprit.«

Mit dieser ironischen Schlußfolgerung geißelte Székely die Zirkelschlüsse mit den besonderen Intelligenzen – allerdings schon vor Jahrzehnten.[13] Und doch fällt die Forschung immer wieder darauf herein. Es bedarf offenbar gewundener und tiefsinnig angelegter Terminologien, um das zu rechtfertigen. Geht man der Sache wirklich auf den Grund, offenbart sich hier in modernem Gewande scholastisches Denken. Die Erklärung eines psychischen Ereignisses aus der Fähigkeit dazu ist genau so aufschlußreich, als wenn die Bewegung eines Körpers damit erklärt wird, daß er in die Klasse der bewegten Körper gehört. Wir wissen nicht, nach welchen Gesetzen eine Fähigkeit sich in eine Leistung verwandelt. Aber wir können trefflich mit Worten darüber streiten. Das ist Scholastik oder, noch weiter in der Geschichte zurück, Sophistik.

Das ganze 20. Jahrhundert hindurch wurde ein unerbittlicher Krieg geführt um den Intelligenzquotienten. Nachdem der Slogan: »Intelligenztests sind nichts anderes als das, was sie prüfen. Was sie prüfen, ist aber nicht Intelligenz«, – seine psychologisch-suggestive Wirkung wieder verloren hatte, begann eine Auseinandersetzung, die zuweilen skurrile Züge annahm. Das ging so weit, daß man in Amerika zuerst alle mit einem IQ von unter 80 von der Fortpflanzung ausschließen wollte. Intelligenz sei erblich, hieß es. Dann wollte man keine Einwanderer mit niedrigem Quotienten aufnehmen, weil damit der Durchschnitt der Intelligenz in Amerika sinken würde. Es gab sogar Gesetzentwürfe dafür. Zu verstehen ist das nur aus der Begeisterung heraus, ein scheinbar objektives Meßinstrument entwickelt zu haben. Heute ist es wieder anders. Der durchschnittliche IQ von Ostasiaten wie Chinesen, Japanern und Koreanern liegt weitaus höher als der der Amerikaner.

Ein Test, der besonders gut den Faktor g trifft, ist der Ravens-Test. Er verlangt keine sprachlichen Aufgaben, nur solche allgemeiner Intelligenz. Daß Asiaten darin besser abschneiden, kann allerdings auch daran gelegen haben, daß es sich um leistungsorientierte Testpersonen handelte. Die Zahl der Nobelpreisträger aus Japan und China hat nach dem letzten Weltkrieg sprunghaft zugenommen in Fächern, die die klassische Intelligenz verlangen wie Physik und Chemie.

Amerika kannte im Gegensatz zu Europa keinen Adel, der durch Erbfolge an der Macht blieb. Amerika vertraute auf die Talente, die die Einwanderer mitbrachten. Das 20. Jahrhundert ist dem amerikanischen Ideal gefolgt. Die Intelligenz wurde zu einem mächtigeren Faktor der gesellschaftlichen Entwicklung als der ererbte Status. Während es in den früheren Jahrhunderten gar nicht so viele Positionen gab, die die Intelligenteren hätten einnehmen könne, wies unser Jahrhundert an der Spitze der sozialen Schichten eine Zusammenfassung der kognitiven Talente aus. Diese beschleunigte ihrerseits die gesellschaftliche Entwicklung in Richtung von Berufsstrukturen, die Intelligenz verlangten. Inzwischen haben sich Eliten gebildet, die sich in Technik und Wissenschaft isolieren. Regierungen können das beeinflussen, aber nicht verhindern. Wir leben heute in einer Gesellschaft mit einer die kognitiven Fähigkeiten bevorzugenden Berufsstruktur. Dadurch werden die unteren Sozialschichten mehr und mehr um intelligente Leute ärmer. Die sozialen Probleme sind da. Und sie haben etwas mit dem IQ zu tun.

Nun gibt es allerdings die Statistik. Und sie zeigt, daß doch etwas dran sein könnte, wenn man Leistungen auf die ihnen zugrunde liegenden Fähigkeiten zurückführt. Außerdem hat die

Einteilung nach verschiedenen Fähigkeiten beziehungsweise Intelligenzen einen praktischen Wert.

Der Leser kennt bestimmt den einen oder anderen Intelligenztest. Dabei handelt es sich immer um Leistungstests, die aus vielen Aufgaben bestehen. Der berühmte Intelligenzquotient wird daraus ermittelt. Verlangt wird Denken in der einen oder anderen Form.

»Seerosen verdoppeln ihre Fläche alle 24 Stunden. Zu Beginn des Sommers steht eine Rose auf dem See, nach 60 Tagen ist er ganz bedeckt. Wann ist der See zur Hälfte zugewachsen?« Diese Aufgabe können Sie nur lösen, wenn Sie die Informationen selektiv codieren. Sie müssen erkennen, daß die wichtigste Information die Verdoppelung der Seerosen innerhalb von 24 Stunden ist. Am 59. Tag ist der See zur Hälfte zugewachsen.

Auf eine höhere Intelligenz ist zu schließen, wenn bei Aufgaben, die verschiedene Informationen enthalten, die wichtigen schnell von den unwichtigen getrennt werden können. Es wird die Fähigkeit angesprochen, sie zu unterscheiden. Bei der Seerosenaufgabe ist die wichtigste Information, wie bereits erwähnt, die Verdoppelung über 24 Stunden. Unwichtig sind die 60 Tage. Wer das nicht erkennt, teilt die 60 Tage durch zwei.

Auch Kinder können durch solche intelligenten Fragen Erwachsene testen und dabei in Verlegenheit bringen. Die Geschichte von James Watt ist vielleicht bekannt: Der Junge fragt seinen Vater: »Wissen Väter eigentlich immer mehr als Söhne?«

»Ja«, sagt der. Darauf der Junge weiter:

»Papi, wer hat die Dampfmaschine eigentlich erfunden?«

Der Vater: »James Watt!«

Darauf der Sohn: »Aber warum hat sie dann nicht der Papi von James Watt erfunden?«

Multiple Intelligenzen

Wer kennt nicht die folgende Geschichte? Ein junger Mann im Nadelstreifenanzug steigt aus einem Mercedes und rempelt dabei aus Versehen einen etwas schäbig gekleideten Passanten an. Es ist sein alter Lehrer. Beide erkennen sich. Der Lehrer fragt seinen ehemaligen Schüler, wie er das geschafft habe, offenbar so erfolgreich zu sein.

»Du warst doch nie ein guter Schüler.«

»Nein«, sagt der andere. »Das stimmt. Aber ich handele mit Gebrauchtwagen aus Versicherungsschäden. Ich kaufe sie billig auf, meistens für DM 100.–, schlage 4 Prozent drauf, und von den 400.– Gewinn läuft mein Geschäft recht gut.«

Dem Lehrer standen die Rechenleistungen seines ehemaligen Schülers vor Augen, seine schulische Intelligenz. Doch im Leben geben oft andere Faktoren den Ausschlag. Nennen wir sie Lebensintelligenz oder praktische Intelligenz. Heute heißt sie etwas vornehmer emotionale Intelligenz.

Praktische Intelligenz zeigt sich in zahlreichen Situationen des Alltags, in denen es darauf ankommt, eine Aufgabe zu erkennen und sie zu lösen. Das kann schon das Einparken eines Sattelschleppers sein oder die Fähigkeit, eine Party zu organisieren oder eine Steuererklärung fürs Finanzamt machen oder einen zusammengeklappten Liegestuhl aufzustellen.

So gesehen, ist es zunächst schwer, eine Leistung und ein Verhalten als intelligent einzustufen. Versuchen wir es mit einer ungewöhnlichen Gliederung!

Es gibt nicht eine Intelligenz, sondern sieben verschiedene Intelligenzen, wie Howard Gardner betont. Sie sind weitgehend voneinander unabhängig. Geben wir ihnen ein Etikett:
– mathematisch-rechnerische Intelligenz,
– räumlich-optische Intelligenz,
– sprachliche Intelligenz,

- musikalische Intelligenz,
- körperlich-motorische Intelligenz,
- die Intelligenz, sich selbst gut zu kennen (die intrapersonelle Intelligenz), und
- die Intelligenz, andere gut zu kennen (die soziale Intelligenz oder die interpersonelle Intelligenz).

Zur mathematisch-rechnerischen Intelligenz verweisen wir auf die vorangehenden Kapitel, vor allem auf Gauß' Entdeckung der Summenformel. Aber auch der Umgang mit Zahlen und Denken in quantitativen Dimensionen (zum Beispiel Staatsverschuldung, Bruttosozialprodukt) gehören hierher. Es ist eine statistische Intelligenz, die es mit Wahrscheinlichkeiten zu tun hat. Aber auch das Nachdenken über Rechenaufgaben gehört zur mathematischen Intelligenz. Es ist die Einsicht, die uns die Aufgabe: $1 : 1/2 = 2$ lösen läßt. Durch $1/2$ kann man nicht teilen. Aber der Divisor $1/2$ hat hier eine andere Funktion. Er gibt die Größe an. Die Antwort kann deshalb 2 sein, weil in den 2 die Anzahl zum Ausdruck kommt, die $1/2$ bekäme.

Die räumlich-optische Intelligenz kann an dem Beispiel Franz Beckenbauer belegt werden. Beckenbauers Spielzüge stimmten ziemlich genau überein mit Labyrinth-Testergebnissen von Fußballprofis und Schachspielern, wenn diese besonders erfolgreich waren. Aber auch Chirurgen und Piloten sind hier zu nennen. Sie brauchen eine besondere räumliche Vorstellungsfähigkeit.

Die Überlegung, daß ein Sportler über eine sensomotorische Intelligenz verfüge, hatte allerdings lange vor Howard Gardner der brasilianische Professor Athayde Ribeiro da Silva angestellt. Im brasilianischen *Archiv für Angewandte Psychologie* veröffentlichte er 1972 einen bahnbrechenden Artikel über die Fähigkeiten von Fußballspielern. Dabei bezog er sich auf die Größten der damaligen Zeit wie Pelé und Garrincha. Ribeiro sprach von einer sportlichen Intelligenz. Meines Wissens war er der erste, der den klassischen Begriff der Intelligenz erweiterte und ihn auf einen anderen Bereich anwandte.

Zur sprachlichen Intelligenz ist zu sagen, daß der Sprachschatz der Menschen, die Sprachen der Menschen, die Sensibilität der Menschen in bezug auf sprachliche Äußerungen hier zur Geltung kommen.

»Was ist konsequent?« »Heute so und morgen so!« Auf welcher Silbe liegt die richtige Betonung?

»Begnadigen unmöglich liquidieren!« Ohne Komma, mit Komma? Was ist gemeint? Diese Geschichte vom Zaren, der die Interpunktion nicht beherrschte, erzählte Leonid Breschnew dem amerikanischen Außenminister Henry Kissinger in Moskau 1974.[14]

Flektierende, agglutinierende, isolierende und polysynthetische Sprachen unterscheiden die Linguisten. Diese Sprachen haben alle ihre eigene Intelligenz. Unser Deutsch ist flektierend, ebenso alle indogermanischen Sprachen einschließlich des Russischen. Sie kennen eine Deklination der Substantive und eine Konjugation der Verben. Agglutinierende Sprachen machen das anders. Sie bilden die Aussagen durch Endungen, die aneinandergereiht werden. Dazu gehört das Finnische, aber auch das Japanische. Isolierende Sprachen kennen eigentlich nur einsilbige Wörter. Die grammatischen Beziehungen bilden sie durch verschiedene Tonhöhen. Und die polysynthetischen Sprachen haben die Tendenz, alles in einem langen Wort aufgehen zu lassen. Dazu gehören viele Indianersprachen.[15] In unserem Zusammenhang kommt es darauf an, daß die Vielfalt der Sprachen auch verschiedene sprachliche Intelligenzfaktoren voraussetzt.

Der junge Mozart konnte schon als Kind hervorragend Klavier spielen, selbst komponieren und Konzerte geben. Darin kam bereits die ungewöhnliche musikalische Intelligenz zum Ausdruck. Wir zweifeln nicht daran, daß es eine musikalische Intelligenz gibt, die meistens schon sehr früh im Leben erkennbar ist.

Zur körperlich-motorischen Intelligenz ist zu sagen, daß Menschen mit dieser Fähigkeit besonders gut die geheimen Signale ihres eigenen Körpers auffangen können. Sie integrieren sie in eine von ihnen geforderte körperliche Leistung, wie zum Beispiel in den Marathonlauf. Sie schalten ständig von einer automatischen auf eine Handsteuerung des eigenen Körpers um. Wie wird der Langstreckenläufer fertig mit dem Phänomen der »Mauer« bei 30 Kilometern, dann, wenn alles zusammenzubrechen scheint, wenn der Wille erlahmt, wenn die Glykogenreserven aufgebraucht sind, wenn die Körpertemperatur steigt?

Die intrapersonelle Intelligenz besteht darin, seine eigenen Fähigkeiten richtig einschätzen zu können. Seine Gefühle sollte man ebenfalls kennen. »Erkenne dich selbst!« stand über dem Eingang zum Tempel der Heiligen Pythia. Sokrates hat das auf die Intelligenz bezogen und gesagt: »Ich weiß, daß ich nichts weiß!«

In unserer Zeit brachte Sigmund Freud den Menschen mit seiner Psychoanalyse zu der Erkenntnis, daß er einer dynamisch wirksamen inneren Welt ausgeliefert sei, die er nur mühsam entschlüsseln könne. Freud hat aber niemals von einer Intelligenz gesprochen. Das Unbewußte treibt uns. Wir wissen oft gar nicht, warum wir etwas tun. Auch eine entsprechende Intelligenz könnte da nichts ausrichten.

Howard Gardner, dem wir die plausible Einteilung der verschiedenen Intelligenzen verdanken, kennt noch eine letzte. Das ist die soziale Intelligenz. Menschenkenntnis und die Fähigkeit, sich auf andere gut einstellen zu können, sind wichtige Voraussetzungen für das Leben. Emotionale Intelligenz wurde sie später genannt. Selbsterkenntnis und Menschenkenntnis zusammen bilden auch die praktische Intelligenz. Die Begriffe wechselten bis zu Golemans »emotionaler Intelligenz«.

Schon diese Auflistung weist darauf hin, daß zahlreiche Kombinationen der verschiedenen Intelligenzen möglich sind. Und auch die verschiedenen Berufsanforderungen machen solche Kombinationen notwendig.

Zum Beispiel ist der Spielmacher im modernen Fußball jemand, der optische Muster zu erkennen vermag, die realisierbar erscheinen in Verbindung mit der motorischen Geschicklichkeit, sie für das eigene Spiel zu nutzen. Der Börsenmakler an der New York Stock Exchange der Wallstreet ist erfolgreich, wenn er Veränderungen in scheinbar gleichbleibenden Zahlenreihen auf dem laufenden Tape frühzeitig erkennt, ebenso jemand, der als Firmengründer mit neuen Ideen aufwarten kann wie McDonalds oder Coca Cola. Das spricht zugleich die Eigenmotivation der Mitarbeiter an. Aber auch die Primaballerina ist intelligent, weil sie die körperlich-motorische Intelligenz mit der musikalischen Intelligenz im Tanz vereint.

Die menschliche Persönlichkeit ist deshalb so schwer zu ergründen, weil sie aus Mischungen verschiedener Anlagen besteht. Dazu kommt noch die Vielzahl der Situationen, die von uns etwas Spezifisches verlangen, Chancen, die genutzt oder übersehen werden können. Aber es ist natürlich leicht, jemandem eine entsprechende Intelligenz zu bescheinigen, wenn man sieht, was er leistet und kann.

Alle diese Fähigkeiten können heute auch getestet werden. Der Durchschnittswert wäre die allgemeine Intelligenz, über die jemand verfügt. Aber wahrscheinlich sind die einzelnen Intelligenzen nicht gleichwertig, so daß einzelne Personen möglicherweise hohe und andere niedrige Werte haben. Nun gibt es aber auch Menschen, bei denen die eine oder andere Intelligenz ganz stark ausgeprägt ist und dominiert.

Energieersparnis durch bessere Schaltung im Gehirn?

Auch für die Mathematik ist das Gehirn gerüstet. Bis vor kurzem hat man zum Beispiel angenommen, daß für große Intelligenzleistungen auch eine große Energiezufuhr für das denkende Gehirn erforderlich sei. Der gesunde Menschenverstand sagt uns schon, daß bei einer Mangeldurchblutung des Gehirns geistige Störungen auftreten können. Je besser also die Durchblutung, desto besser auch die Leistung unseres Gehirns. Das ist auch richtig. Aber das gilt nicht für den Energieverbrauch. Richard Haier von der Irvine-Universität in Kalifornien, kam genau zu dem umgekehrten Ergebnis. Mathematiker brauchen fast gar keine Energie, wenn sie mathematische Aufgaben lösen. Unbegabte und Ungeschulte, ja solche, die man herkömmlicherweise als dumm bezeichnet, brauchen dagegen enorm viel Energie. Und das läßt sich sogar durch Bilder vom Inneren des Gehirns dokumentieren.

Haier arbeitet wie Raichle in St. Louis auch mit PET und FDG (Fluor-2-deoxyglykose). Haier gab seinen Studenten Aufgaben zu lösen, die abstrakt waren. Er benutzte einen der gängigen Intelligenztests, den Ravens-Test. Dabei handelte es sich um die Ergänzung geometrischer Figuren, um sprachliche Aufgaben wie Begriffsbildung und rechnerische Aufgaben. Die radioaktive Glykose floß nun mit dem Blut in die jeweils für die Lösung der Intelligenzaufgaben in Anspruch genommenen Hirnareale. Bei den meisten Versuchspersonen waren das Teile des linken hinteren Gehirns. Es bestätigte sich, daß diese Teile eingespannt werden, wenn wir abstrakt denken. Wer die Aufgaben besser löste, zeigte einen geringeren Energieverbrauch. Wer sie mühsam oder gar nicht löste, verbrauchte viel Energie.[16]

Es wurde dabei erkannt, daß eine wichtige Beziehung besteht zwischen abstraktem Denken und dem Verbrauch von Glykose im ganzen Gehirn, also nicht nur in einzelnen Arealen.

Intelligenztests enthalten gewöhnlich verschiedene Aufgabentypen. Man nimmt an, daß an jeder speziellen Aufgabe auch spezielle Faktoren beteiligt sind. Diese kommen aber nur über einen Generalfaktor ins Spiel. Wenn verschiedenartige Aufgaben gelöst werden müssen, dann heben sich die speziellen Faktoren zugunsten des Generalfaktors auf. Wenn das richtig ist, was schon vor hundert Jahren behauptet wurde, müßten die einzelnen Aufgaben auch einzelne Gehirnbezirke aktivieren. Das konnte bestätigt werden. Der Generalfaktor aber müßte das ganze Gehirn beanspruchen. Aufgaben, die Raumvorstellungen voraussetzen, wurden eher in der rechten Gehirnhälfte angegangen, sprachliche Aufgaben mehr in der linken. Aber eine Arbeit des ganzen Gehirns kam auch noch dazu.

Der Ravens-Test ist ein mathematischer, geometrischer und sprachlicher Test. Er ist relativ schwierig und korreliert hoch mit Spearmans g-Faktor. Die Korrelationen zwischen Testdaten und Metabolikraten sind deshalb wichtig, weil kognitive Fähigkeiten und Glykoseverbrauch strukturelle Muster der Organisation des Gehirns über metabolische Prozesse erkennen lassen. Diese werden in Mikromol Glykose pro hundert Gramm Gehirn pro Minute gemessen.

Mathematische, geometrische und sprachliche Aufgaben, die den Intelligenzgrad eines Menschen messen sollen, wurden in letzter Zeit heftig kritisiert. Die Normalverteilung der Intelligenz sei willkürlich und von der Verteilung der Körpergröße übernommen worden. Biologisch sei das vielleicht sinnvoll, aber keineswegs für vom Menschen selbst erdachte Sachverhalte wie die Intelligenz.[17] Doch schon Descartes, philosophisch und mathematisch außerordentlich begabt, hatte mit dem Argument des gesunden Menschenverstandes über diese Art von Kritik gespottet. Er meinte, die Menschen beklagten sich dauernd darüber, daß sie nicht genügend zu essen hätten oder ihnen die Gesundheit fehle. Über einen Mangel an Intelligenz habe sich aber noch niemand beschwert. Sie sei wohl gerecht verteilt. In der Zufriedenheit mit dem, was man habe, und im Fehlen des Wunsches, intelligenter zu sein, als man ist, bestünde die Dummheit. Und auch die, so müsse man schließen, sei also gerecht verteilt. Deshalb gebe es viele Schriften über die Intelligenz, aber kaum eine über die Dummheit. Daran hat sich bis heute nichts geändert.

Allerdings kann man auf diese Weise keine neuen Erkenntnisse gewinnen. Das gilt zum Beispiel auch für die Lösung intelligenter Aufgaben, bei denen Emotionen im Spiel sind. Wenn nämlich die Versuchspersonen Angst haben, die Aufgaben nicht lösen zu können, werden die Areale des Gehirns aktiviert, die Angst bedeuten. Das ist die Region im frontalen Kortex, eben nicht die Gebiete, die für die Lösung der Aufgaben in den entsprechenden Gebieten zuständig sind.

Bei den meisten Testpersonen waren die Korrelationen zwischen Glykoseverbrauch und Aufgabenlösung negativ. Es zeigte sich, daß diejenigen, die die Aufgaben gut und schnell lösten, verschiedene Lösungswege praktizierten, so daß in verschiedenen Teilen des Gehirns eine Aktivierung einsetzte. Das deutet tatsächlich auf die Existenz eines g-Faktors hin. Zwischen der mathematischen Intelligenz und der Glykoseverteilung im gesamten Gehirn besteht eine Beziehung.

Bei jungen Menschen, die Mathematik lernen, ist der Energieverbrauch höher und im Gehirn spezialisierter. Sie haben noch nicht genügend ausgebildete Schaltkreise über das ganze Gehirn entwickelt. Die noch ineffizienten neuralen Schaltkreise sind dafür verantwortlich, daß zuviel Energie verbraucht wird. Bei Leuten, die die Aufgaben gut lösen, werden gleich die richtigen Kreise benutzt und dadurch Energie gespart. In der zweiten Lebenshälfte sind dann mehr effektive Schaltkreise vorhanden. Intelligenz wäre demnach nicht eine Funktion vermehrter Gehirntätigkeit, sondern eher das Gegenteil. Sie ist das Ergebnis effektiverer Gehirnprozesse bezüglich besonderer Aufgaben.

Und dennoch! Was wissen wir denn heute schon über unser Gehirn? Wenig! Immer noch zuwenig, um daraus Schlußfolgerungen für die Praxis wie Erziehung und Auslese zu ziehen. Aber wir können mit den Untersuchungsergebnissen unser Verständnis und unsere Beobachtungsgabe schärfen; darin liegt zur Zeit ihre Bedeutung. Sie geben der Forschung einen neuen Schub.

Die Untersuchungen mit Intelligenztests ergaben also die erstaunliche Tatsache, daß die Leistungen bei Intelligenzaufgaben positiv korrelieren mit einer Glykose-Energieersparnis. Wirkungsvolle, leistungsfähige neurale Kreisläufe verbrauchen weniger Energie. Das leistungsfähige Gehirn ist nicht nur gut organisiert, es ist auch ökonomisch ausgerichtet und geht sparsam mit Energie um. Es ist offenbar weise eingerichtet, daß Menschen, die geistig arbeiten, ihre Energien sorgfältig einsetzen.

Würde ein Mathematiker soviel Energie verbrauchen wie ein Unbegabter, der sich anstrengt, mathematische Aufgaben zu lösen, wäre er bald am Ende. Er erläge seinem Streß, der sich hierbei als mathematische Überforderung zeigte.

In früheren Zeiten hat man gern nach dem Tode von bedeutenden Denkern nicht unerwähnt gelassen, daß sie ihr Gehirn aufgebraucht hätten durch zu langes und zu angestrengtes Nachdenken. Nach dem Tode von Immanuel Kant schrieben die zeitgenössischen Biographen, die sich auf den Arzt Kants beriefen, sein Gehirn sei nahezu ausgetrocknet gewesen.

Es läßt sich denken, daß man heute auch dem Streßgeschehen auf diese Weise näherkommen könnte. Doch da zögern die Wissenschaftler noch mit Schlußfolgerungen. Streß ist zu komplex mit Hormonen und der Außenweltsituation verbunden, um ihn allein im Gehirn lokalisieren zu können.

Man kann die Untersuchungsergebnisse auch umdrehen. Dann widmen wir unsere Aufmerksamkeit jenen, die einen hohen Energieverbrauch erkennen lassen. Es könnte sein, daß sie bisher keine Gelegenheit hatten, effektive Schaltkreise auszubilden. Es könnte sein, daß sie unter Angst und Streß leiden oder daß sie unkonzentriert an die Aufgaben herangehen. Das wiederum kann von verschiedenen Situationen abhängen.

Denken wir an Schüler, die morgens zur Schule gehen oder fahren. Sie müssen auf den Straßenverkehr achtgeben. Es wird von ihnen eine Aufmerksamkeit verlangt, die auf alles gerichtet ist, was sich bewegt oder bewegen könnte. Ein weites Feld muß überblickt werden können. Gesund und munter in der Schule angekommen, wird von ihnen eine andere Aufmerksamkeit verlangt. Der Unterricht erfordert Konzentration auf ein Objekt, nicht auf die eigene Sicherheit. Verschiedenartige Gehirnareale werden dafür gebraucht. Das Problem besteht gewöhnlich nicht darin, daß einer die eine und ein anderer die andere Aufmerksamkeit praktiziert. Das Problem ist die geforderte Umstellung. Sie hat oft mit der mathematischen Intelligenz nichts zu tun.

Als die ersten PET-Scan-Aufnahmen herauskamen, schenkte man sie dem amerikanischen Präsidenten Ronald Reagan. Reagan ließ sie sich kurz erläutern, erkannte die gewaltige Energiezufuhr bei dem Nicht-Mathematiker und den geringen Verbrauch beim Experten. Er legte die Fotos beiseite mit der ironischen Bemerkung, er habe sein Gehirn in dem des Mathematikers wiedererkannt. Reagan war dafür bekannt, daß er wenig Arbeitsintensität aufwandte, um Politik zu machen, aber in entscheidenden Augenblicken doch aus seiner Sicht das Richtige entschied, und das ohne große Anspannung und Energie.

Der Kampf der Giganten: Kasparow gegen Deep Blue von IBM

Am 10. Februar 1996 gingen in Philadelphia wie in anderen Millionenstädten der Zivilisation Hunderttausende ihren gewohnten Alltagsgeschäften nach. Keiner dachte daran, daß in ihrer Stadt ein einzelner Mensch gegen eben diese Zivilisation antrat, die die Welt mit Computern, Automobilen, Fernsehapparaten und Satelliten versorgt.

Niemand dachte auch daran, daß es ein aufregender Tag in der jüngsten Geschichte der Gehirnforschung werden würde. Das Gehirn eines Menschen trat in der Person des Schachweltmeisters Garry Kasparow unter korrekten Wettkampfbedingungen gegen den IBM-Computer Deep Blue an, um zu beweisen, daß der Mensch einem Computer im Denken überlegen ist. Der Weltmeister verlor das Spiel gegen Deep Blue, den Computer. Und plötzlich war alles anders. Aus dem schachhistorischen Ereignis wurde ein Vorgang für die Medien, die vermuteten, daß die menschliche Spezies neu definiert werden müsse.[18] Kasparow hatte zehn Milliarden Neuronen in seinem Gehirn zur Verfügung. Vor dem Kampf hatte er erklärt:

»Ich will dazu beitragen, unsere Würde zu verteidigen.«

Neuronen sind die Nervenzellen des Gehirns, die durch zahlreiche Bahnen miteinander verbunden sind. Wenn es stimmt, was Wissenschaftler heute schon vermuten, geht die Anzahl der möglichen Verbindungen im menschlichen Gehirn ins Astronomische. Es sollen nämlich sogar hundert Millionen Nervenzellen sein. Zählen kann sie keiner, nur schätzen.

Demgegenüber standen dem Computer 256 Koprozessoren zur Verfügung. Kasparow konnte innerhalb von einer Sekunde zwei Positionen überblicken und bewerten, manchmal auch drei. Der Computer sah hundert Millionen pro Sekunde. Kasparow besaß Intuition, lebenslange Erfahrung, die Fähigkeit, unmittelbar und sofort das jeweilige Figurenmuster zu erkennen. Und in den entscheidenden Augenblicken eines Schachspiels bewies er Killerinstinkt. Emotionen hatte er wie jeder andere Mensch auch, obwohl er sie unter Kontrolle wähnte, so daß sie sein Denken nicht zu stören vermochten. Im Gegensatz zu Kasparow hatte der Computer überhaupt keine Gefühle. Er hatte also keine Angst, den Kampf zu verlieren. Und er vermochte sich auch nicht zu freuen, wenn er ihn gewinnen sollte. Aber er konnte alle möglichen Kombinationen erfassen. Seine Kapazität dazu betrug auf dem Höhepunkt eines Spiels sogar zweihundert Millionen pro Sekunde. In die Zukunft sah er zehn bis fünfzehn Züge voraus. Innerhalb dieser Spanne war er vielleicht Kasparow unterlegen, denn dieser hatte schon mehrere Male in einem Spiel intuitiv bis zu zwanzig Züge vorausgesehen. Konnte der Computer Kasparow bedrohen?

Das Ereignis hatte auch geistesgeschichtliche Bedeutung. Das Menschenbild könnte eine ähnliche Kränkung erfahren wie vor Jahrhunderten, wenn es sich herausstellte, daß der Mensch die Computer nicht besiegen kann. Zuerst war es Galilei, dann Kopernikus, die die Erde zu einem ganz gewöhnlichen Himmelskörper machten. Keineswegs im Mittelpunkt des Universums, wie die Kirchenväter behaupteten. Dann führte Charles Darwin die Göttlichkeit des Menschen durch seine Evolutionstheorie ad absurdum. Schließlich kam noch Sigmund Freud, der mit seiner Psychoanalyse zeigte, daß der Mensch nicht einmal Herr im eigenen Haus ist. Unbewußte Prozesse laufen ständig in ihm ab. Der Mensch weiß das, aber er erkennt sie nicht.

Jetzt sollte Kasparow wenigstens beweisen, daß die Maschinen nicht denken können. Fünfzig Jahre nach der Geburt des ersten wirklichen Computers wäre es eine weitere Kränkung des menschlichen Geistes, wenn herauskäme, daß wir gar keine Seele haben und genauso denken wie ein Computer. Doch die Philosophen von heute reden nicht mehr von der Unsterblichkeit der Seele. Sie drücken sich eleganter aus und sprechen von Bewußtsein und Geist. Da die Computer uns offenbar überlegen sind, wenn es darum geht, Börsenkurse zu analysieren, statische Bauberechnungen durchzuführen und sogar Schach zu spielen, taucht das Problem des Bewußtseins aus dem Dunkel wieder auf. Es wird vielleicht zum ersten Mal richtig ernst genommen, denn es muß gegen eine Konkurrenz verteidigt werden, die es früher nicht gab.

Es hatte schon in den 20er Jahren einen Test gegeben, der etwas ernüchternd auf das Selbstbewußtsein des Menschen wirkte. Ließ man eine Ratte durch ein Labyrinth laufen, so konnte man feststellen, daß sie einige Fehler machte. Sie verrannte sich gelegentlich. Aber beim zweiten Versuch hatte sie schon etwas gelernt. Sie machte weniger Fehler. Das wirkte sich in der Zeit aus. Sie befreite sich eben schneller, weil sie Sackgassen vermied. Bei jedem weiteren Versuch nahm die Zeit durch Fehlerersparnis ab. Zeichnete man die Anzahl der Fehler und die Zeit bei den wiederholten Versuchen in Form eines Koordinatensystems auf, dann ergab sich eine sogenannte Fehlerkurve. Dann baute man eine künstliche Schildkröte und ließ sie durch das Labyrinth irren. Jedesmal, wenn sie gegen eine Wand stieß, drehte sie sich aufgrund eines eingebauten Mechanismus so lange, bis sie sich weiter nach vorn bewegen konnte. Ein Fehlerspeicher sorgte dafür, daß sich die jeweilige Kollision mit einer Wand nicht wiederholte. Das Ergebnis war auch eine Fehlerkurve. Legte man diese und die von einem wirklichen Tierverhalten abstammende Fehlerkurve Biologen vor, konnten diese nicht erkennen, welche von den Tieren und welche von der Maschine stammte. Die philosophische Frage lautet nun: Zeigt die Fehlerkurve Verhaltensweisen von Lebewesen auf oder die von Maschinen? Diese Art der wissenschaftlichen Simulation von Verhaltensweisen ist inzwischen zu einer Perfektion gediehen, von der man sich keine Vorstellung macht. Am Institut für Hirnforschung an der Universität Bremen ist es gelungen, die Fähigkeit des Salamanders zu simulieren, eine sich schnell bewegende Beute, zum Beispiel eine Fliege, zu orten und mit seiner weit herausschnellbaren Zunge treffsicher zu erbeuten. Ein mathematisches Modell auf der Basis neuraler Netzwerke hat das geschafft. Neurobiologische Daten wurden integriert.

Kann Deep Blue eigentlich auch Gesichter erkennen, wie zum Beispiel Kasparow? Kann er einen Witz verstehen? Natürlich nicht! Schachspielen kann er. Kann er das wirklich? Ja, wer so programmiert ist, daß er x Schaltungen mit neuronenähnlichen Verbindungen betätigt, aber keine Gefühle hat. Emotionales Agieren ist ihm fremd. Er kann zwar Erfahrungen machen, indem er sich Fehler merkt und sie in Zukunft vermeidet, aber er kann keine Mimik erkennen. Das kann nur das Bewußtsein.

Es ist vielleicht eine der erstaunlichsten Erfahrungen in der heutigen Wissenschaft, daß jede Erfindung, jede Erkenntnis sofort wieder philosophische Fragen aufwirft. René Descartes ist zur Zeit der meistgenannte Philosoph der Welt. Er schrieb nämlich in seinen Meditationen vor dreihundert Jahren, daß Tiere Automaten seien, Menschen dagegen ein Bewußtsein hätten. Dieses denke sogar die Idee Gottes. Und da zum Begriff Gottes als des allervollkommensten Wesens auch die Existenz gehöre, gäbe es einen Gott. Wenn die Wissenschaft jetzt beweisen sollte, daß wir denken wie Maschinen, dann wäre die Einmaligkeit des Menschen auch hier wieder in Gefahr.

Das Leib-Seele-Problem ist nicht tot. Wäre es nicht denkbar, einen elektronischen Rechner zu konstruieren, der so arbeitet wie unser Gehirn? Man könnte ihn mit einer Membran umgeben, die wie eine menschliche Haut bei Berührung sofort Signale an das Gehirn leitet. Dort werden sie in Bruchteilen einer Computersekunde zum thermostatisch eingestellten erlaubten und ungefährlichen Hitzegrad geleitet. Wird die eingestellte Temperatur überschritten, signalisiert der Computer einer künstlichen Hand, sich sofort zurückzuziehen. Das ist alles technisch demnächst möglich. Der Mensch ein differenzierter Computer?

Wie ist das nun mit den Gefühlen? Die Wissenschaftler können sich nicht vorstellen, daß der Computer bei dieser Aktion etwas empfindet, was unserem Schmerz oder unserer Angst entspräche. Wie kommt es, daß Menschen plötzlich merken, daß sie sich verbrannt haben? Dann müßten ja alle Daten, die die Sinne übermitteln, Teil des Bewußtseins geworden sein. Wer entscheidet das? Natürlich gibt es auch hier schon eine Theorie, nach der es zu einem Kampf im Unbewußten kommt, aus dem die beste Theorie hervorgeht und sich ins Bewußtsein drängt. Physische Daten würden so in subjektive Erfahrung umgemünzt.

Zurück zu Garry Kasparows einsamen Kampf gegen Deep Blue! Der Computer selbst kannte keine Gefühle der Bedrohung. Nach der menschlichen Terminologie würde ihm absolute

Sicherheit und Gewißheit zugebilligt werden. Aber die konnte er nicht einmal haben. Er hatte kein Bewußtsein. Deep Blue gewann. Was war das Erfolgsrezept von Deep Blue?

»Es ist die Rechenkraft«, sagt Kasparow. »Die Schnelligkeit schafft seltsamerweise eine Art von Intelligenz.«

Der Computer braucht praktisch keine Bedenkzeit. Von dem komplizierten Gefüge der chemischen, physikalischen, psychologischen und emotionalen Prozesse versteht der Computer nicht einen einzigen. Er kann sicher schneller rechnen und wahrscheinlich auch selektiver Millionen von Stellungsbewertungen vornehmen als ein Mensch.

»Aber der Computer versteht das Entscheidende der Stellung nicht. Seine Rechenkraft reicht nicht aus, um Erfahrung und Intuition des Menschen wettzumachen«, zieht Kasparow Bilanz.

Vor dem Kampf hatte Kasparow geäußert, er könne gar nicht gegen den Schachcomputer verlieren. Nach der Niederlage war er zerknirscht. Der Computer hatte alle möglichen Kombinationen, die Kasparow zur Verfügung standen, mit absoluter Gewißheit überblickt, so daß er Kasparow zum Schluß nur mit einem einzigen Zug zuvorkam. Das war kein Risiko wie bei einem Menschen, der so gespielt hätte. Deep Blue wußte das nicht einmal vorher. Aber er tat es. Sonst hätte Kasparow den tödlichen Zug gemacht. Um ein solch riskantes Spiel zu programmieren, hätte ein Mensch Nerven aus Drahtseilen haben müssen. Ein menschliches Gehirn kann ein solches Spiel nicht mit absoluter Gewißheit machen, denn es kann niemals alle möglichen Kombinationen vorhergesehen haben. Intuition und Wahrscheinlichkeitsrechnung zu besitzen, mathematisches Genie und der größte Schachspieler aller Zeiten zu sein, nutzten Kasparow offenbar nichts. Der Computer hatte nichts dergleichen zu bieten. Aber er konnte alle Kombinationen für die nächsten zehn bis fünfzehn Züge antipizieren. Deep Blue konnte nicht weiter sehen, als Kasparow zu fühlen vermochte.

Aber im Gegensatz zu Kasparow konnte er keinen Fehler machen innerhalb des Horizonts, den er übersah.

Was den Computer auszeichnete, war die Schnelligkeit, mit der er alle möglichen Kombinationen durchlief, und die Beurteilung, welche erfolgversprechender waren als andere. Es war wie der Wettlauf zwischen Hase und Igel.

Kasparow hat später gesagt:

»Ich habe meine erste Bekanntschaft mit der künstlichen Intelligenz am 10. Februar 1996 um 4:45 nachmittags gemacht, als Deep Blue einen Bauern vorschob auf ein Feld, wo er leicht zu schlagen war. Er hatte scheinbar menschlich gehandelt.«

Wie konnte aber ein Computer einen solchen Zug machen? Da Computer doch jede Möglichkeit durchspielen und die beste wählen, taucht hier die Frage auf, ob der Computer denkt wie ein Mensch. Dann müßte der Computer das Spiel verstehen, was er aber nicht kann.

»Was hatte dieser Zug also zu bedeuten? Ich habe gegen viele Computer gespielt. Aber das hatte ich noch nicht erlebt. Ich fühlte, ja, ich spürte eine neue Art von Intelligenz.«

Später kam Kasparow dahinter, was sich getan hatte. Er sagte: »Alle möglichen Züge konnte der Computer voraussehen, so daß er sechs Züge später den Verlust des Bauern wieder wettgemacht hätte. Aber es war ihm nicht bewußt, daß er vorher einen Bauern geopfert hatte.«

Ein Opfer kam in seiner Welt nicht vor.

»Wenn der Computer also denselben Zug macht wie ich, der ich meine Gründe und über das Opfer nachgedacht habe, macht er dann einen ›intelligenten‹ Zug? Ist die Intelligenz einer Handlung also abhängig von dem, der sie tätigt?«

Der Computer hat sich nicht gewundert wie Kasparow. Der Computer kennt keinen Plan.

»Obwohl ich einige Aspekte der Intelligenz gesehen habe, war es doch eine relativ unflexible, ineffektive Intelligenz.«

Kasparow stellte sich psychologisch auf diese Situation ein.

Das nächste Spiel gewann nicht mehr Deep Blue, sondern Kasparow, der Schachweltmeister.

Eines Tages wird der Mensch nicht mehr gegen einen Computer spielen wollen, meinte ein Schachexperte in Philadelphia. Er würde ja auch nicht mit einem Porsche um die Wette rennen. Er wäre ohne Chance. Kasparow hat gesagt, bei dem Computer habe sich die Quantität in Qualität verlagert. Karl Marx hat er allerdings nicht für die Erklärung bemüht. Wenn man so schnell und so umfassend alle Züge erkennt, erreicht man einen neuen Standard. Eine ähnliche dialektische Veränderung müßte sich beim Menschen im Vergleich zu den Tieren vor Millionen von Jahren ereignet haben. Durch eine quantitative Zunahme von Milliarden Nervenzellen, die eine Einheit bildeten, entstand das Bewußtsein. Und seitdem hat kein Tier mehr eine Chance, den Menschen auf lange Sicht zu bezwingen. Am 10. Februar 1996 hatte ein Computer den überlegenen Menschen überholt, wenn auch nur ein einziges Mal, und dann im Verlauf des Turniers nicht wieder. Weil der Mensch Emotionen hat, die ihn in seinem Lebenskampf schützen, aber auch behindern können? Auf die Frage, wie er sich nach dem Sieg fühle, blieb der Computer stumm. Wie sollte er auch etwas fühlen, wenn er weder Bewußtsein noch Emotionen hatte. Kasparow hatte ein Motiv, gegen den Computer anzutreten. Der Computer aber wußte nicht einmal, was ein Motiv ist. Kasparow setzte sich selbst in Gang, der Computer aber wurde ein- und wieder ausgeschaltet. Und doch gewann er das erste Mal gegen Kasparow.

1987 hatte die Gehirnforschung Kasparow schon einmal einen Beitrag zu verdanken. *Der Spiegel* ließ Kasparow durch den Londoner Psychologie-Professor Hans Eysenck testen. Diesmal trat der Experte für Intelligenzforschung und Schöpfer von Intelligenztests den Kampf gegen Kasparow an. Doch wollte er ihn nicht im Schach besiegen, sondern herausfinden, wie der Weltmeister Schach spiele. Nach landläufiger Auffassung sind Schachspieler Analytiker, die Züge einer Partie vorausberechnen. Das stimmt auch, denn Kasparow verfügt über rechnerische Fähigkeiten, die es ihm wahrscheinlich erlauben, in einer Spanne von sechs bis acht, zuweilen aber auch von zehn bis fünfzehn Zügen zu agieren.

Schachspieler sind aber auch visuelle Gedächtniskünstler, die in räumlichen und optischen Schachmustern denken und zeitweise alle anderen Gehirnteile ausschalten, die nichts damit zu tun haben. Die auftretenden Schachbilder werden als dynamische Muster erfahren und mit den bereits bekannten und im Gedächtnis gespeicherten im Bruchteil einer Sekunde verglichen. Dabei können Aktivitäten der einen Hemisphäre erforderlich, die der anderen aber störend sein.

Zeigt man einem Schachspieler zehn Sekunden lang eine bereits begonnene Partie, so fragt er sich, ob und wann er diese Stellung schon einmal gesehen hat und was gegebenenfalls zum Erfolg geführt hat. Er erfaßt die Beziehungen der Figuren zueinander. Das ist ein geistiger Prozeß, den er nicht optisch auf dem Schachbrett sehen kann.

So hatte Kasparow keine Mühe, sich in nur fünf Sekunden Partiestellungen einzuprägen und sie danach in ein leeres Diagramm einzutragen. Sein Gehirn arbeitete dabei wie ein Fotoapparat und nahm 117 der 120 Figuren ins Gedächtnis auf. Fehler machte er jedoch, als er mit Partiestellungen konfrontiert wurde, die keinen Sinn ergaben und dementsprechend von ihm weder bereits archiviert noch antizipiert worden waren. Solche Muster von Zufallsdiagrammen, nutzlos für sein Schachspiel, konnte er sich nur mühsam merken.[19]

Der Mensch konnte einen Computer entwerfen. Und er brauchte dafür eine gewisse Entwicklungszeit. Er spricht sogar von verschiedenen Generationen von Computern. Das hat natürlich nur bedingt mit der Evolution zu tun, der der Mensch selbst unterworfen ist. Diese Evolution ist aber dennoch die Voraussetzung dafür, daß der Mensch überhaupt in der Lage war, einen Computer zu konstruieren. Sein eigenes Gehirn ist das komplizierteste und komplexeste Organ, das die Natur bisher hervorgebracht hat, ein Drei-Pfund-Universum, das seinesgleichen sucht.

Der Streit um das Denken mag so enden, daß der Computer uns immer effektiver die rechnerischen und andere Operationen kraft seiner Schnelligkeit und Fehlerfreiheit abnimmt. Aber er handelt doch wie ein absoluter Autist, der durch keinerlei Emotionen Ratschläge oder Warnungen erhält. Die Bedeutung der Gefühle ist nicht schlagender zu belegen. Die rationale Intelligenz mag sich an Computern bewähren oder auch nicht. Aber sie kann ihm keine Emotionen beibringen. Kasparow hatte nicht die Fähigkeit zur Verfügung, Millionen von Möglichkeiten innerhalb einer Sekunde zu durchlaufen. Aber er hatte Emotionen, die seine Möglichkeiten von vornherein limitierten. Deshalb konnte er mit dem Computer mithalten. Man könnte sagen, die Emotionen machten es überflüssig, Millionen von Möglichkeiten zu prüfen. Das menschliche Gehirn arbeitete vielleicht sogar ökonomischer. Es brauchte dank seiner Erfahrung gar nicht die Millionen Möglichkeiten zu kontrollieren, um die beste zu finden. Die Emotionen nahmen Kasparow diese Prozedur ab. Auch Emotionen können intelligent sein, weil sie über ein eigenes Gedächtnis verfügen, in dem sich das bildet, was wir Erfahrung nennen.

Nach seiner Niederlage gewann Kasparow aber doch das nächste Spiel. Zwei Spiele endeten unentschieden. Kasparow respektive der Mensch siegte 4 : 2. Gefahr droht vom Computer nicht dem Menschen, wohl aber dem Schachspiel.

Die Quantenphysik des Gedächtnisses

Die Nicht-Berechenbarkeit der Quantentheorie und die Anstrengungen der Neurowissenschaften, das Bewußtsein zu verstehen, haben in den letzten Jahren zu bedeutenden Analysen geführt. Hier wird in einer einfachen Überlegung der schon ältere Ansatz quantentheoretischer Untersuchungen zum Gedächtnis vorgestellt.

Der vielseitige Wissenschaftler Heinz von Förster hat die Quantentheorie auf das menschliche Gedächtnis angewandt.

Das Gedächtnis als ein wesentlicher Bestandteil der menschlichen Intelligenz ist zunächst ein Speicher, der allerdings nicht alles speichert, sondern auswählt. Es ist kein Elektronengehirn, denn es kann auch nicht unbegrenzt speichern. Das Gedächtnis vergißt auch und muß vergessen, sonst wäre das Gehirn nicht mehr brauchbar, weil es zu viele unwichtige Dinge behielte. Im Gedächtnis wird also auch ständig etwas gelöscht. In seiner quantenphysikalischen Untersuchung des Gedächtnisses interessierte sich von Förster für dieses Löschen, das er Vergessen nennt. Es gibt zwar Vergessenskurven, die anzeigen, in welchem Maß wir erwarten können, eine beliebige Information mit dem Ablauf der Zeit im Gedächtnis zu behalten. Aber diese Kurven sind empirisch gewonnen worden. Versucht man, diese Kurven in einer Formel auszudrücken, klappt das nur, wenn man noch einen Vergessenskoeffizienten hinzufügt. Dieser muß aber negativ sein, sonst stimmt die Kurve nicht mit der Realität überein. Aber was soll ein negatives Vergessen bedeuten? Von Förster gibt die Antwort:

»Negatives Vergessen ist Lernen.«

Auf der einen Seite zerfällt das Gedächtnis, auf der anderen Seite wird es wieder erneuert. Die Erklärung kann nur darin liegen, daß der Mensch zu jedem beliebigen Zeitpunkt feststellt, was noch an Informationen vorhanden ist. Diese Erkenntnis wird mit den Gedächtnisräumen zurückgekoppelt, die durch das Vergessen frei geworden sind. Es wird jetzt gewissermaßen wiedergelernt. Die quantenphysikalische Untersuchung hat also ergeben, daß wir nicht nur vergessen, sondern während des Vergessens vieles noch vor dem Vergessen bewahren, indem wir unser Gedächtnis überprüfen. Wohin solche Untersuchungen noch führen werden, ist völlig ungewiß. Sicher ist nur, daß sich unser Wissen von uns selbst in den nächsten Jahrzehnten radikal verändern wird.

Der englische Physiker Roger Penrose hat jüngst eine Analyse vorgelegt, in der er die Möglichkeiten und Grenzen von algorithmischen Computersimulationen im Rahmen der künstlichen Intelligenz untersucht. Damit taucht die Frage auf, ob sich der menschliche Geist im Rahmen naturwissenschaftlicher Theorien verstehen läßt. Eine neue Physik des Bewußtseins ist im Werden.[20]

Könnte es sein, daß das menschliche Gehirn, das die Fähigkeit hatte, eine Quantenphysik zu schaffen, selbst in seiner letzten Substanz ein quantenphysikalischer Vorgang ist? Das Reich der Atome ist eine skurrile Mischung aus Ordnung, Chaos, Tendenzen und Unberechenbarkeit. Man kann nicht vorhersagen, wie das Verhalten einzelner Teilchen aussehen wird. Penrose ist der Meinung, daß sich aus dem Nichts die Partikel rekrutieren und ebenso schnell wieder verschwinden. Innerhalb von hundert Milliarden Nervenzellen befinden sich die sogenannten Mikrotubuli. Das sind kleine Röhrchen, über die Signalstoffe geleitet werden. Sollte in ihnen das schon in Miniaturform entstehen, was wir später Bewußtsein nennen?

**Gedächtnisleistung
im Dienste der praktischen Intelligenz**

1978 fand im Anschluß an ein Fußballspiel in New York im vornehmen Restaurant des Giant-Stadions ein Empfang statt für vierhundert geladene Gäste. Beckenbauers Manager, Robert Schwan, stand zufällig am Eingang. Wir kannten uns persönlich nicht. Ich ging auf ihn zu und stellte mich vor, dann wandte ich mich einem anderen Partner zu. Ich habe mit Schwan kein Wort gesprochen.

1993 wiederholte sich die Begegnung, allerdings am Telefon. Er hatte bei Beckenbauer den Hörer abgenommen. Ich sagte: »Entschuldigen Sie bitte, Herr Schwan, Sie kennen mich nicht.« Dann nannte ich meinen Namen. Darauf sagte Schwan: »Ich kenne Sie. New York 1978.«

Die in seinem Gedächtnis gespeicherte Erinnerung war fünfzehn Jahre alt. Wir hatten nie etwas miteinander zu tun gehabt. Schwan bewies, daß er über eine praktische interpersonelle Intelligenz verfügte, auch wenn es nur um eine Gedächtnisleistung in bezug auf Personen ging. Er kannte wahrscheinlich fast alle Leute, mit denen sein Schützling Beckenbauer irgendwann einmal etwas zu tun gehabt hatte.

Nun konnte es sein, daß Schwan sich nicht über fünfzehn Jahre erinnerte, sondern über kürzere Zeiten, in denen der Name vom Gedächtnis erneut registriert wurde. Seine emotionale Intelligenz bestand allerdings darin, daß er mit der Schnelligkeit der richtigen örtlichen und zeitlichen Zuordnung beeindruckte.

Ganz gleich, wie es nun wirklich war: In jedem Fall mußte Schwan seine vielen Namen verschlüsselt haben. Ein gutes Gedächtnis ist immer ein gut organisiertes Gedächtnis. Man kann das trainieren. Die meisten Leute haben dazu nur keine Motivation.

Ein solches Training könnte so aussehen:

Prägen Sie sich nicht nur Namen ein, sondern verankern Sie die Namen mit irgendeiner Situation, vor allem mit einer humorvollen. Dann kann man sich leichter daran erinnern und tut außerdem noch etwas für seine seelische Gesundheit. Sie wenden eine moderne wissenschaftliche Erkenntnis an. Es gibt zwei Gehirnhälften, die unterschiedliche Funktionen haben. Die linke merkt sich die Namen, die rechte die Gesichter, Bilder und Situationen. Wenn Sie beides miteinander verknüpfen, vergessen Sie beides nicht. Die Situation ist wichtig. Sie wenden dann die Erkenntnis an, daß Namen und Gesichter zwei verschiedene

Gedächtnisprozesse stimulieren und damit verstärken. Bei Gesichtern wählen wir aus. Bei Namen müssen wir suchen. Und das ist viel schwerer.

Menschen mit erstaunlicher Gedächtnisleistung sind gar nicht so selten. Der Dirigent Arturo Toscanini kannte von zweihundertfünfzig Symphonien und hundert Opern jede Note auswendig. Er hatte sein Gedächtnis systematisch trainiert. Ähnlich ist es mit dem Gedächtnis für Bilder, Schachpositionen, Partituren, geschäftliche Transaktionen, Bibliotheksordnungen, Theaterrollen, Gesichter und Bundesliga-Spielergebnisse. Dabei werden auch oft Tricks angewandt, sogenannte Mnemotechniken.

Da man kaum mehr als fünf bis neun Einzelstücke – Zahlen oder Ereignisse, das ist gleich – im Kurzzeitgedächtnis speichern kann, muß man sie mit Daten aus dem Langzeitgedächtnis assoziieren. Die Speicherkapazität des Kurzzeitgedächtnisses ist eine feststehende Größe. Sobald eine Assoziation zum Langzeitgedächtnis hergestellt ist, kann man das Kurzzeitgedächtnis wieder löschen. Es ist wie bei einem normalen Personalcomputer, dessen Speicherkapazität nicht unbegrenzt ist. Wichtig sind die Verbindungen mit den ursprünglichen Emotionen. Wir besitzen nämlich auch ein besonderes Gedächtnis für Gefühle.

Es gibt Oberkellner, die das bestellte Menü sofort mit dem Gesicht des Gastes in Verbindung bringen. Ein Gast mit muskulösen Kinnbacken, der ein Riesensteak bestellt? Kein Problem! Das behält man so.

Man braucht zu einem solchen Expertengedächtnis zweierlei: die Motivation, sein Gedächtnis zu verbessern, und ein einfaches System mit kleinen Informationseinheiten. Die Anwendung ist gleichzeitig das Training. Der Experte weiß eben mehr über sein Fach. Deshalb hat er auch mehr Assoziationsmöglichkeiten. Aber er muß sie organisieren. Wenn sich die Arbeitsmethode bewährt, entsteht Selbstvertrauen; man kann sich entspannen und das System für sich arbeiten zu lassen.[21]

Kein Wunder, daß zum klassischen Intelligenztestverfahren auch Aufgaben gehörten, die das Gedächtnis prüften. Dabei mußte man sich bestimmte im Test vorkommende Wörter und Namen merken, die später, nachdem andere Aufgaben erledigt waren, reproduziert werden mußten.

Zwei Gehirnhälften

Der Profikader des französischen Fußballclubs Girondins Bordeaux reagierte etwas unwillig und überrascht. Statt des normalen Trainings wurden die Fußballspieler in einen Raum geführt, wo sie einen neurologischen Test zu absolvieren hatten. Im Zuge der Begeisterung, die die neue Gehirnhälften-Neurologie auch bei psychologischen Testautoren verursacht hatte, sollten sie sich einem sehr umstrittenen Test unterziehen. Der jeweilige Anteil der Gehirnpartien an einer kreativen Leistung könne festgestellt werden, hatte ein Psychologe aus Paris den Präsidenten des Vereins neugierig gemacht. Es lohnt sich nicht, auf diesen Test zu sprechen zu kommen. Es war mehr oder weniger alles unbewiesen. Doch eines war 1988, als dieser Test gemacht wurde, nicht umstritten. Auf einem internationalen Kongreß für die Erforschung cerebraler Dominanzen 1988 in München waren sich die Experten darüber einig, daß unsere verschiedenen Gehirnhälften auch verschiedene Funktionen wahrnehmen. Die rechte Gehirnhälfte soll zuständig sein für das Intuitive, Räumliche und Bewegungsmäßige, die linke für das Sprachliche und Analytische. Die rechte Gehirnhälfte sei außerdem mehr an den groben, kraftvollen Bewegungen wie Laufen, Treten, Werfen, Schlagen beteiligt. Stammesgeschichtlich gesehen, wurden diese Tätigkeiten in der Nähe des vorwiegend für negative Gefühle und Affekte verantwortlichen Gehirnareals angesiedelt. Es war wahrscheinlich unter lebensbedrohlichen Bedingungen des Organismus von Vorteil, daß ein

Affekt möglichst schnell in großräumige Bewegungsabläufe umgesetzt wurde. Wenn schnelles Handeln erforderlich war, durfte keine Zeit verlorengehen.[22]

Die neue Hypothese besagte, daß spezielle Prozesse im Gehirn zu besonderen Leistungen führen. Man denke nur einmal an die Zahl der Linkshänder im Profisport. Torleute, Tennisspieler und Handballer sind, statistisch gesehen, überrepräsentativ als Linkshänder vertreten, was jeder Fernsehzuschauer leicht überprüfen kann.[23]

Sportschützen sollen nur überragende Leistungen vollbringen, wenn es ihnen auch gelingt, ihre linke Gehirnhälfte weitgehend auszuschalten, damit die rechte um so deutlicher über die räumlichen Fähigkeiten das Ziel anvisieren kann. Vorgänge dieser Art sind glaubhaft an der Leistung beteiligt.

Inzwischen konnten die damals schon bekannten elektroenzephalografischen Techniken auch für den Sport genutzt werden.

Jahrzehntelang hatten Kreislaufforschung und Pharmakologie im Sport als Forschungsmethoden dominiert. In den 80er Jahren kam das EEG hinzu.

Zu Beginn der 60er Jahre kam etlichen Wissenschaftlern die Idee, der menschliche Geist arbeite wie ein Computer. Wenig später regte sich Kritik. In den 70er Jahren mischte sich auch die Philosophie mit der neuen Kognitionsphilosophie, die von der Harvard-Universität ausging, in die Diskussion ein. Neurologie, Systemanalyse, Psychologie, Linguistik und Computerwissenschaft vereinigten sich zur Kognitiven Wissenschaft. Dieser Zusammenschluß hat dazu geführt, daß nichts Geringeres angestrebt wurde als die Erforschung der Natur des menschlichen Geistes.[24]

Was dabei aber übersehen wurde, war die wachsende Bedeutung des Sports. Er könnte das Superexperiment werden. Er findet unter laboratoriumsähnlichen Bedingungen statt. Dabei wird unentwegt gemessen und geprüft. Das Verhalten ist auf bestimmte Tätigkeiten eingeengt. Es soll ein festumrissenes Ziel erreicht werden. Und es werden zahlreiche Daten psychologischer und physiologischer Art bei jedem Sportler erhoben. Der Sport bot also die Möglichkeit, wissenschaftliche Untersuchungen vorzunehmen, die der Analyse der Leistung dienten und darüber hinaus auch noch praktische Anwendung fanden, um die Leistung zu steigern. Mit der Pharmakologie war der Sport schon damals in ein gefährliches Fahrwasser geraten. Aber mit der neuaufblühenden Hirnforschung, ohne die Anwendung von Pharmaka, ergab sich eine diagnostische Chance. Mit dem Elektroenzephalogramm und zahlreichen neuropsychologischen Tests machten auch die Sportler schließlich ihre Erfahrungen.

Ein erster Höhepunkt wurde 1976 bei den Olympischen Spielen in Montreal erreicht. Neurowissenschaftler interviewten Goldmedaillengewinner, testeten sie und publizierten neue Erkenntnisse über Gehirn und Intelligenz. Einem dieser Forscher erging es ganz seltsam. Er war verabredet mit den deutschen Siegern im Schießen, Smieszek und Lind, unmittelbar nach dem Wettkampf. Aber es kam kein Interview zustande, weil die Sportler nichts sagten. Sie waren wie in Trance. Zuerst glaubte man, sie stünden unter Drogen. Dann aber stellte sich heraus, daß Sportschützen eine Art Trance trainieren, um möglichst ruhig abziehen zu können. Sie regulierten sogar ihren Herzschlag.

Montreal war nicht nur die Stadt der Olympischen Spiele von 1976. Montreal besitzt auch zwei Universitäten, an denen revolutionäre Forschung geleistet wird. Die Université de Montréal und die McGill Universität haben weltweite Bedeutung erlangt durch ihre bahnbrechenden Erkenntnisse in der Hirnforschung. Hier forschte Hans Selye, der Entdecker des Streßmechanismus; hier nahm Wilder Penfield die ersten Gehirnoperationen vor, bei denen er bestimmte Teile stimulierte und frühere Erlebnisse bei den Patienten reaktivieren konnte. Der Psychologe Donald

Hebb prägte nicht nur eine ganze Generation von Psychologen, er hat auch bis heute einen bedeutsamen Einfluß auf die amerikanische Psychologie. Hebb verband Hirnforschung und Psychologie, indem er Abhängigkeiten postulierte, die sich später als richtig erweisen sollten, als man die entsprechenden Untersuchungsinstrumente dafür besaß. Auch andere Zentren etablierten sich. Die Harvard-Universität, das MIT und die Universität von Kalifornien mit ihren Nobelpreisträgern Roger Sperry, David Hubel und Torsten Wiesel bauten das neue Fundament der Hirnforschung.

Wie schon erwähnt, gilt es heute als erwiesen, daß die beiden Gehirnhälften unterschiedliche Funktionen haben, sich dabei jedoch überschneiden. Aber während die linke Hemisphäre mehr für Sprache, für analytische und klassifizierende Vorgänge, also für Denkmodi zuständig ist, die in der Wissenschaft vorherrschen, dominiert die rechte Hemisphäre, wenn es um räumliche Vorstellungen und Prozesse, künstlerische Tätigkeiten, aber auch wissenschaftliche Hypothesenbildung geht.

Jede Gehirnhälfte kann heute unabhängig von der jeweils anderen getestet werden.

Die Messung von Hirnstromwellen erfolgt durch Elektroden, die auf der Kopfhaut des Patienten oder Probanden angebracht sind. Das normale Enzephalogramm (EEG) des Erwachsenen weist größtenteils Alphawellen auf. Diese zeigen einen entspannten Zustand an. Nach den Untersuchungsbefunden von Ornstein und Thompson 1985 findet beim Briefschreiben eine verstärkte Alphaaktivität über der rechten Hemisphäre statt, wobei die Alphawellen im EEG eine große Amplitude haben. Bei einer räumlich strukturierten Aufgabenstellung, wie dem Figurenlegen, ist das EEG-Bild umgekehrt. Dann erscheinen verstärkt Alphawellen über der linken Hemisphäre.[25]

Betrachtet man den Alpharhythmus als Indiz dafür, daß in dem betreffenden Hirnteil die Informationsverarbeitung eingeschränkt ist, so müßte man daraus schließen, daß die rechte Gehirnhälfte stärker bei räumlichen Aufgaben, die linke aber stärker bei sprachlichen Aufgaben herangezogen wird. Die jeweils nicht besonders beanspruchte Gehirnhälfte wird demnach ruhiger. Einzelne Areale können regelrecht abgeschaltet sein. Ähnliche Ergebnisse erhält man auch, wenn die Tätigkeiten lediglich mental in der Vorstellung ausgeführt werden.

Nun werden Menschen, die vorwiegend mit ihrer analytisch orientierten linken Gehirnhälfte zu arbeiten gewohnt sind, auch versuchen, mit dieser andere Aufgaben zu lösen. Leute, die vorwiegend rechts arbeiten, werden auch im allgemeinen linksorientierte Aufgabenlösungen »mit rechts« angehen. Das gilt zum Beispiel für: Bauklötze nach Mustern legen, sie zu einem Turm stapeln, Schach spielen. Das sind typisch rechts angesiedelte Tätigkeiten. Man kann also nicht unbedingt von der Aufgabenstruktur auf die jeweils angesprochene

Hemisphäre schließen. Es gibt aber zahlreiche Aufgaben, bei denen die Verarbeitung der Informationen gar nicht analytisch erfolgen kann, weil damit keinerlei Lösung zustande kommt. Eine räumliche Aufgabe, für die es kein logisches Lösungsmuster gibt, kann nur mit dem verstärkten Einsatz der rechten Hemisphäre gelöst werden. Das ist aber bei vielen sportlichen Leistungen und Aufgaben der Fall.

Sportliche Aktivitäten wie Gewehrschießen, Tennisspielen und Fußball sind wahrscheinlich neuropsychologisch von Funktionen abhängig, die vorwiegend in der rechten Gehirnhälfte lokalisiert sind. Es gibt auch Anhaltspunkte dafür, daß die fein abgestimmten Bewegungen von der linken Hirnhälfte gesteuert werden, die kraftvolleren und gröberen dagegen von der rechten.

Wie weiter oben bereits erwähnt, war es in der Evolution wohl sehr früh schon wichtig, daß sich das für diese Bewegungen zuständige Zentrum in der Nähe des Areals für negative Gefühle befand. Demnach wäre Fußball, neuropsychologisch gesehen, ein recht archaisches Spiel, das von der rechten Gehirnhälfte gesteuert wird und ständig durch starke Emotionen wie Ärger, Wut und Aggression gespeist wird. Die Mimik der Spieler spricht ohnehin dafür. Die Taktik käme später dazu und dann »von links«. Es lag also nahe, extrem leistungsorientierte Fußballprofis hinsichtlich der Funktionen zu untersuchen, von denen man annimmt, daß sie in der rechten Hemisphäre lokalisiert sind.[26]

Eine unserer ersten Untersuchungen wurde 1971 an dem Profikader des SV Werder Bremen durchgeführt. Alle dreiundzwanzig Spieler nahmen an monatelangen Tests teil. Bei den auf die Überprüfung der räumlichen Orientierungsfähigkeiten abgestellten Untersuchungen fanden wir eine ungewöhnlich hohe Wertung. Sie lag weit über den Vergleichswerten der Durchschnittsbevölkerung. Sowohl die räumliche Intelligenz, die mit einem Intelligenztest gemessen wurde, als auch Versuche mit einem elektronisch funktionierenden Labyrinthgerät, bestätigten das.

Bei dem Labyrinthgerät bestand die Aufgabe darin, Kombinationsmuster verschiedener Schwierigkeitsgrade möglichst schnell als eine Art Parcours zu finden, nach dem Prinzip von Trial and Error, also durch Versuch und Irrtum. Das Muster prägte sich ein, indem man es einige Male durchlaufen hatte und dabei immer mehr Fehler ausmerzte. Schließlich konnte es sogar fehlerfrei durchlaufen werden.

Da diese Aufgabe nicht verbal ist und analog den Spielzügen aufgebaut ist, wie sie im Fußball vorkommen, war die Motivation der Spieler dafür kein Problem. Allen Spielern ist die dynamische Struktur von erfolglosen und erfolgreichen Kraft- und Raumlinien durch die Spielpraxis in Fleisch und Blut übergegangen. Im Test wurde sie wie im Spiel in bezug auf das Ziel konzentriert, den Parcours so schnell wie möglich zu durchlaufen.

Es ging nur um die räumliche Orientierung, keineswegs um

deren Umsetzung in muskuläre Bewegungsabläufe. Am besten schnitten die Torleute ab. Ihre Orientierungsfähigkeit war stärker ausgeprägt als bei den Feldspielern.[27]

Inzwischen gilt als erwiesen, daß Fußballspieler über eine überdurchschnittliche Raumorientierung verfügen. Hinsichtlich der möglichen Spielzüge strukturieren sie den Raum.

Noch eindrucksvoller werden die Ergebnisse der Hemisphärenaffinität zu sportlichen Leistungen, wenn man die Untersuchungsergebnisse von Schrode und Gabler von 1987 heranzieht. Sie haben Tennisspieler auf ihre Konzentrationsfähigkeit getestet. Auf dem Höhepunkt ihrer Konzentrationsphase befinden sich Tennisspieler, wenn sie erfolgreich sind, eher in einem bewußt entspannten Zustand als in einem angespannten. Gerade in den heikelsten Situationen gilt es, Ruhe zu bewahren. Die Hirnstromwellen bestätigen das. Sie weisen Konzentration und Relaxation auf.

Über Funk haben die Autoren Hirnstromwellen abgeleitet und dabei festgestellt, daß sich die Hirnstromwellen verlangsamen, wenn höchste Konzentration verlangt wird. Der Erregungsgrad des Gehirns ist also herabgesetzt. Vor komplizierten Schlägen ist der EEG-Rhythmus stärker gebremst als vor Routineschlägen. Die Hirnstromaktivität nimmt in jenen Arealen des Gehirns ab, die nicht unmittelbar zur Ausführung des Schlages gebraucht werden.[28]

Unterschiede zwischen männlichem und weiblichem Gehirn

Männer und Frauen machen unterschiedlichen Gebrauch von ihrem Gehirn. Bei PET-Scan-Aufnahmen von Frauen sieht man in beiden Gehirnhälften eine hohe Energiezufuhr, wenn gesprochen wird. Die Kommunikation beider Gehirnhälften ist deutlich besser als bei Männern. Das gilt für sprachliche, aber auch für körpersprachliche Vorgänge. Männergehirne sind eher auf räumliche Orientierung angelegt. Sie haben eine höhere Aktivität in ihrer rechten Gehirnhälfte. Das erklärt vielleicht, weshalb es viele männliche, aber kaum weibliche Architekten gibt. Das gleiche gilt für das Schachspiel. Schach setzt räumliches Denken und Erinnern voraus.

Andererseits sind Frauen wieder besser, wenn es darum geht, Gefühle zu erkennen. Man nimmt heute an, daß durch Testosteron die Gehirnhälften gezwungen sind, sich zu spezialisieren. Das ist aber das Hormon, das in größeren Mengen von Männern produziert wird. Beim Doping würde man damit mehr bei Frauen erreichen, weil sie weniger Testosteron haben. Ihre Potentiale sind also bei weitem noch nicht ausgeschöpft.

Die zwischen Männern und Frauen bestehenden physischen Unterschiede beziehen sich in erster Linie auf Größe und Gewicht. Aus diesem Grunde sind auch die Gehirne von Frauen durchschnittlich um 14 Prozent leichter als die von Männern. Inzwischen gibt es eine junge Sparte der Neuropsychologie, die sich ausschließlich mit den Unterschieden von Männern und Frauen befaßt. Sandra Witelson von der McMaster Universität Ontario fand aber, daß ein bestimmter Teil des Gehirns bei Frauen größer ist als bei Männern. Es ist der hintere Anteil des sogenannten Balkens, lateinisch Corpus callosum genannt. Die querlaufenden Nervenfasern verbinden Regionen der rechten und der linken Gehirnhälfte. Im hinteren Teil des Balkens ist eine ganz schmale Stelle, der sogenannte Isthmus. Hier werden durch Nervenfasern das Sprachzentrum in der linken Gehirnhälfte und das Zentrum für räumliche Wahrnehmung in der rechten miteinander verbunden.

»Diese Befunde lassen auf eine bessere Kommunikation zwischen den Gehirnhälften bei Frauen schließen«, interpretiert die Wissenschaftlerin ihre Befunde.[29]

Das könnte auch erklären, warum Frauen bei sprachlichen Tests häufig besser abschneiden, nach Schlaganfällen leichter wieder sprechen lernen und manchmal sogar die Schreibfähigkeit erhalten bleibt. Es gibt Fälle, bei denen keinerlei Äußerungen von schwerkranken Schlaganfallpatientinnen mehr registriert wurden außer der Fähigkeit, blind zu schreiben und sprachlich sich korrekt dabei auszudrücken. Durch Magnet-Resonanz-Verfahren konnte sogar eine Korrelation zwischen den hohen Werten bei Sprachtests und den stark ausgeprägten Gehirn-Balkenteilen festgestellt werden.[30]

4. TEIL

Die Crux
der Selbsterkenntnis

Zur Selbsterkenntnis des Menschen gehört auch, daß er sich seiner Emotionen bewußt ist.
Doch sind alle unsere Emotionen gemischt; sie setzen sich aus vielen Nuancen zusammen und sind oft Fehlinterpretationen ausgesetzt. Wenn wir sie auf andere Erlebnisse – das können auch Erinnerungen oder Erwartungen sein – beziehen, entstehen Erlebnisse hinter den konkreten Erfahrungen, sogenannte Meta-Erlebnisse.
Wer diese Erlebnisse erkennen, richtig deuten und verstehen kann, verfügt über emotionale Intelligenz.

Eigene Gefühle erkennen

»Erkenne dich selbst« (gnothi seauton) stand über dem Portal, das in den Tempel von Delphi führte. Unter den Sprüchen der Sieben Weisen wird er dem Chilon, manchmal auch Thales zugeschrieben. Seitdem ist der Spruch, vor allem in den letzten zweihundert Jahren, der nie verstummende Ruf zur Selbstbestimmung des Menschen geworden. Doch hatte bei den alten Griechen die Aufforderung noch nichts mit unserer heutigen psychologischen Menschenkenntnis und Selbsterkenntnis zu tun. Erkenne, daß du ein Mensch bist und in deinem Schicksal vom Wohlwollen oder dem Mißtrauen der Götter abhängig bist, sagte der Spruch. Und gemeint war damit, daß der Mensch sich vor Hybris, vor seiner eigenen Überheblichkeit zu bewahren habe. Nichts fürchteten die Griechen so sehr wie die Gefahr, das Maß zu verlieren. Die griechische Kultur war eine Kultur des rechten Maßes. Gefahr konnte ihr nur drohen von der schrecklichsten aller Emotionen, der Einbildung, es den Göttern gleichtun zu können. Der Spruch erinnert den Menschen an die allseitige Begrenztheit des menschlichen Daseins, war also im Grunde religiös. Sokrates verstand Selbsterkenntnis schon gar nicht im Sinne der Psychologie. Er wußte, daß er nichts wußte. Und eben diese Erkenntnis rief die Emotionen seiner Gegner auf den Plan, die nicht eher ruhten, bis sie ihm den Schierlingsbecher verordneten, den Tod.

Auch die Römer zahlten ihren Tribut an die Gottheiten. Bei ihnen war es vor allem die Angst, eine falsche Entscheidung zu treffen angesichts der Fehlbarkeit des menschlichen Urteils. Die Auspizien und der Senat von Rom waren deshalb lange Jahrhunderte die wichtigsten Institutionen. Die Auspizien wurden befragt, das heißt, die alten Römer versuchten, aus der Vogelschau den Willen der Götter zu erkunden, ob eine Entscheidung noch reifen müsse oder schon gefällt werden könne. In jedem Fall erkannten die Römer damit an, daß sie noch von anderen Mächten abhängig waren, die es zu respektieren galt.

Als in Rom keiner mehr an diese Institutionen glaubte, ging es mit dem Riesenreich bergab. Es war Cicero, der als oberster Priester, Pontifex maximus, seinen Leuten ins Gewissen redete, indem er die glorreiche Vergangenheit heraufbeschwor, indem er seinen Mitbürgern zeigte, daß Rom auf zwei Säulen stand: den Auspizien und dem Senat. Der Senat entschied, und keiner zweifelte jemals an dessen Recht zu befehlen. Das Wesentliche der römischen Geschichte waren aber überraschenderweise nach Cicero die Auspizien: Der Flug der Vögel, ihr Appetit oder ihre Appetitlosigkeit, die verschiedene Stimmung ihres Gesanges und vieles mehr mußten vor jeder wichtigen Entscheidung untersucht werden. Der Vorgang ist naiv, aber er enthält etwas Religiöses. Es sollte herausgefunden werden, wie die Vögel sich fühlten. Für diesen Prozeß brauchte der Mensch Zeit. Er mußte einen Augenblick innehalten, aufmerksam sein auf das, was jenseits der menschlichen Autonomie lag. Das führte zu einer Bedachtsamkeit ähnlich der Achtsamkeit von Goleman, aber sie bezog sich auf die transzendente Wirklichkeit. Das war das Religiöse der Römer, immer bezogen auf das Staatswohl. Die ursprüngliche Bedeutung von »religio« findet man im Adjektiv: religiosus. Das bedeutete gewissenhaft, bedächtig, abwartend, nicht leichtsinnig. Das Gegenteil war neglegentia, Nachlässigkeit, Sorglosigkeit, Sichgehenlassen.[1]

Als die Glanzzeit Roms zu Ende ging, der Glaube und damit die besonnenen Entscheidungen ins Wanken gerieten, machte Rom viele Fehler. Es hielt nicht mehr inne. Man glaubte nicht mehr an die Abhängigkeit des eigenen Tuns von anderen, höheren Mächten. Cicero wollte den Zerfall durch die politische Institutionalisierung des Glaubens an die universale Ordnung aufhalten. Seine Vorstellungen wurden von Kaiser Augustus verwirklicht. Das römische Imperium war durch ihn auf einen Kaiser zentriert, nicht mehr auf die abgewogenen Entscheidungen des Senats. Dieser hatte immer auf die psychologischen Motive bei sich wie auch bei den anderen geachtet. Mögliche Reaktionen auf Entscheidungen wurden beraten. So war der römische Senat eine Institution der emotionalen Intelligenz, die nun künftig von einer einzigen Person, dem Kaiser, abhängen sollte.

Erst mit der viel später einsetzenden Psychologisierung des menschlichen Bewußtseins tritt das ein, was wir heute darunter verstehen, wenn wir jemanden auffordern, sich selbst zu erkennen. Im ausgehenden 18. Jahrhundert widmen die Dichter der Pythia, der Priesterin des Orakels zu Delphi, ihre Schriften. Und seitdem beruft sich auch die neue Zunft der Psychologen auf den Spruch: »Erkenne dich selbst!«.

Geht man dieser Aufforderung weiter nach und prüft, ob sie auch befolgt wurde, so sehen wir sogleich, daß nicht etwa logische Erkenntnisse zutage gebracht wurden. Man quälte sich eher mit den Emotionen ab, die nun den Menschen nicht mehr losließen, wenn er sich überprüfte, ob er auch ein gottgefälliges, exemplarisches Leben führte.[2] So hieß das nämlich damals. Das wiederum erregte den Widerspruch vieler Philosophen der Aufklärung. Sie vermuteten nicht ganz zu Unrecht, daß die Selbstbeobachtung des Menschen zu einer Selbstbespiegelung werden könne, an deren Ende nicht etwa ein aufgeklärter Mensch stünde, sondern eine in sich selbst verliebte, narzißtische Person, die nicht mehr handlungsfähig sei, wobei ihr noch die Gefahr zustoßen könne, die Kant auch schon anspricht, wenn er sagt:

»Das Beobachten seiner selbst ist eine methodische Zusammenstellung der an uns selbst gemachten Wahrnehmungen, welche den Stoff zum Tagebuch eines Beobachters seiner selbst abgibt und leichtlich zu Schwärmerei und Wahnsinn führt.«[3]

Die Gefahr der Selbstbespiegelung hatte auch Heinrich von Kleist intensiv beschäftigt. 1810 erschien in den *Berliner Morgenblättern* Kleists berühmter Aufsatz »Über das Marionettentheater«. Darin schildert er die Geschichte eines jungen Mannes, der zufällig nach dem Baden eine Entdeckung machte, die ihn total veränderte. Er setzte seinen Fuß auf einen Schemel, um ihn abzutrocknen. In diesem Augenblick sah er in den großen Spiegel in seiner Nähe. Er erkannte in seiner Gestalt die Grazie und Anmut der Statue »Paris«, von der er zuvor in einem Museum einen Abguß gesehen hatte. Er wollte diese Stellung des Paris an sich wiederholen, doch es ging nicht. Die Anmut fehlte. Er brachte Tage vor einem Spiegel zu, um zu üben. Bald war nichts mehr von seiner Lieblichkeit zu spüren. Er war ein Opfer seiner Eitelkeit geworden. Die Anmut war in dem Augenblick dahin, als das Bewußtsein dazwischen trat, um jene erneut hervorzubringen. Im ausgehenden 18. Jahrhundert und beginnenden 19. Jahrhundert war die neuaufkommende Psychologie auf die Frage, wie Eitelkeit entstünde, geradezu fixiert. Denn jetzt interessierte zum Beispiel nicht mehr die Frage, was einer ist, sondern aus welchen Motiven abgeleitet werden könne, wie es dazu kam, was er ist. In *Die Räuber* von Schiller sind nicht die Schandtaten des Karl Moor interessant, sondern die Frage, wie einer wie er zu einem Verbrecher werden kann. Die Psychologisierung der Literatur wurde zum Symptom der Moderne.

Klassik und Romantik setzten sich jetzt mit dem inneren Menschen auseinander. Die Psychologie der Introspektion wurde zu einem populären Thema. Die Aufklärung sah das Innere im Denken, die Romantik in der »Blauen Blume«. Goethe sprach von der »schönen Seele«.

»Wenn Ihr's nicht fühlt, Ihr werdet's nicht erjagen...«

In dieser Zeit richtete sich das allgemeine Interesse schon stark auf das Unbewußte. Carl Gustav Carus und Eduard von Hartmann schrieben über die Philosophie des Unbewußten bereits zu einer Zeit, da Sigmund Freud noch nicht geboren war.

Auch Hermann von Helmholtz geriet durch seine physiologischen Untersuchungen des menschlichen Reaktionsvermögens in diese Richtung. Für ihn liefen viele Prozesse unbewußt ab. Er war es auch, der die unglaubliche These vertrat, ohne das Unbewußte könne das Bewußtsein sich gar nicht entfalten und funktionieren. Das war ein Gedanke, der sich erst jetzt aufgrund der modernen Hirnforschung als eine untersuchenswerte Hypothese erwiesen hat.

Trotz der Anerkennung der Macht des Unbewußten überschätzte selbst Sigmund Freud noch die Selbstwahrnehmung. Obwohl er in seiner *Psychopathologie des Alltagslebens* sowie in seiner *Traumdeutung* nachwies, daß wir über weite Strecken unser Verhalten aus dem Unbewußten steuern, glaubte er letztlich doch an eine Selbsterkundung nach Pythia. Freud verehrte nicht nur die Antike. Er meinte, in ihrer Mythologie sogar die Grundzüge der Psychoanalyse wiederzuerkennen, wie es die Philosophen taten.

Der vielzitierte Satz von Aristoteles aus seiner *Nikomachischen Ethik* machte die Runde:

»Sich zu ärgern, ist leicht. Aber sich über die richtige Person zu ärgern, in dem richtigen Ausmaß, zur richtigen Zeit und zum richtigen Zweck und vor allem in der richtigen Art und Weise, ist sehr schwer.«

Darauf bezieht sich auch Goleman, wenn er sagt: »Nicht die Emotionalität ist in Aristoteles' Augen das Problem, sondern die Angemessenheit der Emotion und ihres Ausdrucks.«[4]

Die aristotelische Erkenntnis in bezug auf den Ärger läßt sich jedoch auf eine andere grundlegende Emotion, nämlich die Angst, nicht übertragen. Es muß nämlich bei der Angst gar nicht eine Person sein, die einen in Angst jagt. Auch die richtige Zeit, das Ausmaß und die Art und Weise, die Angst zu erfassen, schlagen fehl, weil es kein Objekt dafür zu geben braucht. Aristoteles kannte die Angst nicht. Er kannte nur, wie es vom Altertum bis ins Mittelalter typisch war, die Furcht. Diese konnte man auf ein Objekt beziehen. Erst mit einem neuen Existenzgefühl, das zum Beispiel der Philosoph Søren Kierkegaard in seinen Schriften definiert und beschreibt, wird sich der Mensch seiner existentiellen Ängste bewußt.

Es scheint eine Ausnahme davon zu geben. Wenn jemand mit einem Tumor in die Klinik eingeliefert wird, entwickelt er eine Angst, es könne sich um Krebs handeln. Wenn er das nicht verdrängt, wird er seine ganze Aufmerksamkeit darauf richten. Jedes Detail, jede noch so unbedeutende Äußerung bezieht er auf sich; jede körpersprachliche Nuance bei den Ärzten beobachtet er. Hier wird die Achtsamkeit von einem Motiv gespeist, das der eigenen Person dient, aber nur über die Beobachtung anderer Personen befriedigt werden kann.

Gleichzeitig wird deutlich, daß mit einer solchen Wahrnehmungsanspannung kein Mensch länger leben kann, ohne seelischen Schaden zu nehmen. Er sucht Gewißheit oder verdrängt den Verdacht. Nun hat die Verdrängung wahrscheinlich im Sinne der Evolution eine Funktion. Es muß nicht alles bewußt gemacht werden. Verdrängung könnte in mancher Hinsicht Selbsterkenntnis zugunsten der Existenzwahrung verhindern. Golemans emotionale Intelligenz ist immer Erkenntnis – auf der Basis der »Achtsamkeit« – in bezug auf Emotionen. Und es erhebt sich die kritische Frage, ob diese auf Emotionen zielende ständige Aufmerksamkeit praktikabel beziehungsweise lebbar sein kann.

Es kommt noch ein anderes hinzu. In Europa hat man vor einer starken Aufwertung des Gefühls natürlich Angst. Dafür steht die Geschichte. Ihre verheerenden Entwicklungen hatten schon früher dazu beigetragen, die Gefühle zu einem wichtigeren Persönlichkeitsbereich werden zu lassen als den Verstand. Sozialpsychologen und Historiker haben darauf hingewiesen, daß so unterschiedliche Strömungen wie die Romantik und der

Nationalsozialismus von den Gefühlen profitierten, gegen die kein Verstand mehr etwas auszurichten vermochte. Weltanschauungen können nur auf einer Gefühlsbasis gedeihen. Der Verstand muß weitgehend zurücktreten hinter die Emotionen. An die Stelle von Argumenten treten Stimmungen.

In ihren Kulturen haben die Menschen immer schon eine emotionale Intelligenz praktiziert. Es hat noch nie eine Gesellschaft gegeben, die nicht die Gefühle ihrer Mitglieder in irgendeiner Form zu beeinflussen versuchte. Es muß aber Gründe haben, daß in unserer Zeit ein einziger Begriff so viele Ungereimtheiten zusammenfassen kann. Es ist, als habe man nach der »Blauen Blume« der Romantik nicht nur Ausschau gehalten, sondern als glaube man, sie tatsächlich gefunden zu haben.

Meta-Erlebnisse

Warum hier über Meta-Erlebnisse gesprochen wird, liegt an der Unzulänglichkeit, das eigene Innenleben richtig zu erkennen, zu deuten und zu verstehen. Insofern bedarf es bei der Selbstwahrnehmung der rationalen Intelligenz. Diese sagt uns, daß wir uns auf die emotionale Intelligenz nicht immer verlassen können. Man könnte die Psychologie sogar definieren als die Wissenschaft von den Grenzen und Tücken der emotionalen Intelligenz.

Während eines Diplomexamens an der Philipps Universität Marburg stellte der Professor folgende Frage:

»Was ist der Unterschied zwischen einer psychologischen Tatsache und einer psychologischen Tatsache des Funktionszusammenhangs?«[5]

Und der Kandidat antwortete keck:

»Daß ich jetzt unter Prüfungsdruck stehe, ist eine Tatsache. Doch daß ich diesen Druck habe, weil ich befürchte, nicht gut zu bestehen, ist eine psychologische Tatsache funktioneller Abhängigkeit.«

»Gut«, sagte der Professor. »Wenn ich Ihnen jetzt erkläre, daß Sie die Prüfung glänzend bestanden haben, ist der Druck bei Ihnen weg. Und die Prüfung hat dennoch einen funktionalen Zusammenhang, denn Sie werden sich freuen.«

Jeder kennt die wichtigsten Triebe, Gewohnheiten, Motive, Gedanken, Stimmungen und Gefühle. Und eben diese Tatsache ist es, die die Psychologie bisher daran gehindert hat, spektakuläre Entdeckungen zu machen wie etwa die Physik. In der Physik mußte vieles entdeckt werden, weil es unbekannt war. Elektrizität, Schwerkraft, atomare Vorgänge, Quanten, Neutronen, Neutrinos, Radioaktivität und vieles mehr laufen nicht herum oder sind uns durch unmittelbare Erfahrung vertraut. In der Psychologie ist das anders. Psychisches ist selbstverständlich, muß nicht entdeckt werden, überrascht uns nur, wenn wir es bei einem Kinde zum ersten Mal gewahr werden wie Trotz, Wut und Freude. Was das Kind aber selbst noch nicht erfährt, ist die Intelligenz, zwischen psychologischen Tatsachen als solchen und psychologischen Tatsachen von funktioneller Abhängigkeit, also von Funktionszusammenhängen, zu unterscheiden.

Psychologische Tatsachen sind als solche erfahrbar. Während sie lebhaft empfunden werden können, ist das bei psychologischen Tatsachen funktioneller Abhängigkeit nicht immer der Fall. Was wir empfinden, können wir nicht immer auf die Ursachen zurückführen. Über ihre Entstehung verraten uns die Erlebnisse oft nicht viel. Die psychologischen Zusammenhänge können im verborgenen bleiben. Oft sind wir sogar gezwungen, Konstruktionen solcher Abhängigkeiten mit Hilfe unserer psychologischen Phantasie zu erfinden. Wer sich über jemanden geärgert hat, wird unter Umständen gar nicht zugeben, sich über eine bestimmte Person geärgert zu haben. Er wird das auf ein anderes Gleis verschieben, um einer Auseinandersetzung aus dem Wege zu gehen.

Wer zu einer Prüfung erscheint, von der für ihn viel abhängt, unterscheidet gewöhnlich nicht zwischen dem Interesse, die Aufgaben zu lösen, und dem Wunsch, eine Stelle zu bekommen, wenn er die Aufgaben löst. Wenn man bei einer solchen Prüfung plötzlich unterbrochen wird, entstehen unterschiedliche Emotionen. Die einen meinen, sie seien schon durchgefallen, die anderen sind verärgert, daß man sie unterbricht. Soll es dann gleich weitergehen, so reagieren erstere wie wild. Sie sind motiviert, die Aufgaben zu lösen. Die anderen lassen den Kopf hängen, denn sie lösten die Aufgaben zu dem Zweck, die Prüfung zu bestehen. Für sie war die Unterbrechung eine Störung, die ihnen die Lust nahm weiterzuarbeiten. Ärger und Angst sind Tatsachen, die als solche auch direkt erlebt werden. Aber die Abhängigkeit der Emotionen von der gesamten Situation ist den meisten nicht erkennbar. Funktionelle psychologische Zusammenhänge sind das Geschäft des Psychologen. Und jetzt wird diese psychologische Aufgabe für Fachleute zu einer allgemeinen Aufforderung, die eigene emotionale Intelligenz zu entwickeln. Goleman überträgt es der Allgemeinheit und überfordert sie damit – wie ich glaube. Der Ruf wird vernommen, aber nicht befolgt. Das ist das eigentliche psychologische Problem. Müßte nun nicht jeder ein Psychologe werden, ohne Anleitung, ohne Studium, als Amateur, um mit seiner Achtsamkeit überhaupt einige Erfolge zu erzielen?

Das klappt nicht einmal in der Physik. Wenn ein Gegenstand losgelassen wird, fällt er auf die Erde. Das Fallen ist eine Tatsache. Doch die Tatsache des funktionalen Zusammenhanges ist die Schwerkraft. Man kann sie nicht sehen. Und doch ist sie es, die bewirkt, daß der Gegenstand fällt. Der Physiker würde den funktionalen Zusammenhang und die Abhängigkeit noch weiter treiben. Es ist der Gegenstand, der die Erde anzieht ebenso wie umgekehrt. Aber von selbst käme man nicht darauf. Wir mußten das alle in der Schule erst einmal lernen.

Das Beispiel auf die Psychologie übertragen, läßt uns erkennen, daß es schwer ist, zwischen psychologischen Tatsachen und psychologischen Tatsachen funktioneller Abhängigkeit zu unterscheiden. Wovon Zorn abhängt, mag uns durchaus zum Bewußtsein kommen. Doch die vermeintliche Ursache kann falsch sein. Über die dynamisch wirksamen Motive sind wir oft gar nicht unterrichtet. Wie Experimente unter Hypnose beweisen, handeln wir aus Motiven und Zusammenhängen, die wir nicht erkennen können. Erteile ich unter Hypnose einem Studenten den Auftrag, seinem Professor beim Erwachen im Seminarraum ein Taschentuch zu reichen, so wird er das tun. Doch gefragt, warum er das tut, wird er alles mögliche an Begründungen anführen, nur die einzig wahre nicht, daß er einen posthypnotischen Auftrag ausgeführt hat.

Schon früh ist den Menschen die Einsicht gewachsen, daß die Aufforderung zur Selbsterkenntnis, wie sie jetzt Salovey und Goleman erheben, das eigentliche Problem ist. Es ist aufgrund unseres psychologischen und psychoanalytischen Wissens über weite Strecken unlösbar. Mit anderen Worten: Die emotionale Intelligenz basiert auf einer Prämisse, die sie selbst ins Psychologisieren treibt, ohne die Emotionen in ihrem funktionellen Zusammenhang zu erkennen. Goleman spricht auch von Metastimmungen. Er meint damit die Erkenntnis einer Stimmung, die selbst die Stimmung beeinflussen kann. Er ist aber offenbar der Meinung, es sei nicht schwer, diese Metastimmung zu erfassen.

Häufig erleben Frauen, die ein Kind zur Welt gebracht haben, nach der Geburt eine Depression. Ihre Umwelt hat ihnen aber lange Zeit vorher schon beigebracht, daß man sehr glücklich sei, wenn das Kind erst einmal da ist. Der Konflikt zwischen der Erwartung des Glücks und der Depression, dazu die körperliche Erschöpfung stoßen die junge Mutter in eine tiefe seelische Krise. Weder ihr noch ihrem Ehemann nutzt es, wenn sie die Aufmerksamkeit auf ihre Emotionen lenkt, weil ihr die depressive Verstimmung als Reaktion auf die Geburt unerklärlich erscheinen muß.

Wie sehr man sich täuschen kann, wenn es um die Beurteilung funktioneller Abhängigkeiten im Psychologischen geht, mag auch noch an der Motivation ge-zeigt werden. Jedem ist die Tatsache vertraut, daß bei einem Mord nach einem Motiv gesucht wird. Es muß alles zusammenpassen. Krimis sind eigentlich nur Aufklärungsspiele für die Motivjagd.

Wer als Profi-Fußballer nicht von seinem Trainer aufgestellt wird, ist verärgert. Die Emotion wird auf eine Frustration zurückgeführt, auf die Vereitelung des Motivs, spielen zu wollen. In den meisten Fällen erkennt man die Entscheidung nicht an, sondern verschiebt sie auf Motive des Trainers, die nicht akzeptiert werden.

Ein Motiv kann eine Kettenreaktion auslösen, die so komplex das psychologische Bewußtsein erfüllt, daß es unmöglich ist, das Erlebte bis auf seine Ausgangsmotive zurückzuverfolgen. Man kann das selbst als psychologisches Spiel betreiben. Man nimmt ein Stück Papier und schreibt in die Mitte seine gegenwärtige Stimmung oder Gefühlslage. Überlegt man, was die Ursache sein könnte, schreibt man das auf den Zettel und kreist es ein. Ein Strich verbindet beides. Worauf ist das zurückzuführen? Es fällt uns immer mehr ein, bis wir nach kurzer Zeit das Blatt voll haben. Wie ein Netz füllen die einzelnen psychologischen Tatsachen jetzt das Papier. Die Abhängigkeiten verwirren, obwohl wir sie nacheinander aufgelistet haben.

Wie schwer es ist, die eigenen Gefühle zu erkennen, liegt an zwei Ursachen: Wir erleben fast nur gemischte Gefühle und interpretieren diese nach unserem eigenen Verständnis als eine Emotion. Und wir trauen den vielen Fragebogen-Tests der Psychologie nicht, die alle darin übereinstimmen, daß sie eine Vielzahl von Fragen auf einzelne Faktoren zurückführen. Das letztere ist auch ein Beleg dafür, daß es keineswegs leicht ist, die eigenen Gefühle richtig zu erkennen.

Die emotionale Intelligenz ist ein Eckpfeiler, der viele Emotionen zu tragen hat. Goleman sieht in ihr eine Fähigkeit zu erkennen, was man fühlt. Wenn dazu eine Fähigkeit erforderlich sein soll, so heißt das, daß wir auch diese Geschicklichkeit nicht haben. Es heißt aber auch, daß wir sie erwerben müssen durch Training und Lernen. Wer den Grund erkennt, warum er heute so schlecht gelaunt ist, verfügt über eine Meta-Stimmung – die Erkenntnis über die Bedingungen der gegenwärtigen miesen Stimmung. Diese ist aber gleichzeitig auch der schwierigste Teil. Gefühle und Stimmungen verkleiden sich oft, treten maskiert auf. Nicht jedem gelingt es wahrzunehmen, daß das, was er jetzt fühlt, Ärger ist. Oder Trauer. Oder Scham. Oder Schuld.

Am Grabe kann einem manchmal recht übel sein. Doch nicht immer ist es Trauer. Es kann in die Trauer auch das Gefühl eingehen, gegenüber dem Toten schuldig zu sein. Oder ein Vater, der sich über den Ungehorsam seines Sohnes aufregt, kann gleichzeitig Angst haben, dem Sohn könne etwas passieren, weil er entgegen seines Rufens über die verkehrsreiche Fahrbahn rennt, um seinen wegrollenden Ball zu holen.

Wie wir sehen, können die Tatsachen funktioneller Abhängigkeit außerordentlich schwierig sein. In gewisser Weise kann man deshalb sagen, daß mit der Saloveyschen Forderung, sich seiner Emotionen bewußt zu werden, der Laie aufgerufen ist, psychologische Ursachenforschung zu betreiben.

Salovey hat 1988 die Frage, ob Emotionen intelligent sein können, bejaht. Er ging aber noch weiter: Die Intelligenz selbst kann sich der Emotionen bedienen, um erfolgreich das Leben zu meistern. Das läuft nicht nur auf ein Kennen der eigenen Emotionen hinaus, sondern wirft die praktische Frage auf, wie man seine Emotionen handhabt und in die Tat umsetzt. Gefühle sollen angemessen auf der Selbstwahrnehmung aufbauen. Man muß lernen, sich selbst zu beruhigen oder sich auch selbst zu puschen. Angst und Depressivität müssen zurückgedrängt werden. Wer mit seinen Emotionen nicht fertig wird, kann im Leben kaum zu Erfolgen gelangen. Immer stehen ihm Gefühle entgegen, denen er ausgeliefert scheint.

Kann das Gefühlsleben genauso gehandhabt werden wie Rechnen, Schreiben und Lesen? Die Fähigkeit dazu ist die emotionale Intelligenz. Sie ist nach Goleman eine Meta-Fähigkeit, denn die Emotion wird reflexiv aufgefangen, ist also nicht mehr nur Emotion. Die Fähigkeit, sie zu erkennen, schaut hinter sie. Die griechische Vorsilbe »Meta« verweist auf das Dahinterliegende. Wenn wir uns unserer Stimmungen bewußt werden, erleben wir Meta-Stimmungen. Sie selbst können aber die Stimmungen wiederum verändern, sie verstärken, sie mildern. Es ist wie in der Atomphysik. Eine vorurteilsfreie Beobachtung des atomaren Geschehens ist nicht möglich. Die Beobachtung verändert das Atom.

Das Phantom der Erlebnisse

Emotional erleben, was man erleben will?

Wenn die Forschung auch beweisen konnte, daß alles Geistige sich im Kopf abspielt und die emotionale Bewertung dabei nicht ausgeschlossen werden kann, so heißt das nicht, daß die Biologie den Geist definiert. Es gibt dafür Gründe. Angst scheint mehr von einer Adrenalinproduktion abhängig zu sein, Ärger mehr von Noradrenalin. Aber es sind letztlich die Bedingungen sozialer und psychologischer Art, die bestimmen, ob wir Angst oder Ärger empfinden. Bei hohen Erregungszuständen, in denen der Mensch in der Lage ist, etwas zu tun, zum Beispiel Joggen oder Holzhacken, sind beide Hormone ungefähr gleich stark im Blutkreislauf enthalten. Bei hohen Erregungszuständen, wo der Mensch nichts tun kann, zum Beispiel als Zeuge vor Gericht, wo er zu einer passiven Haltung gezwungen ist und nur abwarten kann, was oder ob etwas passiert, ist nur der Adrenalinspiegel hoch.[6]

Die Nebennierenrinde bei Löwen hat eine relativ hohe Noradrenalin-Konzentration. Das könnte die Aggressivität der Löwen erklären. Bei Kaninchen ist das nicht der Fall. Sie haben ebenso wie Paviane, die in sozialen Gruppen leben, mehr Adrenalin in ihrer Nebennierenrinde. Die unterschiedliche Blutverteilung bei verschiedenen emotionalen Zuständen kann man leicht feststellen. Menschen, die rot anlaufen, sind zornig. Solche, die blaß werden, erleben Angst. Bei Wut wird nicht nur das Gesicht besser durchblutet, sondern auch die Magenschleimhaut. Bei Angst werden beide eher gedrosselt. Und wie man heute weiß, haben dann im Magen die Helicobacter-pylori-Bakterien ein besonders günstiges Feld, um Magengeschwüre zu verursachen.

Injiziert man Menschen unter jeweils verschiedenen Bedingungen Adrenalin, verstärkt sich deren momentane Emotion. Welche Emotion aber tatsächlich von diesen Menschen erlebt wird, ist abhängig von ganz anderen als physiologischen Ursachen. Wenn sie in ärgerlicher Stimmung waren, wird der Ärger verstärkt. Wenn in ihrer Umgebung ein Witz erzählt wird, lachen sie mit. Die Beschreibungen der von ihnen emotional erlebten Zustände sind abhängig von dem, was sie über die Verursachung der Emotionen zu wissen glauben. Informiert man sie vorher über die Wirkung des Pharmakons, dann verhalten sie sich so, wie man es ihnen gesagt hat. Von größerer Bedeutung ist also die Kenntnis der Umstände, die zu dieser Stimmung geführt haben. Die gesamte sozialpsychologische Situation hat einen Einfluß darauf, was und wie wir uns selbst erleben. Man könnte auch sagen, die psychologischen Tatsachen werden von den manipulierten psychologischen Tatsachen funktioneller Abhängigkeit produziert. Doch in diesen Fällen hatte man letztere manipuliert.

Das Bewußtwerden der Emotionen enthält eine spezifische Dialektik. Eine Tradition geht davon aus, daß ein Bewußtwerden die Intensität der Emotionen dämpft. »Reg dich nicht auf«, war der Kernsatz der stoischen Philosophen. Dieser Ansicht war Epiktet. Es ist auch noch die Meinung von Daniel Goleman. Die andere Tradition sieht in dem Bewußtwerden eine Macht, die die Emotionen erst ins Leben ruft. In dieser Tradition stehen Pascal und Kant, in unserer Zeit André Gide, wenn er sagt: »Die psychologische Analyse hat an dem Tag jedes Interesse für mich verloren, als ich gewahr wurde, daß der Mensch empfindet, was zu empfinden er sich einbildet. Von da an bis zur Annahme, daß er sich einbildet zu empfinden, was er empfindet...«

»Welcher Gott würde zwischen der Liebe und der Einbildung, daß man liebt, den Unterschied merken? Auf dem Gebiet der Gefühle unterscheidet sich das Wirkliche nicht vom Eingebildeten.«[7]

Es ist alte philosophische Tradition der Franzosen, die Frage nach der Realität und Echtheit der Gefühle zu stellen. Das führte so weit, daß der Kollektivpsychologe Charles Blondel die eingebildeten Emotionen für die Wirklichkeit erklärte. Für ihn macht es keinen Unterschied, ob die Emotionen eingebildet sind oder nicht. Sie sind in jedem Fall real. Nach seiner Auffassung durchforschen wir unser individuelles Bewußtsein vergeblich, es sei denn, wir befragen vorher die Gesellschaft und ihre Geschichte.

»Hat man eine Gruppe mit ihrer Sprache, ihren Regeln, Konventionen und ihren affektiven Moden, so läßt sich voraussehen, welches im großen und ganzen die Gefühle und Emotionen ihrer Mitglieder sein werden.«[8]

Das aus der amerikanischen Mentalität heraus erwachsene Konzept einer emotionalen Intelligenz trifft auf die europäische Skepsis, die aus ihrer Geistesgeschichte resultiert. Das gilt auch für ein Konzept des Managements der Gefühle, das auf positive Emotionen und ein Sichwohlfühlen hinauslaufen würde. Emotionen kann man nicht so handhaben wie Zahlen und Objekte.

Gefühle sind etwas Besonderes, etwas Einmaliges und schwer Faßbares. Vielleicht können sie nur von einem Geist verstanden werden, der selbst über genügend Phantasie verfügt, um das unendlich nuancenreiche Spiel und die Mischung der Gefühle darzustellen. Am ehesten ist das noch den Dichtern gelungen, nicht den Psychologen. Deshalb ist die Stimmung, die zum Beispiel ein Drama von Shakespeare oder ein Roman von Dostojewski in uns hervorruft, eine bessere emotionale Schulung als jegliches Managementtraining der Emotionen.[9]

Auch die europäische Philosophie kann dazu beitragen, daß man sich seiner Gefühle nicht nur bewußt wird, sondern sich die Unzulänglichkeit, die dabei entsteht, ständig vor Augen hält. Das käme Sokrates schon recht nahe, wenn er sagt: »Ich weiß, daß ich nichts weiß.« Das gilt auch für unsere Gefühle. Nur leben wir nicht in der Antike, sondern in einer übervölkerten Welt, die durch schnelle Kommunikation eng geworden ist.

In der Welt von morgen wird es von Menschen wimmeln, vor allem in den Ballungszentren, den Millionenstädten und den Urlaubsgebieten. Jede Zunahme der Bevölkerung an einem bestimmten Ort verleiht nun aber den statistischen Gesetzen eine erhöhte Gültigkeit. Die »Abweichungen« davon werden immer gegenstandsloser. Je mehr die Ansammlung von Menschen an einem Ort anwächst, desto wahrscheinlicher werden die Gesetze des Verhaltens, weil die mitmenschliche und von Menschen geschaffene Umwelt unser Verhalten prägt und das öffentliche und auch das private Leben bestimmen. Immer weniger wird der einzelne handeln und sich entscheiden können. Immer mehr wird er sich den Trends anpassen. Er wird sich verhalten, anstatt sich zu entscheiden. Wer darin nun eine kulturpessimistische Hiobsbotschaft sieht, irrt. Verhalten wird oft imitiert; Psychologen sprechen von »Imitationslernen«. Jemand ahmt das Verhalten eines anderen nach, weil er so sein will wie dieser. Verhalten ist immer auch ein Aktivum. Gerade wird gemeldet, daß sich in der Bundesrepublik Gruppen bilden, die Ehe-

Vorbereitungskurse nach dem Prinzip des Auto-TÜV abhalten. Sie überprüfen die Konfliktpotentiale der heiratswilligen Partner, die darüber mehr erfahren möchten. Das spricht für ein größer werdendes Verantwortungsbewußtsein bei der jungen Generation, die über ein psychologisches Bewußtsein verfügt, das die Emotionen angeht. Früher lernten die Kinder durch Beobachtungs- und Imitationslernen im kindlichen Spiel die Wirklichkeit nachzuahmen. Sie waren vertraut mit Problemen der Erwachsenen, weil sie oft alle unter einem Dach lebten und die Großeltern Konflikte pufferten. Jetzt lernen die Eltern selbst »spielerisch« Verhaltensweisen einzuüben, die die Emotionen dämpfen. Die psychischen Defizite, die heute so weit verbreitet sind, daß sie die Persönlichkeitsentwicklung tangieren, könnten durch Verhaltenskurse aufgefangen werden.

Gefühle unterliegen seit der Urzeit des Menschen einem sozialen Kodex. Weder Ausbruch noch Auslösung von Emotionen sind eigenständig. Sie sind kulturabhängig. Ein bedeutender Teil unserer »Erziehung« liegt darin, die Umstände zu erlernen, unter denen wir Emotionen empfinden und zeigen.

1950 hielt der amerikanische Psychiater Jacob Moreno, der aus Wien stammte und ursprünglich Schauspieler gewesen war, Vorträge mit praktischen Rollenspielen in der Bundesrepublik. Er griff sich aus seiner Zuhörerschaft wahllos Menschen heraus und animierte sie, eine von ihm vorgegebene Rolle zu spielen. Es war die Geburtsstunde des Psychodramas, von dem noch immer eine Menge gelernt werden kann.

Der amerikanische Psychotherapeut Carl Rogers praktizierte eine ähnliche Methode in den Gesprächen, die er mit seinen Klienten führte. Er schlug vor, auch in der Politik solle nur derjenige seine Meinung im Parlamanent äußern dürfen, der zuvor die Meinung seines Kontrahenten kurz und bündig so wiedergeben konnte, daß der ihm zustimmt, das auch wirklich gemeint zu haben. Auf diese Weise würden Mißverständnisse minimiert und emotionale Ausbrüche verhindert.[10]

Ist Selbstwahrnehmung gut?

Wie ist es also bestellt mit der Selbstwahrnehmung der Gefühle? Man sollte daran erinnern, daß Psychoanalyse und Psychotherapie von Anfang an die Gefühle in den Mittelpunkt ihrer psychohygienischen und Heilung versprechenden Bemühungen stellten. Es hatte sich deutlich herausgestellt, daß Belehrung die Gefühle nicht erreichte und veränderte. Es mußten andere als rationale Techniken gefunden werden, um die Menschen von seelischen Störungen, die alle ihre Ursache in einem gestörten Gefühlsleben hatten, zu befreien. Das hing damit zusammen, daß die Selbstwahrnehmung vielen Täuschungen unterlag und sie deshalb nicht als eine Forderung an sich aufrechterhalten werden konnte.

Das Konzept von Salovey und Goleman hat hier seinen schwachen Punkt. Denn es steht vor der Crux, entweder die eigenen Fehler in der Selbstwahrnehmung zuzulassen oder sie von außen zu korrigieren, was soviel bedeutet wie die Annahme, daß die Selbstwahrnehmung von dem Selbst allein nicht bewerkstelligt werden kann. Andererseits ist letzteres aber auch ein Vorteil des Konzepts, denn es verlangt nach Hilfe von außen, nach Schulung, nach Kultivierung und Bildung der Gefühle.

Es gibt zwei Wege, damit fertig zu werden. Den ersten hat Epiktet beschritten. Ich erwähne ihn erneut nicht als historische philosophische Persönlichkeit, sondern als einen Typus, dessen Muster immer auf das gleiche hinausläuft. Er wird nicht müde, eine stoische Philosophie zu preisen, die gegenüber den Emotionen nicht nur mißtrauisch ist, sondern ihnen ablehnend gegenübersteht. Wer sie befolgt, wird ruhiger. Zwischen Motiv und Emotion schiebt sich die Philosophie mit dem Ergebnis, daß das eintritt, was auch Goleman sagt: Achtsamkeit verändert die Emotionslage.

Als der Sklave Epiktet einst von seinem Herrn geschlagen

wurde, soll er gesagt haben: »Du wirst mir noch das Bein zerschmettern!« Als der Herr ihm tatsächlich die Knochen brach, antwortete Epiktet seelenruhig: »Hab ich es dir nicht gleich gesagt?« Aber kann diese Philosophie funktionieren in einer Welt, die weder der Gesellschaft der Stoiker gleicht noch über Menschen verfügt, die sich wie Epiktet verhalten?

Das Bewußtwerden der Emotionen unter Verzicht auf Deutung hinsichtlich Ursache, Ziel und Objekt schwächt die Emotion. Wird einer wütend auf einen anderen, ist kaum damit zu rechnen, daß die Wut abgebaut wird. Kommt ihm aber, durch Übung verstärkt, die Erleuchtung, daß es Zorn ist, den er empfindet, dann gewinnt er ein größeres Maß an Freiheit, den Zorn loszuwerden. Im Grunde genommen ist das die Lehre der Stoa. Sie mündet eigentlich in eine Art von Psychologieunterricht, der aber auf Selbsterfahrung angewiesen ist und nicht auf eine herkömmliche unterrichtliche Belehrung. Man muß also fragen, ob mit der Aufforderung, Ernst zu machen mit der Selbstwahrnehmung der Gefühle, nicht das Kind mit dem Bade ausgeschüttet wird.

Wie soll eine Selbstwahrnehmung der eigenen Emotionen aussehen? Wie soll sie bewältigt werden? Was muß geschehen, um sie zu erreichen, ganz abgesehen davon, wie man sie nutzen kann.

Schon Goethe äußerte Bedenken, ob eine psychologische Selbsterkenntnis überhaupt möglich sei. In unserem Jahrhundert verschwand dann auch wieder das Stichwort Selbsterkenntnis aus fast allen psychologischen Wörterbüchern. In der Psychoanalyse allerdings bekam sie die Funktion der Lehranalyse. Das galt aber für die Ausübung der Psychoanalyse, keineswegs für alle Menschen. Ein Mangel an Selbsterkenntnis würde zu zwischenmenschlichen Fehleinschätzungen führen und damit viel Unheil im Miteinander heraufbeschwören.

Die Gefahr der Selbsttäuschung ist nicht auszuschließen. Allerdings kann sie verringert werden, wenn man sich der erfahrenen Leitung anderer anvertraut.

Daß dieses Problem im ausgehenden 18. Jahrhundert erkannt und populär wurde, hängt mit der damals einsetzenden Entwicklung eines psychologischen Bewußtseins zusammen, das kulturell bedingt war. Die Frage nach der Bedeutung der Selbsterkenntnis und nach den Möglichkeiten der Selbsttäuschung wird bei dem ersten praktischen Psychologen unserer Gesellschaft, Karl Philipp Moritz, zum zentralen Thema. Die zehn Bände der von ihm gegründeten psychologischen Zeitschrift, der ersten in deutscher Sprache, *Magazin zur Erfahrungsseelenkunde,* kreisen ständig um die Frage nach der emotionalen Selbsterkenntnis.[11]

Es hat den Anschein, als wäre die Erkenntnis der eigenen Gefühle ein ideelles Ziel, das nur von wenigen erreicht werden kann.

Basisemotionen

Rio de Janeiro 1980: Fußball im Maracaná-Stadion. Ich frage João Saldanha, den ehemaligen brasilianischen Nationaltrainer und Weltmeister, wie er Fußball empfinde. Wie aus der Pistole geschossen, antwortet er:

»Elegant, explosiv, fröhlich, ungehemmt, pulsierend, beruhigend, traurig, wütend, sinnlich, ärgerlich, vertrauensvoll, langweilig, bösartig, liebevoll, aggressiv...«

Ein ganzer Schwall emotionaler Adjektive sprudelte aus seinem Mund, aus seiner Seele.

»Die Deutschen«, so meint er kurz darauf, »spielen eckig, geplant, zackig, militärisch, steif, aber wuchtig und konditionell stark.«

Wer Psychologie-Professoren fragt, wie viele Emotionen es gibt, bekommt weit weniger gesagt, als Saldanhas Liste ausdrückt.

Es gibt nur wenige Grundemotionen. Alle lebendigen emotionalen Äußerungen sind Mischungen. Doch die Mischungen sind unendlich. Das ist die Überzeugung fast aller Forscher, die sich mit der Klassifikation der Emotionen befassen. Auch der Neurologe Antonio Damasio nimmt an, daß es nur wenige »Universalgefühle« gibt. Angeboren seien dem Menschen Glück, Traurigkeit, Wut, Furcht und Ekel, also fünf Basis-Emotionen. Alle anderen Gefühle seien »Farbenmischungen«, Spielarten der »Großen Fünf«.

Angst kannte man bis zur Moderne nicht. Der Mensch früher hatte zwar Furcht, aber wenig Angst. Er gebrauchte diesen Begriff praktisch nicht. Wir dagegen sind in einer anderen Situation. Die Angst vor Krebs, Reaktorkatastrophen und Umweltschäden ist neu. Umgekehrt verhält es sich mit der Hoffnung. Die Antike sah in ihr etwas Negatives, da sie die Zukunft offenhielt; man neigte mehr zu einem Determinismus. Schicksal und Götter hatten die Zukunft in der Hand, nicht wir. Für uns heute aber ist die Zukunft nicht prädestiniert, sondern von uns abhängig. Es kommt darauf an, wie wir mit ihr umgehen wollen. Die Gesamtheit aller Vorstellungen von Mensch und Welt, eben die »Weltanschauung«, prägt die Basisemotionen.

Damasio verdanken wir eigentlich den Anstoß, alle unsere Vorstellungen über das Gefühlsleben einer Überprüfung zu unterziehen. Die Theorie der Gefühle, an der er arbeitet, geht von der Annahme aus, daß der Kontakt zu den eigenen Gefühlen die Grundlage für alle großen und kleinen Entscheidungen ist, die wir im Leben fällen. Gefühle sind danach also keine Zugabe, schon gar nicht gefährden oder stören sie das Leben. Sie mögen sich der exakt messenden Wissenschaft noch entziehen; sie sind aber das Wichtigste in Verbindung mit dem, was wir die Ratio nennen. Wollen wir unser Bewußtsein verstehen, liegt die Schlüsselrolle dafür bei den Emotionen.[12]

In den vergangenen Wochen habe ich häufig Leute, mit denen ich zu tun hatte, gefragt, ob sie mir eine kleine Bitte erfüllen würden. Sie sollten mir die wichtigsten Emotionen nennen. Ich wollte wissen, über welche Basiserfahrung, welches Grundwissen Menschen verfügen, wenn es um Gefühle geht. Das Ergebnis war nicht sonderlich überraschend. Keiner fragte weiter nach, was unter Emotion verstanden werden solle. Jeder wußte, was gemeint war. Obwohl keiner auf ein gelerntes Wissen zurückgreifen konnte, wurden von allen die wichtigsten Emotionen genannt: Furcht, Vertrauen, Freude, Panik, Erstaunen, Entsetzen, Neugierde, Zorn, Traurigkeit, Wut, Ekel, Überraschung, Liebe. Alle Befragten konnten auch angeben, wie man sich verhält, wenn man eine dieser Emotionen an sich erlebt. Bei Panik laufen wir weg, bei Trauer steigen uns Tränen in die Augen, bei Abscheu und Ekel muß man sich übergeben, und bei Freude möchte man die ganze Welt umarmen. Freud und Leid sehen wir im Fernsehen, in unserer Familie, bei den Nachbarn. Nichts ist uns so vertraut wie Emotionen.

Sowohl bei Stichproben, die man in Neuguinea machte, wie auch bei solchen in Chile, Argentinien, Brasilien, den USA und Japan fiel es den Angehörigen dieser doch zum Teil weit auseinanderliegenden Kulturen relativ leicht, Emotionen richtig zu beurteilen. Die am häufigsten auftretenden Emotionen konnten auch am häufigsten identifiziert werden. Glück, Traurigkeit, Wut, Furcht, Überraschung, Ekel und Verachtung wiesen sehr hohe Treffsicherheiten auf. Bei Glück lag der Mittelwert sogar bei 94,4 Prozent.[13]

In diesem Zusammenhang sei auch erwähnt, daß Kinder im Alter von zwei Jahren bereits über die meisten der doch recht komplexen menschlichen Emotionen verfügen und bei anderen darauf reagieren. Wahrscheinlich differenzieren sich nur diese Grundemotionen. Mit zwei Jahren sind sie noch überschaubar. Wenn Neugeborene lächeln, ist das ein Reflex auf innere Zustände. Doch das erste Lächeln mit sechs Wochen weist bereits auf Beziehungen und Reaktionen zur Umwelt hin.

»Mit der Entwicklung der emotionalen Reaktion ›Freude‹ wird die motorische Reaktion des Lächelns unter emotionale

Kontrolle gebracht«, sagt Jens Asendorpf, dessen 1988 erschienenes Buch *Keiner wie der andere* die emotionalen Kontrollmechanismen in ihrer Abhängigkeit von Anlage und Umwelt untersucht hat. Das Lächeln wird jetzt schon von unterschiedlichen Hirnzentren kontrolliert. Das erste Lächeln, das der Mutter gilt, ist somit der erste Ausdruck der emotionalen Intelligenz, die sich nun immer weiter differenzieren wird. Doch geschieht das nicht mehr allein durch Reifung, sondern auch durch die Beziehungen zur mitmenschlichen Umwelt. Die Entwicklung einer emotionalen Intelligenz ist entscheidend davon betroffen.

Es gibt ungefähr sechs verschiedene Gefühle. Später nimmt die Differenzierung zu, wird aber immer wieder auf die Grundemotionen reduziert. Es ist, als gingen wir nach unserer Geburt den Weg von unten nach oben, das heißt von elementaren zu höheren Gefühlen. Wir sind damit so vertraut, daß wir kaum darüber nachdenken, ob es nicht auch möglich sei, Gefühle zu entdecken wie vormals physikalische Gesetze.

Schwache Emotionen sind natürlich schwieriger zu unterscheiden als intensive, einander ähnliche schwieriger als weit auseinanderliegende. Acht qualitativ verschiedene Emotionen sind dabei grundsätzlich anzunehmen: Furcht (Panik), Zorn (Wut), Ekstase (Freude), Kummer (Traurigkeit), Billigung (Vertrauen), Abscheu (Ekel), Neugierde (Erwartung), Erstaunen (Überraschung).[14]

Man könnte so fortfahren, um sich ein Bild von der weit verbreiteten Basis unserer Gefühle zu machen. Und doch hat die Wissenschaft darüber nichts Unumstößliches zu bieten. Hundert Jahre Forschung und keine solide Erkenntnis dessen, was sich in uns abspielt, wenn wir weinen, lachen oder Angst haben. Seltsam!

Einige Experimente, die aus der Sackgasse führen sollten, seien hier vorgestellt. Der kanadische Psychologe J. Bassili hat folgenden Weg beschritten: Die in der Psychologie üblichen Verfahren, Versuchspersonen Standfotos zu zeigen, auf denen ein emotionaler Ausdruck zu sehen ist, wandelte er ab. Selbst bei ganz kurz gezeigten Gesichtern fällt es uns nicht schwer, die Emotionen auf ihnen zu erkennen. Bassili aber führte die Bewegung in das Experiment ein, indem er Filmaufnahmen präsentierte, also Gesichtszüge und Falten im Gesicht, die sich durch die Technik nacheinander projizierter Standfotos bewegten. Er fand dabei heraus, daß die bewegten Bilder den starren Bildern, was die Erkenntnis der Emotionen durch andere betrifft, überlegen sind. Das ist nicht überraschend. Doch das Experiment war so erfindungsreich angelegt, daß es sich lohnt, noch einen Augenblick bei ihm zu verweilen.[15]

Schauspieler wurden trainiert, sechs Emotionen auszudrücken: Glück, Überraschung, Traurigkeit, Ekel, Wut und Furcht. Dann wurden ihre Gesichter schwarz angemalt und wahllos mit etlichen weißen Punkten bedeckt. Auf einem recht dunkel und kontrastreich eingestellten Bildschirm waren nur die weißen Punkte zu sehen. Schauspieler sind gewohnt, vor Auftritten geschminkt zu werden. Sie sind auch gewohnt, Emotionen mit ihrer Mimik und Gestik auszudrücken. Wie nicht anders zu erwarten, konnten die Versuchspersonen die schwarzen Gesichter hinsichtlich der geäußerten Gefühle schlecht identifizieren, wenn diese sich nicht bewegten. Aber wider Erwarten zeigte sich bei den Filmen, daß Überraschung eine Grundemotion ist. Alle erkannten sie. Doch war das nur möglich, wenn sich die Gesichter bewegten. Die Geschwindigkeit der mimischen Bewegung ist nämlich der entscheidende Anhaltspunkt für deren Identifizierung.

Frauen schnitten bei diesem Experiment besser ab als Männer. Sie erkennen Emotionen schneller und besser. Die untere Gesichtshälfte war entscheidend, wenn es um Glück oder Ekel ging, die obere, wenn Wut und Furcht dargestellt wurden. Bei Überraschung und Traurigkeit spielte es keine Rolle, welche Hälfte des Gesichts dargeboten wurde.

Aus dem Vexierspiel kann man auch noch ein anderes machen. Man nimmt die linke Gesichtshälfte und ergänzt sie spiegelverkehrt mit der rechten. Dann nimmt man die rechte und setzt ein Bild zusammen aus zwei rechten Gesichtshälften. Was sehen wir? Und vor allem, wie reagieren wir?

In bezug auf die Hemisphären-Dominanz ergeben sich viele Interpretationsmöglichkeiten.

Man kann sich vorstellen, daß Experimente dieser Art in einem modernen Schulunterricht, der die Emotionen berücksichtigt, als Spiele mit den Kindern durchgeführt werden. Auf diese Weise wäre es möglich, Kindern mehr über Gefühle zu vermitteln. Sie würden nämlich selbst ihren Beitrag leisten, weil sie in solchen Spielen hochmotiviert sind. Es werden ja auch Spiele mit Zahlen gemacht. Warum nicht solche mit Gesichtsausdrücken nach dem Motto: Ich sehe was, was du nicht siehst.

Nun ist ein solcher Versuch immer noch recht künstlich, obwohl er schon Aufschluß darüber gibt, über welche Intelligenz wir alle verfügen, wenn wir Emotionen schnell und sicher erkennen.

Daß wir über eine sehr hohe Intelligenz verfügen, wenn es um die Beurteilung eines Gesichts geht, wissen wir seit langem. Im Bruchteil einer Sekunde erkennen wir einen Bekannten wieder. Aber es nicht möglich zu sagen, woran wir ihn so schnell erkennen. Und bei uns Unbekannten identifizieren wir blitzschnell, in welchem Gemütszustand sie sich befinden.

Das *Time*-Magazin hat ein kleines Büchlein herausgegeben, in dem alle Titelfotos seit 1926 aufgeführt sind, also über dreieinhalbtausend Gesichter. Sekundenschnell erkennen wir die uns vertrauten Personen der Öffentlichkeit, obwohl sie nur in Briefmarkengröße und häufig noch stilisiert abgedruckt sind. Auch das ist ein Spiel, das uns in Erstaunen versetzen kann.

Doch stellen wir uns eine andere Situation vor: Wir fahren mit 120 Stundenkilometern auf der Autobahn, also nicht sehr schnell. Vor uns im gehörigen Abstand, den wir halten, fährt ebenfalls ein Pkw. Aber er fährt uns zu langsam. Wir wollen ihn überholen. Als wir dazu ansetzen, gibt der andere Gas. Und im selben Augenblick sehen wir im Rückspiegel einen Wagen auf uns zupreschen, der gleich bremsen muß, um nicht auf uns aufzufahren. Wir selbst treten auf die Bremse, um wieder hinter den ersten Pkw zu gelangen. Doch blitzschnell ist es passiert. Der gerät von der Autobahn ab und landet glimpflich auf der rechten Seite der Fahrbahn. In Schweiß gebadet und voller Angst haben wir in den letzten Sekunden Emotionen erlebt wie sonst die ganze Woche nicht. Ein entsetzliches Gefühl im Magen, ein Puckern bis zum Hals, so kommen wir selbst zum Stehen. Doch nach weniger als zwei Sekunden verwandelt sich unsere Angst in Ärger und dann in Wut. Die hat dramatische Auswirkungen. Wir verlassen unseren Wagen und rennen auf den anderen Pkw los. »Diesem Idioten werde ich es zeigen. Einfach Gas geben, wenn ich überhole.« Bei dem Fahrer angekommen, sehen wir, daß er im Gesicht blutet. Er ist mit dem Kopf auf den Rückspiegel geschlagen. Plötzlich fühlen wir uns schuldig. Noch einmal wird unser Verhalten mobilisiert und dabei durch Emotionen radikal verändert. Wir wollen Erste Hilfe leisten und suchen nach einem Telefon, um einen Krankenwagen herbeizurufen. Vielleicht stammeln wir noch verlegen: »Haben Sie sich ernsthaft verletzt?« Nicht mehr egoistische Gefühle spielen eine Rolle, sondern altruistische. Wir kümmern uns um den anderen.

Keiner wird bezweifeln, daß wir innerhalb kürzester Zeit durch ein Wechselbad von intensiv erlebten Emotionen gegangen sind. Sie haben uns zu starken Reaktionen veranlaßt. Die Emotionen waren wiederum abhängig von dem, was wir taten und zu Gesicht bekamen. Wir können nicht sagen, ob die Emotionen Motive für unser Verhalten waren oder ob sie im Gegenteil die Folge des Verhaltens waren. Was ist primär? Die Erregung, die Vorstellung, die Wahrnehmung? Oder gehören Reaktionen bereits zur Emotion?

Das Beispiel lehrt uns zweierlei: In einer solchen Situation sind wir nicht Herr im eigenen Haus. Unsere Intelligenz, Emotionen zu regulieren, hat nicht funktioniert. Und zum zweiten: Wir sind nicht in der Lage, das Beziehungssystem von Verhalten, Emotion, Motivation und Reaktion genau zu durchschauen, abgesehen davon, daß wir keine Zeit haben, es selbst zu beobachten. Unsere Achtsamkeit ist ausgeblendet.

Was würde Goleman jetzt sagen? Wäre es möglich gewesen, unsere Emotionen angemessen einzusetzen? Hätte man über Techniken verfügen müssen, sich selbst zu beruhigen?

Theorien der Emotionen

Es gibt zwei gegensätzliche Theorien über die Ursache der Emotionen. Schon vor hundert Jahren kamen zwei Psychologen unabhängig voneinander zu derselben Schlußfolgerung. William James von Harvard und Carl Lange in Dänemark, die über die Physiologie der damaligen Zeit bestens informiert waren und physiologische Kategorien auch auf psychologische Theorien anwandten, behaupteten, daß wir nicht weinen, weil wir traurig sind, sondern daß wir traurig sind, weil wir weinen.

»Der gesunde Menschenverstand sagt uns, daß wir traurig sind und weinen, weil wir unser Vermögen verloren haben. Wir begegnen einem Bären, erschrecken und laufen davon. Wir werden von einem Rivalen beleidigt, geraten in Zorn und schlagen zu. Meine Theorie ist eine andere: Die körperlichen Veränderungen folgen sofort auf die Wahrnehmung. Unsere Empfindungen auf diese Veränderungen sind die Emotionen. Wir fühlen uns traurig, weil wir weinen. Wir sind zornig, weil wir zuschlagen, ängstlich, weil wir zittern. Wir weinen nicht oder zittern nicht, weil wir traurig oder furchtsam sind.« So urteilte William James vor über hundert Jahren.[16]

Die andere Theorie besagt, emotionale Zustände kämen zustande durch die physiologische Erregung im Organismus, die jeweilige Situation, die erregend sein könne, und die kognitiven Faktoren, die das eigene Verhalten interpretierten. Physiologische Reaktionen, die der Betreffende nicht als Folge einer physischen Ursache erkennt, wie etwa die einer Droge, führten zur Wahrnehmung irgendeiner Form von emotionaler Erregung. Die spezielle Form, die die Erregung aber annimmt – alle Emotionen vom Ärger bis zur Freude –, werde durch die soziale Situation bestimmt. Wenn man sich in einer ärgerlichen Situation befinde, verstärke ein erregendes Medikament den Ärger. Ist die Situation bedrückend und depressiv, verstärke das erregende Medikament die Angst. Physiologische Erregung, situative Momente und kognitive Faktoren bestimmten die Gefühle, die wir haben. Dies ist die Theorie von Schachter und Singer. Und sie ist immer noch anerkannt, obwohl sie schon über dreißig Jahre alt ist.[17]

Goleman nimmt an, daß ein Wahrnehmen der Emotionen an uns und bei anderen ausreiche, um unerwünschte Reaktionen auszuschalten. Daß wir emotionale Zustände aufgrund von physiologischen Veränderungen interpretieren, haben sich die Werbeleute längst zunutze gemacht. In Supermärkten werden die Augen geweitet. Wer die Kunden genau beobachtet, kann aus ihren physiologischen Reaktionen wertvolle Schlüsse ziehen. Manche wachen erst an der Kasse wieder aus ihrer Trance auf, wenn es klingelt und bezahlt werden muß.

Andere Forscher betonen mehr die kognitiven Aspekte. Schätzen wir eine Situation als bedrohlich ein, zum Beispiel in einer Warteschlange nicht mehr dranzukommen, entscheiden wir, wie wir die Situation am besten bewältigen. Durch die Aussichtslosigkeit oder die Chance, die sich uns bietet, werden die emotionalen Reaktionen entstehen. Sie sind also abhängig von dem Zusammenspiel und der Interaktion der Prozesse. Demnach wären die physiologischen Reaktionen nur Nebenprodukte und keinesfalls die Ursachen des emotionalen Erlebens.

Wenn es überhaupt keine Chance mehr gibt, geben wir auf. Keine emotionale Aufwallung findet mehr statt. U-Bootbesatzungen, die durch ein Wunder noch einmal gerettet wurden, berichteten später, es habe keinerlei Panik an Bord gegeben, sondern absolute Ruhe: »Das Spiel war aus!«

Der große und der kleine Ärger

Nach Angaben des Bundesforschungsministeriums ist das Kreislauf- und Infarktproblem bei der deutschen Bevölkerung keineswegs zurückgegangen. Jeder zweite stirbt eines Tages daran. Zu den Risikofaktoren gehören neben Rauchen, Übergewicht, hohem Blutfettgehalt, Bluthochdruck und Bewegungsmangel auch Ärger. Organische Veränderungen gehen dem Infarkttod nur gelegentlich lange voraus. Meistens liegen keine organischen Ursachen vor, die man hätte rechtzeitig erkennen können.

Ruhelosigkeit, Ungeduld, unterdrückte Aggressivität, extreme Leistungsmotivation und Termindruck sind aber erkennbar in der Sprechweise und im Gesichtsausdruck.

Wie man mit dem zunehmenden Ärger umgeht, ist offenbar das Hauptproblem. Die Golemansche Forderung lautet, man müsse sich über seinen Ärger sofort klar sein und ihn als Ärger identifizieren. Gut! Aber das ist nicht ohne weiteres möglich. Ähnliche Emotionen wie Gereiztheit, Aggression, Feindseligkeit, Gespanntheit und allgemeines körperliches und seelisches Unbehagen sind mögliche Ursachen für wiederum andere Risikofaktoren, zum Beispiel Bluthochdruck.

Ärger kann eine Vorstufe zur Aggression sein. Aber Ärger kann auch Kreativität erzeugen. In den Anfängen der Evolution war er der Motor, der überhaupt Verhaltensweisen in Gang setzte. Aggression ist wiederum etwas anderes als Feindseligkeit. Bei dieser Emotion handelt es sich um momentanen Haß, der das Objekt am liebsten vernichten möchte, gegen den sich der Haß richtet. Kein Affekt, keine Emotion hat die Psychologen so stark beschäftigt wie gerade der Ärger. Die Literatur dazu ist schon unübersehbar geworden. Dabei wird von der Kunst gesprochen, mit dem eigenen Ärger umzugehen.[18]

Es gibt vier Auslöser für Ärger. Diese sind Frustrationen, Irritationen, Provokationen und Ungerechtigkeit. Am besten kann man sie bei einem Fußballspiel studieren. Fußballfans wie die Hooligans beleidigen andere, um sie zu reizen. Sie rempeln sie an, schubsen und schlagen, um zu provozieren. Verliert ihre Mannschaft, sind die Schiedsrichter schuld. Sie treten gegen die Ungerechtigkeit auf, ergreifen Partei, indem sie emotional oder sogar wirklich ein Feuer entfachen.

Was sich auch sonst noch in unseren Köpfen abspielt, kann Ärger und Wut verursachen. Wenn man immer wieder auf längst vergangene Schmach zurückkommt, lenkt man seine Achtsamkeit vielleicht nicht auf die hochkommende Erinnerung, sondern auf Dinge, die erneut Ärger verursachen. Ärger hat eine bedeutende Funktion. Ärger liefert Energie. Er liefert Treibstoff für Auseinandersetzungen. Ärger ist ein Signal dafür, daß etwas nicht in Ordnung ist. Er ist eine Aufforderung, die Dinge ins Lot zu bringen. Er ist auch eine Mitteilung an die anderen, daß wir vielleicht in Not sind. Wir teilen Negatives mit, indem wir Ärger zeigen. Ärger kann auch ein Gefühl der Kontrolle vermitteln. Ärger kann zerstörerisch auf uns wirken. Die Sprache sagt, wir ärgern uns, also keineswegs nur den anderen. Wir können uns selbst schaden. Ganz abgesehen davon, daß wir dann keine klaren Gedanken zuwege bringen, versuchen wir uns in unangemessener Weise zu rechtfertigen und zu verteidigen. Wir suchen die Schuld bei anderen und greifen sie an. Ärger ist ursprünglich nichts anderes als eine Angriffswaffe, die das Leben sichert, unabhängig von den Verlusten, die dabei eintreten können.

Zwischen Ärger und Aggression gibt es eine Verbindung, die besondere psychologische Aufmerksamkeit verdient. Wir ärgern uns und lassen unsere Wut an jemandem aus, der damit gar nichts zu tun hat. Es gibt begabte Redner, die ganze Menschenmassen in Erregung versetzen, weil sie sie auf die falsche Fährte locken.

Während Angst den Organismus auf die Flucht vorbereitet, geht der Ärger zum Angriff über. Die biochemischen Veränderungen über den Hormonhaushalt versetzen alle lebenswichtigen Organe in eine Notfallsituation. Der Urmensch mußte blitzschnell handeln, um Gefahren zu bestehen.

Ärgerliche Impulse sind recht schwer zu kontrollieren. Das hängt sowohl mit der Evolution als auch mit der Geschicklichkeit zusammen, ihn zu dirigieren. Für die ersten Menschen war Ärger wichtig. Er trieb sie zu aktivem Tun. Ursprünglich entstand er, sobald einem Menschen etwas weggenommen worden war oder sich jemand ihm entgegenstellte. Vor allem trat Ärger auf, wenn jemand glaubte, im Recht zu sein. Die erste Reaktion ist immer – auch heute noch –, daß der Organismus Energie bereitstellt, um sein Recht zu bekommen. Katecholamine werden in die Blutbahn ausgeschüttet. Das sind Neurotransmitter, die uns aktivieren. Steht ein Mensch aber vorher schon unter Streß, so ist die Schwelle der Katecholaminausschüttung bereits erheblich herabgesetzt. Deshalb kann es zu einer Explosion kommen, wenn der Mann nach Hause kommt und hier den letzten Rest erfährt, den er noch braucht, um außer sich zu geraten. Das kann ein Brief vom Finanzamt sein oder ein schlechtes Zeugnis des Sohnes oder ein angebranntes Essen.

Alles herauszulassen, um sich zu befreien, ist ein Mythos, wie die Wissenschaft zeigen kann. Es bringt nur neuen Ärger. Von einer Katharsis kann nicht die Rede sein. Ärger erzeugt Ärger, bringt das Pferd in Galopp. Immer mehr Energie wird dem Ärger zugeführt. Es gibt Leute, die sich nach diesem Mythos von ihrem Ärger befreien wollen und in einem Tobsuchtsanfall enden. Der Körper braucht eine Gelegenheit, seine Katecholaminaktion friedlich zu beenden. Deshalb sieht man heute in sogenannten Bewältigungsstrategien die bessere Lösung. Beim Militär galt und gilt allgemein die Regel, daß man sich über einen Vorgesetzten erst dann beschweren darf, wenn man eine Nacht über den fraglichen Vorfall geschlafen hat. Dann ist nämlich meistens der Ärger verflogen. Und es entsteht kein neuer Ärger durch die Beschwerde.

Lange Zeit war die Psychologie der Meinung, Schicksalsschläge machten die Menschen krank. Der Verlust des Ehepartners, der Bankrott der eigenen Firma, eine schwere Operation, Schulden... Doch das Bild wurde korrigiert. Gravierende Lebensereignisse haben nicht immer Krankheiten im Gefolge. Es sind die kleinen Ärgernisse, die sich summieren. Eine Brieftasche verlieren, auf ein Taxi warten, das nicht kommt, Reibereien mit den erwachsenen Kindern, eine Autopanne im denkbar ungeeigneten Moment – das sind die Faktoren, die an unseren Nerven zerren. Alltagsärger wirkt sich auf die Stimmung aus. Und wir müssen deshalb wohl lernen, unsere Stimmung zu beeinflussen, um ihr nicht ausgeliefert zu sein.

Die Forschung hat vor zwanzig Jahren bereits den Richtungswechsel vollzogen. Ein Großteil von Streß resultiert aus den zermürbenden wiederholten Spannungen, die uns der Alltag beschert. Häufigkeit, Intensität und Dauer gehören eng zusammen. Alles hängt von der Bedeutung ab, die der einzelne diesen Faktoren beimißt. Wenn er sie zu ernst nimmt, leidet bald sein Verhältnis zu anderen Menschen darunter. Und dann beginnt der eigentliche Streß. Wir haben nämlich nicht gelernt, mit den daraus resultierenden zwischenmenschlichen Beziehungen fertig zu werden. Streß liegt nicht in der Person und auch nicht in der Situation. Er resultiert aus beiden. Einschätzung der Situation und Bewältigung der Situation sind entscheidend.

Der amerikanische Streßforscher Richard Lazarus hat herausgefunden, daß es die kleinen alltäglichen Reibereien sind, die uns schwächen. Deshalb hängt unsere Gesundheit großenteils davon ab, ob wir den richtigen Lebensstil entwickeln. Es gibt Vorgesetzte, die glauben, man müsse seinem Ärger Luft machen, und die Mitarbeiter anbrüllen, wenn sie Fehler machen. Leider hat sich auch die Theorie nicht bestätigt, die besagt, daß man sich etwas Angenehmes gönnen müsse, um mit den alltäglichen Konflikten fertig zu werden. Positive Ereignisse haben keinen Puffereffekt, was die Wirkung der Ereignisse angeht. Alltagsfreude ist kein Heilmittel gegen Ärgernisse. Es bleibt also nur, die Ärgernisse selbst anzugehen.

Wenn es um Ärger geht, hat jeder Mensch seine eigene Theorie parat. Auf keinem Gebiet scheint er so sehr Psychologe zu sein. Wir hören, daß man seinen Ärger herunterspülen oder ihm unbedingt seinen Lauf lassen müsse. Explodieren sei lebenswichtig. Oder man solle zeitig lernen, sich nichts anmerken zu lassen. Auch Philosophen haben das vertreten. Der Sklave Epiktet predigte Gleichmut und lehrte, Emotionen gelassen hinzunehmen. Der römische Kaiser Marc Aurel pflichtete ihm bei. »Reg dich nicht auf, Mensch!« hat er verkündet, als ob er von morgens bis abends nur würfelte: »Mensch, ärgere dich nicht!«

Die Vorstellungen seien es, die den Ärger in Gang setzten. Also müsse man solche Vorstellungen in ihrer Funktion erkennen. Dann werde man auch zu einer ruhigen Lebensführung gelangen. Im Anschluß an die Stoa pries auch der römische Dichter Horaz die Haltung, die uns befähigt, nicht aus der Fassung zu geraten: »Nil admirari« war für ihn die richtige Einschätzung der Lage aufgrund einer inneren Unabhängigkeit.

Der Stoizismus als philosophische Schule lebt noch heute. Der amerikanische Streßforscher Robert Eliot empfahl 1984 allen Menschen, zwei Regeln zu beherzigen: 1. Sich nicht über Kleinigkeiten aufregen. 2. Es gibt nur Kleinigkeiten. Kannst du nicht kämpfen oder fliehen, so schwimme mit dem Strom.

Die Stoa ist auch lebendig, wenn zum Beispiel der in New York praktizierende Psychotherapeut Albert Ellis täglich in seinem Institut in Manhattan Kaffeestunden mit allen möglichen Leuten abhält und dabei nichts anderes tut, als ihnen ihre gewohnten Lebensansichten zu zerstören, über die sie sich unnütz aufregen. Im Jahr 1988 besuchte ich Ellis in New York. Er brüskiert die Menschen mit seiner Philosophie. Bei seinen Klienten provoziert er Reaktionen, die irrational sind, aber von ihnen als rationale Argumente benutzt werden. Ellis fragt dann so lange nach dem Warum, bis von den »Argumenten« nichts mehr übrigbleibt. Schließlich sehen die Klienten ein, daß sie häufig unangemessen reagieren. Die Sekretärin hatte mich bei ihm angemeldet. Ich wurde gebeten, eine Treppe zu seinem Zimmer hinaufzugehen. Ich klopfte an die Tür. Eine Stimme von innen brüllte: »Come in!« Als ich den Raum betrat, lag Ellis auf einer Couch – jawohl, er lag auf einer Couch – und sagte nichts. Aber er aß gerade im Liegen Spaghetti. Ich fing an zu reden. Er sagte nichts. Nach fünf Minuten hatte ich mein Pulver verschossen. Ich dachte, ich hätte es mit einem Verrückten zu tun. Aber es war Albert Ellis leibhaftig, der bekannteste lebende amerikanische Psychotherapeut.

Seine Lehre ist relativ einfach: Die Menschen leben schlecht, weil sie sich rechtfertigen und nach Gründen suchen, die nichts weiter sind als Ausreden vor sich selbst. Man darf sie dabei nicht noch unterstützen. Man muß sie selbst in die Falle laufen lassen, wo sie nicht mehr wissen, was sie sagen sollen.

Ellis hatte mit Sigmund Freud gebrochen, dem man gern unterstellt, daß er eine Abfuhr von Emotionen in den Mittelpunkt der Psychoanalyse stellte. Katharsis sollte das sein, eine Art Reinigungslehre für die Seele.[19]

Andere Psychologen und Mediziner wie Friedman und Rosenman entdeckten den sogenannten – bereits erwähnten – A-Typ, der sich nicht nur leicht ärgert, sondern auch dabei Kreislaufprobleme bekommt, weil sein Blutdruck zu oft und zu schnell nach oben schießt. Er ist gleichzeitig der Mensch, der die wahren psychologischen Abhängigkeiten seiner Emotionen nicht erkennen kann. Auch er hat eine implizite Theorie des Ärgers bereit, um sein Verhalten zu rechtfertigen. Aber er würde sich nie von sich aus ändern. In New York gibt es bereits Spezialpraxen für diese Leute. Allerdings sagte mir Dr. Steven Josephson, 5th Avenue, Centralpark, es kämen nur Patienten zu ihm, die bereits zwei Herzinfarkte überlebt hätten. Und auch dann noch sei es schwierig, ihnen klarzumachen, daß ihr Lebensstil, vor allem ihr Umgang mit Streß, Ärger, Zeitdruck und Aggressivität, die Ursache für den Infarkt sei.[20]

In einer Werbesendung des amerikanischen Fernsehens sah ich vor einiger Zeit einen Wanderer mit einem Rucksack irgendwo in den Rocky Mountains. Er besteigt gerade mühsam einen Berg. Doch dann dreht er sich lächelnd um und sagt zu den Fernsehzuschauern:

»Sehen Sie, das bin ich heute. Ein glücklicher Mensch. Ich habe meinen Lebensstil geändert. Zwei Herzinfarkte habe ich hinter mir. Jetzt habe ich aufgegeben, was mich krank machte. Es waren die Hetze des beruflichen Alltags, die dauernden Termine, die eingehalten werden mußten, der Kampf in der Firma selbst mit den uneinsichtigen und aggressiven Kollegen. Ich hatte meine Familie dabei vernachlässigt und immer nur an Profit und Geld gedacht. Ich habe meine Einstellung geändert. Ich esse nur noch Margarine von Fleishman...«

Hinter diesem Werbespot steckt mehr, als auf den ersten Blick erkennbar ist. Sein Inhalt geht auf die moderne Forschung zurück, die sich mit den krankmachenden Emotionen und mit der Technik befaßt, gesunderhaltende Emotionen über körperliche Aktivitäten zu entwickeln. Innerhalb von zehn Jahren ist die Infarktquote der USA um ein Drittel zurückgegangen.

Auch bei uns ist der Ärger neben dem Neid ein elementarer emotionaler Faktor geworden, den es zu bekämpfen gilt. Das ist aber wohl nicht allein mit dem psychologischen Eingeständnis zu erreichen, Neid und Ärger zu erleben. Es sind auch vor allem soziologische und sozialpsychologische Zusammenhänge, die diese Emotionen aufrechterhalten. Das zeigt eine neue Untersuchung. Was den Ärger als eine Emotion in den Mittelpunkt rückt, ist eine deutsche Repräsentativbefragung einer Bielefelder Wissenschaftsgruppe über Gewalt an Schulen. Fußtritte, Erpressungen, Prügeleien und sexuelle Belästigung haben in den sechsten bis zehnten Klassen zugenommen. Obwohl die meisten Schüler damit nichts zu tun haben wollen, leiden sie unter ihren eigenen Reaktionen darauf. Es ist oft Angst, aber noch häufiger Ärger. Wie auch bei sonstigen Gewaltdelikten sind es nur etwa ein bis drei Prozent, die psychische und physische Gewalt anwenden. Daß aber zwei von drei Jugendlichen nicht zurückschlagen, sondern verärgert reagieren, ist ein Novum. Die Gesellschaft ist bei ihnen zum Ärgernis geworden.[21]

Streß

Eine ganz einfache, in ihrer Überzeugungskraft geniale Idee hatte der amerikanische Wissenschaftler Thomas H. Holmes. Er befaßt sich mit dem Lebensstil und den Lebensveränderungen des modernen Menschen. Sein Forschungsinstrument ist eine Skala für Lebensveränderungseinheiten, eine Life-Change Units Scale. Mit ihr kann er feststellen, wie viele einschneidende Ereignisse und Erlebnisse ein Mensch in einer bestimmten Zeit gehabt hat.

Er begann mit langen Listen, die Veränderungen aufwiesen, wie Tod des Ehepartners, Weggang der Kinder aus dem Elternhaus, Pensionierung, Hausbau, Umzug, Verlust der Freunde, Gewinn in der Lotterie, Bankrott der Firma, Verlust des Arbeitsplatzes.

Holmes sagte sich etwa: Wir reagieren auf Veränderungen physiologisch und emotional. Das ist unbestritten. Also müßte es möglich sein, wichtige von weniger wichtigen Lebensereignissen zu unterscheiden. Um diesen Unterschied herauszufinden, legte er seine Liste Tausenden von Amerikanern und Japanern vor. Je nach der Beurteilung bekam jedes Ereignis einen numerischen Wert. Holmes versah die von ihm aufgespürten Lebensveränderungen, die für alle Menschen wichtig sind, mit Punktzahlen. Die schwerwiegendste Veränderung, die dem Menschen zustoßen kann, ist der Tod des langjährigen Ehepartners. Deshalb setzt er hierfür als Maßstab die Zahl 100 ein. Ärger mit dem Chef etwa bekam dagegen nur 23, Scheidung aber 73 Punkte und Berufswechsel 36, um nur einige Faktoren zu erwähnen, die er durch seine Forschung gewann.

Sein zweiter Schritt bestand darin, diese Lebensveränderungsskala Leuten vorzulegen, die ihren Lebensstil aus irgendwelchen Gründen hatten ändern müssen. Er verglich die Ergebnisse mit der Geschichte der Erkrankungen dieser Menschen. Auf diese Weise war es ihm möglich, die Veränderungen im Leben des einzelnen und ganzer Gruppen in Beziehung zu setzen zu den Streßsymptomen, der Zukunftsangst und zu dem Problem von Gesundheit und Krankheit überhaupt.

Holmes erkannte, daß Lebenstempo und Gesundheitszustand miteinander zu tun haben. Je schneller sich das Leben ändert, desto größer ist die Wahrscheinlichkeit, daß der Mensch in irgendeiner Weise erkrankt. Seine Anpassungsfähigkeit scheint überfordert. Im schlimmsten Fall stirbt er. Die Todesrate im ersten Jahr nach der Pensionierung beweist das. Der kritische Punkt wird erreicht, wenn durch zu viele Veränderungen in kurzer Zeit der Wert von fünfzig Punkten überschritten wird. Dann ist es höchste Zeit, den Lebensstil zu ändern. Sicher sind die Menschen nicht alle gleich sensibel oder stabil. Die Variationsbreite ist aber nicht so groß, daß man die Grenzen der psychischen Belastbarkeit nicht erforschen könnte. Außerdem sind die Unterschiede zwischen verschiedenen sozialen Gruppen ebenfalls nur gering. Ob es sich um Schwarze oder Weiße, Japaner oder Indianer handelt – alle unterliegen dem Druck der Veränderung. Allerdings gibt es Unterschiede, wenn womöglich einzelne Faktoren das Leben ganz radikal verändern.

Bei einer Untersuchung von 416 Fluglotsen in den USA fand

Robert Rose, Psychiater an der Universität von Galveston, daß nicht alle Belastungen im Beruf negative Veränderungen bewirken, abgesehen von einer Erhöhung des Blutdrucks, sondern an erster Stelle die Unzufriedenheit mit dem Beruf. Unzufriedenheit ist etwas Zerstörerisches, frißt den Menschen auf. Unzufriedenheit ist aber auch eine Emotion, die bewirken kann, daß man seine Leistungsfähigkeit steigert.

»Zufriedene Mitarbeiter sind satte Mitarbeiter. Unzufriedene wollen aus diesem Zustand heraus. Ich biete ihnen deshalb eine Chance und bin dabei noch nie enttäuscht worden«, sagte mir ein bekannter Firmeninhaber, der es gut mit den Leuten zu meinen schien. Der Wechsel von Zufriedenheit und Unzufriedenheit bestimme auch seinen eigenen Arbeitsstil, sagte er. Und er sei durchaus nicht unglücklich darüber. Ein Schlaraffenland könne es auf der Welt nicht geben. Und wenn es dieses gäbe, wollten die Menschen ganz schnell wieder heraus. Darin könne man nicht leben.

Ein weiterer Streßfaktor, der zunehmend an Bedeutung gewinnen wird, ist die Arbeitslosigkeit. Wir sind es gewohnt, statistische Angaben über diejenigen zu erhalten, die ihren Arbeitsplatz verloren haben oder noch verlieren werden. Hinter den statistischen Zahlen aber verbergen sich mehrere Millionen Einzelschicksale. Der Soziologe Harvey Brenner von der John Hopkins Universität in Baltimore hat nachweisen können, daß mit dem Ansteigen der Arbeitslosigkeit um nur ein Prozent in den USA gleichzeitig die Selbstmordrate um 4,1 Prozent steigt. Hinter diesen Zahlen verbergen sich schwierige emotionale Zustände. Wenn die Arbeitslosigkeit für längere Zeit andauert, verlieren die meisten Menschen an Selbstvertrauen und Selbstidentität. Auch entfremden sie sich von ihren Freunden. Sie erleben die Psychologie des Exils. Sie gehören nirgends mehr dazu. Sie fühlen sich krank. Sie kommen sich nutzlos vor. Es ergeben sich Stimmungen, als sei ein naher Verwandter gestorben. Häufig treten Depressionen auf. Einige wollen nicht weiterleben. Andere beginnen, an sich selbst zu zweifeln. Der Verlust des Arbeitsplatzes ist gleichbedeutend mit dem abrupten Verlust sozialer Beziehungen und geordneter Tagesabläufe.

In der westlichen Zivilisation mangelt es zur Zeit an Arbeitsplätzen. Firmen reduzieren die Zahl ihrer Mitarbeiter, Konzerne entlassen Arbeiter zu Tausenden. Dabei kommt die emotionale Intelligenz ins Spiel. Es ist natürlich viel leichter, sich nach einem vorgegebenen Schema zu richten, wenn Leute entlassen werden müssen. Ein großer deutscher Reiseveranstalter kündigte vor kurzem einer Angestellten im Verkaufs- und Servicebereich, die außerordentlich erfolgreich gewesen war. Die Einsparung von Arbeitsplätzen erwischte nun ausgerechnet sie. Der Grund war, daß sie als letzte in das Team gekommen war, also die kürzeste Zeit bei der Firma gearbeitet hatte. Das ist ein anderes Prinzip als das der Amerikaner. Diese würden nicht nach der Dauer der Zugehörigkeit zum Betrieb gehen, sondern nach der Leistung. Um seinen Job zu sichern, gibt es da kein besseres Mittel, als seine Arbeit so gut wie möglich zu machen. Es ist leicht, die besten und die schlechtesten Arbeiter herauszufinden. Trifft aber die Entlassung die Besten, schwächt die Firma sich selbst. Die Entlassenen selbst werden dafür bestraft, daß sie ihr Bestes gegeben haben. Die emotionalen Konsequenzen sind offensichtlich.

Unser Organismus ist an sich so angelegt, daß er schon von sich aus die unangenehmen, unerfreulichen und belastenden Ereignisse dämpft. Das macht er mit den sogenannten Barorezeptoren in den Arterien. Sie arbeiten wie Monitore. Steigt der Blutdruck, signalisieren sie dem Herzen, langsamer zu schlagen. Die Folge ist, daß der Blutdruck wieder sinkt.

Doch jetzt hat man erkannt, daß die Barorezeptoren daneben noch eine ganz andere Funktion haben. Sie treffen auch eine Auswahl unter den Ereignissen, die auf uns einstürmen. Bei großer Belastung betäuben sie uns, als hätten wir Beruhigungsmittel eingenommen. Das geht aber nur über eine Erhöhung des

Blutdrucks. Dieser regt nämlich die Barorezeptoren an, ihre dämpfende Wirkung auf das Gehirn auszuüben. Es reagiert auf die unangenehmen Reize dann nicht mehr mit Alarm.

Streß ist ursprünglich ein Schutzmechanismus. Ihn unter die Obhut der emotionalen Intelligenz zu stellen, ist wichtig aus zwei Gründen. Der Mechanismus ist nach wie vor aktiv, und er kann uns gefährlich werden, wenn wir ihn nicht richtig handhaben. Deshalb ist Streß-Management nach Goleman eine Aufgabe der emotionalen Intelligenz. Unsere Vorfahren mußten auf ihre Angst achten. Sie hatte eine Signalfunktion. Das Blut schoß in die Beine, so daß sie schnell davonlaufen konnten. Gleichzeitig hielt die Angst ihren Körper einen Augenblick zurück. Sie konnten überlegen, ob sie weglaufen oder sich totstellen wollten. Der Ekel bewahrte sie davor, vergiftete Speisen zu sich zu nehmen. Bei Überraschung sorgte der Streßmechanismus dafür, daß blitzschnell die Augenbrauen hochgerissen wurden. Das Blickfeld wurde erweitert. Sie erhielten mehr Informationen, weil mehr Licht auf die Netzhaut fiel. Jedes Gefühl war wichtig. Es hatte einen biologischen Sinn. Selbst die Trauer war lebensnotwendig. Der Stoffwechsel verlangsamte sich, die Lebensenergie wurde schwächer. Inaktivität und Sichverkriechen waren die Folgen, aber das schützte den Urmenschen in dieser Situation; er starb nicht am Herzinfarkt.

Ob es nun sinnvoll ist, diesen Emotionen selbst einen Erkenntniswert zuzubilligen, ist umstritten. Sie sind nach wie vor in unseren Organismus eingebaut und können nicht übergangen werden. Doch der heutige Mensch unterliegt einem Konglomerat von Gefühlen. Es ist für ihn nicht so leicht wie für den Urmenschen, einfache, aber intensive Gefühle bei sich zu registrieren. Wir dürfen nicht vergessen, daß wir auf vieles reagieren, das mit zeitlicher Verzögerung eintritt, und zwar die Vergangenheit wie die Zukunft betreffend. Dadurch sind an die Stelle der schnellen Reaktionen chronisch langsam verlaufende getreten, die nicht mehr klar identifiziert werden können. Hirnforschung und Evolutionstheorie beschreiben relativ einfache Verhaltensmuster, nicht so komplexe, wie sie auf den heutigen Menschen zutreffen. Ob dieses einfache affektive Verhalten auf die differenzierte moderne Welt übertragen werden kann, muß ebenso bezweifelt werden wie die Übertragbarkeit der aus Experimenten mit Ratten gewonnenen Erkenntnisse auf das Verhalten des Menschen.

Neid

Im Gegensatz zu den Gefühlen, die man nicht leugnet, gehört Neid zu den Emotionen, die nicht erlaubt sind. Es gibt zu viele Vergleiche mit anderen Menschen, um nicht gelegentlich zu dem Ergebnis zu gelangen, der andere verdiene nicht das, was er hat oder beansprucht. Neid ist das Gefühl, das tabuisiert ist. Man darf es sich nicht eingestehen. Man darf es nicht zeigen. Und doch kennt jeder Neid, meistens nur als Projektion bei anderen. Neid kann jede Beziehung zerstören. Wie ein Parasit schleicht er sich ein.[22]

Wer ein neues Haus gebaut hat und die ersten Gäste einlädt, muß damit rechnen, daß er Neider einlädt. Aber keiner würde sich das eingestehen. Deshalb ist Neid dasjenige Gefühl, das am ehesten in ein anderes nicht tabuisiertes Gefühl transferiert wird, meistens Ärger. Bei Ehrenfeiern und Beförderungen ist es ähnlich wie beim Hausbau. Es gibt bestimmt unter Kollegen Neider. Neid tritt auf als maskiertes Gefühl mit einem demaskierten Gesicht. Kritik kann eine Form von Neid sein. Aber auch jede Form von Abwertung kann Neid bedeuten. Es gibt keine Gesellschaft, in der der Neider Mitgefühl erwarten darf, ob es alte asiatische Kulturen sind oder moderne Industriegesellschaften. Neid wird mit Nagen und Auffressen in Verbindung gebracht. Man gesteht ihn sich nicht ein und wird deshalb von ihm verzehrt. Er ist verfemt. Über alles kann heute gesprochen werden. Aber dem anderen Neid vorzuwerfen, ist das Ende der Beziehung. Neid kann zu einer tödlichen Beleidigung werden. Es ist aber keine Emotion, die man nicht kennt.

Dietrich Bonhoeffer zitiert in *Widerstand und Ergebung* Giordano Bruno: »›Der Anblick eines Freundes kann einen eigenen Schauder hervorrufen, da kein Feind so Furchtbares in sich tragen kann wie er‹ – verstehst du das? Ich bemühe mich darum, aber verstehe es eigentlich doch nicht. Ist mit dem ›Furchtbaren‹ die jeder großen menschlichen Nähe zugleich innewohnende Gefahr des Verrates gemeint (Judas)?«[23]

Es kann sich hier nicht darum handeln, eine Psychologie des Neides zu entwickeln. Aber es ist sehr wichtig, am Beispiel des Neides die Schwierigkeit der Aufgabe zu erkennen, sich seiner Emotionen bewußt zu werden. Da Neid gewöhnlich nur da entsteht, wo ein anderer das hat, was der Neider gern hätte, muß die Analyse mit den eigenen Bedürfnissen, Wünschen und Besitztümern beginnen. Das Objekt des Neides muß also von persönlicher Bedeutung für den Neider sein. Es muß auch zwischen Neider und Beneidetem eine menschliche Nähe oder irgendeine Form der sozialen Beziehung bestehen. Der Nachbar ist da gefährdeter als der Fremde, der in einem Jaguar vorbeifährt. Der Arbeitskollege, der von seiner Schwiegermutter 30 000 DM erbt, ist gefährdeter als ein Sohn von Flick, der Hunderte von Millionen erbt.

Wer im Lotto eine Million DM gewinnt, verliert wahrscheinlich alle seine Freunde, wenn das publik wird. Wer über so viel emotionale Intelligenz verfügt, daß er diese Situation sofort erkennt, wird nun seinerseits gezwungen, seine Freude über den Gewinn nicht zu verraten. Es ist nicht einmal eine Dialektik der Emotionalität, sondern ein emotionales Nullsummenspiel, das die soziale Gemeinschaft diktiert und wofür sie Opfer verlangt. Freude kann Freundschaft verderben, wenn Freude den Neidkomplex berührt. Während der Neider gezwungen ist, sich auch über den Lottogewinn seines Freundes zu freuen –

was er aber eben nicht kann –, muß der Gewinner sich seiner Freude öffentlich enthalten, was ihm aber auch schwerfallen dürfte.

Man könte annehmen, daß Goleman mit seiner »Achtsamkeit« eine solche philosophisch-psychologische Analyse der Emotionen nicht gemeint hat, weil er vielleicht nur darauf hinweisen wollte, daß der aufkommende Neid die richtige Beziehung bekommt und damit für den Besitzer entschärft wird. Das Bewußtsein von Neid würde demnach die Forderung, sich seinen Emotionen zu stellen, schon erfüllen. Das Wort des Aristoteles, Ärger am richtigen Ort, zur richtigen Zeit, über die richtige Person und in angemessener Form paßt aber nicht. Denn hier ist die emotionale Intelligenz gefordert, sofort in eine Analyse oder eine Klassifikation des Neides einzutreten. Warum erregt das neue Auto meines Bekannten meinen Neid? Warum paßt es mir nicht, daß mein Freund seit einigen Wochen eine teure Rolex-Uhr trägt? Kann man sich wirklich nicht mit einem anderen Menschen über dessen Erfolge und dessen Besitz freuen? Fragen wie diese sind nicht nur unausweichlich, sondern zwingen auch zu den grundsätzlichen Fragen: Wer bin ich? Was will ich denn? Warum bin ich neidisch?

Es gibt kaum einen Philosophen des Abendlandes, der nicht auch zu Fragen der Ethik Stellung bezogen hätte, wie zum Beispiel: Sokrates, Epiktet, Spinoza, Descartes, Kant, Hegel. Sie waren zum Schluß alle erhaben über die eigenen Emotionen. Aber sie mußten dafür ein Leben führen, das im Verzicht und in der Selbstgenügsamkeit »erfolgreich« war. Wir können nicht alle weise werden. Aber wir können trotzdem etwas tun. Das beste Mittel gegen Neid ist ein stabiles, gesundes Selbstwertgefühl. Und wenn ich mich aufgrund eines aufkommenden Neides frage, ob das an meinem Selbstwertgefühl liegt, so habe ich schon einen Schritt in eine heilsame Selbstanalyse getan. Doch es reicht nicht, daß ich mir den Neid eingestehe. Ich muß weitergehen und meine emotionale Intelligenz bemühen, um in dem Augenblick die psychologische Aktion wieder zu stoppen, wo die Selbstanalyse in eine latente Selbstbeobachtung übergeht, die mich schwächt. Dazu ist ein hohes Maß an emotionaler Intelligenz vonnöten.

Der deutsche Philosoph Immanuel Kant hat in seiner *Anthropologie in pragmatischer Hinsicht* einige feinsinnige Bemerkungen gemacht. In der Absicht, seinen Studenten gelegentlich auch praktische Ratschläge zu erteilen, hielt er alle Jahre wieder eine psychologische Vorlesung. Zu Beginn machte Kant in der beliebten wöchentlichen zweistündigen Vorlesung darauf aufmerksam, daß das Bemerken von eigenen Emotionen noch nicht ein Beobachten der Emotionen sei. Das letztere sei zu vermeiden, denn es führe dazu, sich und anderen etwas vorzumachen. Freunde Kants, auf die sich sein Biograph Karl Vorländer (1924) bezieht, sagten, er habe damit auf einen Bekannten anspielen wollen. Mit dem Aufmerken dagegen sei es etwas anderes.»Das Aufmerken auf sich selbst, wenn man mit Menschen zu tun hat, ist zwar notwendig, muß aber im Umgang nicht sichtbar werden; denn da macht es entweder verlegen oder affektiert. Das Gegenteil von beidem ist die Ungezwungenheit: ein Vertrauen zu sich selbst, von anderen in seinem Anstand nicht nachteilig beurteilt zu werden. Der, welcher sich so stellt, als ob er sich vor dem Spiegel beurteilen wolle, wie es ihm lasse, oder so spricht, als ob er sich […] sprechen höre, ist eine Art von Schauspieler. Er will repräsentieren und erkünstelt einen Schein von seiner eigenen Person…«[24]

Kant kam also schon vor zweihundert Jahren zu der Erkenntnis, daß Selbstwertgefühl und Selbstvertrauen die eigentliche Basis für eine gesunde emotionale Intelligenz sind. Er erkannte aber auch die Gefahren, die in der Anwendung der emotionalen Intelligenz liegen. Und er verwies bereits auf die psychologischen Täuschungsmanöver, die die Gesellschaft von uns verlangt, wenn in uns Gefühle »hochkommen«, die tabu sind. Dazu gehört immer noch der Neid.

Angst und Panik

Zwei Tage nach dem Flugzeugabsturz in Puerto Plata, bei dem 189 Touristen den Tod fanden, wollte Hans E. aus Bremen in die Dominikanische Republik fliegen. Auf die Frage seiner Freunde, ob er denn keine Angst habe, behauptete er mutig, es sei ja nun einmal passiert, und ein zweites Mal würde so schnell kein Flugzeug abstürzen. Statistisch gesehen und gemessen an der Wahrscheinlichkeitsrechnung, hatte er unrecht, obwohl auch viele andere Menschen so gedacht hätten. Der schon lange vorher geplante Urlaub in der Karibik sollte nicht ins Wasser fallen. Die Familie hatte sich schon darauf gefreut und wollte sich durch das Unglück nicht die Enttäuschung bereiten, den Flug abzublasen. Als die Familie auf dem Flughafen erschien, zeigte Hans E. eine bei ihm auch schon früher aufgetretene Nervosität. Kurz bevor er in der Warteschlange an der Reihe war, um einzuchecken, drehte er sich plötzlich um, ohne etwas zu sagen. Seine Frau lief hinter ihm her. Von einer panischen Angst befallen, stammelte E., er könne nicht fliegen.

Ein anderes Beispiel ist Eduard R., ein pensionierter Studienrat, dessen Tochter in Chile lebte. Sie hatte ihre Eltern eingeladen, für immer zu ihr zu ziehen. Die Eltern hatten sich gefreut und auch zugestimmt. Alles wurde aufgegeben. Die Wohnung wurde verkauft, die Sachen gepackt. Als es schließlich soweit war, passierte das, was gar nicht einmal so selten ist, nur nie beschrieben wird. Der alte Lehrer drehte sich kurz vor dem Flugzeug um. Er bekam einen leichten Herzanfall. Er beruhigte sich wieder. Mit dem Flugzeug konnte er aber nicht mehr mitfliegen. Als er sich wieder gefangen hatte, erklärte er seiner enttäuschten Frau, er würde nie und nimmer Deutschland verlassen.

Nun ist es nichts Neues, daß Angstgefühle einen Menschen überwältigen. Es überrascht uns auch nicht, wenn wir hören, daß rationale Argumente dabei nicht überzeugen. Es genügt auch nicht, wie Goleman es vorschlägt, die Achtsamkeit auf die auftretenden Emotionen zu lenken, um sie zu mildern. E. war nicht zum Umkehren zu bewegen. Und R. auch nicht. Im Gegenteil. E. geriet fast in hysterische Zustände. Er wollte den Flugplatz sofort verlassen. Er zeigte panikartiges Verhalten. Der Studienrat dagegen verhielt sich ruhig. Er hatte seinen Entschluß gefaßt. Wie sich herausstellte, hatten beide auch früher schon solche Anfälle gehabt. Aber sie waren nie aufgetreten, wenn sie verreisen wollten. E. ging nicht gern in Fahrstühle, sondern benutzte Treppen, selbst wenn er fünf Stockwerke im Finanzamt hochsteigen mußte. Er weigerte sich auch schon mal, in einen Bus einzusteigen. Doch man hatte das alles nicht so ernst genommen. E. erlebte einen Alptraum auf dem Flugplatz. Er hatte eine Phobie. Und die war stärker als der Wille zu verreisen, obwohl er sich doch mit seinem Verstand sagte, daß keine Gefahr bestünde. Der alte Lehrer dagegen war schon oft von seiner Tochter eingeladen worden und hatte einige Reisen nach Chile hinter sich. Es war jedesmal gutgegangen. Aber mehr auch nicht. Angst vor der Abreise hatte es immer gegeben.[25]

In dem britischen Fachblatt *Cognition and Emotion* erschien 1989 ein bedeutender Artikel, der dieses Verhalten erklären könnte.[26] Joseph LeDoux, ein Neurologe in New York, teilt darin mit, daß einer der entwicklungsgeschichtlich ältesten Teile des menschlichen Gehirns, das limbische System, nicht durch Belehrung und Verstand davon abgebracht werden kann, Angst zu produzieren, die das gesamte Verhalten in eine andere Richtung lenkt. Das limbische System ist der Sitz der Emotionen. Durch vielfältige Schaltungen und Nervenverbindungen mit dem Neokortex sind auch die Emotionen zu beeinflussen. Der eigentliche Denkprozessor, der Neokortex, der die Sinneswahrnehmungen empfängt, kann unter bestimmten Bedingungen matt gesetzt werden, indem eine Leitung zwischen Sinneswahrnehmung und limbischem System kurzgeschlossen wird. Das bringt dem Organismus zwar nur vierzig Tausendstelsekunden Vorsprung für seine Reaktion. In den Anfängen der Evolution war das aber ein entscheidender Vorteil. Elementare Gefühle wie starke Angst werden nicht mehr vom Bewußtsein gefiltert. Ein schlangenähnliches Gebilde kann den Kurzschluß auslösen. Der Organismus springt weg, bevor sein Gehirn die Gefahr registriert. Sollte sich im nachhinein herausstellen, daß es sich um einen schlangenähnlich abgeknickten Zweig gehandelt hat, spielt das dann keine Rolle mehr. Der Organismus hat sich gerettet, auch wenn keine Gefahr bestand.

Es gibt offenbar präkognitive Emotionen, die durch emotionale Intelligenz nicht zu beeinflussen sind, weil diese durch das Gehirn selbst ausgeschaltet wird. Da das limbische System unabhängig von den anderen Teilen des Gehirns arbeiten kann, ist der gesamte Zusammenhang mit der emotionalen Intelligenz praktisch nicht existent.

Was in den frühen Zeiten der Evolution ein Vorteil war, geriet in der Zivilisation zum Nachteil. Gefühlskurzschlüsse setzen die Intelligenz außer Kraft. Da aber die Gehirnareale, die für die elementaren Emotionen zuständig sind, nach wir vor auch unsere modernen Gehirne prägen, ist es zu erklären, daß vielseitige Eruptionen von Zorn, Wut, Furcht, Freude, Ekstase zustande kommen, ohne daß die Hirnrinde eingeschaltet ist. Aus einem sinnvollen biologischen Überlebensmuster ist ein sinnloses Verhinderungsmuster für Verhaltensweisen geworden, wie bei dem Touristen E. Bei ihm kommt hinzu, daß der Neokortex ihm eine destruktive Vorstellung zum limbischen System funkte, die dort Angst auslöste, dann aber zu einem Kurzschluß führte, der den elektrischen Schlag hervorrief, ohne den Strom abschalten zu können. Mit der anatomischen Struktur und den physiologischen Prozessen unseres Gehirns kann einiges in diesem Wirrwarr schon erklärt werden. Der panikartige Anfall führte E. in eine Arztpraxis. Der Neurologe hatte auf einem Kongreß von den Forschungsergebnissen in St. Louis erfahren, daß bei einigen Personen Angst auftritt, die durch eine bestimmte Konzentration von Laktat, das die beiden Gehirnhälften asymmetrisch mit Blut versorgt, ausgelöst wird. Spritzt man das Gegenmittel Nalaxone, verschwinden die Anfälle sofort. Es stellte sich heraus, daß E. zu den seltenen Menschen gehörte, die nicht durch Psychotherapie von ihrem Leiden geheilt werden können, weil die Psyche daran gar nicht beteiligt ist.

Die Geschichte mit dem Studienrat verlief anders. Er gehörte nicht zu den Menschen, die panikartige Angst empfinden. Er hatte Angst, entwurzelt zu werden. Er kam sogar mit Hilfe seiner emotionalen Reaktion zu der Überzeugung, gewarnt worden zu sein. Er hatte auf seine emotionale Intelligenz geachtet.

Marcus Raichle hat mit PET Patienten untersucht, die an Panikattacken litten. Sie wurden ganz plötzlich davon überwältigt. Sie glaubten, sie müßten auf der Stelle sterben, so schrecklich war die Angst. Sie konnten selbst keine Ursache dafür ausmachen. Die Attacken können chemisch ausgelöst werden durch Injektionen von Sodiumlaktat. Aber das gelingt nur bei Personen, die zu dem Panikkreis gehören. Das PET-Bild offenbarte einen asymmetrischen Bereich von Blutzufuhr.[27] »Das limbische System, das an Emotionen maßgeblich beteiligt ist, war außerhalb jeglicher Balance«, sagte Raichle. In ihrer rechten Gehirnhälfte war der Durchblutungsstrom intensiver als in der linken, und zwar auch dann, wenn keine Panikanfälle da waren. Nur bei denen, die durch Sodiumlaktat zu Panikanfällen kamen, bestand diese Schieflage der Blutversorgung des Gehirns. Als das Team von Raichle andere Personen untersuchte, fanden sie darunter eine Frau, bei der das typische Asymmetriemuster der Panikpatienten vorhanden war. Es stellte sich heraus, daß sie früher schon oft an Panikanfällen gelitten hatte. Sie erklärte sich bereit, sich einem Test zu unterziehen. Ihr wurde Sodiumlaktat injiziert. Sofort wurde der Anfall ausgelöst. Solche Anfälle können gelegentlich durch Antidepressiva verhindert werden. Diese Pharmaka haben sich auch in geringen Dosen bewährt, wenn es darum geht, zum Beispiel autistischen Menschen die latente Angst zu nehmen, die sie so unsicher macht.[28]

Es gibt zahlreiche Fälle, die ähnlich verlaufen und deshalb nicht aufgefangen werden können mit dem Erkennen von Gefühlen. Intensive Gefühle lassen es gewöhnlich nicht zu, über sich selbst zu reflektieren. Ein Fußballprofi, der soeben das entscheidende Tor geschossen hat, kann in seiner Ekstase nicht erkennen, daß es Ekstase ist. Auch hier liegt ein ähnlicher Prozeß vor wie bei der Angst, die durch Kurzschluß im Gehirn zustande kommt.

Doch sind das eher seltene Fälle. Panische Angst gibt es auch sonst noch. Jedesmal, wenn ein Ereignis eintrat, das sein Selbstwertgefühl traf, und er keinerlei Hilfe sah, bekam Wilhelm C. Nierenstiche, als habe er eine Kolik. Er geriet innerhalb von Sekunden in panische Angst, wieder eine Kolik zu bekommen wie vor vielen Jahren, als er glaubte, daran zu sterben. Noch Wochen danach denkt er nur daran und fürchtet sich, aus dem Haus zu gehen. Eine organische Ursache konnte ausgeschlossen werden. Aber die panische Angst stellte sich immer wieder ein.

Aus scheinbar heiterem Himmel bekommen Menschen solche Angst. Es sind typische Angstanfälle, die sich zu einem Paniksyndrom entwickeln können. Wenn es dazu führt, daß Kaufhäuser, Fahrstühle oder Schlangestehen vermieden werden, spricht man von einer Agoraphobie. Es ist die Angst vor öffentlichen Plätzen. Goethe, Darwin und selbst Freud hatten solche Panikanfälle. Bei Freud spielte allerdings noch eine Angstneurose mit hinein. Am Abend vor seiner Abfahrt zu einer Vortragsreise nach Amerika wurde Freud sogar ohnmächtig. Das geschah im Bremer Essighaus, einem bekannten Stadtrestaurant, und im Beisein seines Schülers und Kollegen Carl Gustav Jung. Die plötzlich auftretende Angst hatte die Ohnmacht zur Folge. Sonst wäre sie wohl unerträglich geworden. Ein Schutzmechanismus ließ Freud umfallen. Die Verbreitung solcher Anfälle liegt etwa bei zehn Prozent der Bevölkerung. Doch treten sie bei diesen recht selten auf, manchmal sogar nur einmal im Leben. Deshalb müssen auch nicht alle behandelt werden. Da die Betreffenden oft gar nicht wissen, wie sie sich diese Anfälle erklären sollen, tappt auch meistens der Arzt im dunkeln. Er findet nichts und weiß doch, daß die Patienten etwas haben. Vielleicht schreibt er ins Krankenblatt: Angstneurose, vegetative Dystonie oder psychovegetative Labilität. Es sind häufig sogenannte vagovasale Synkopen, die auch der Mediziner nicht genau erklären kann. Der Blutdruck fällt plötzlich ab, für wenige Sekunden verliert der Patient dabei das Bewußtsein. Organisch findet man meistens bei der anschließenden Untersuchung nichts. Es gibt auch Herzphobien. Und manchmal ist die Ursache einfach falsche Atmung. Das sogenannte Hyperventilationssyndrom, bei dem der Patient in eine Hechelatmung gerät, versetzt ihn in Panik. Die körperlichen Symptome werden als schwere körperliche Beeinträchtigung oder als Krankheit gewertet, so daß manchmal das dahinterstehende Angstsyndrom nicht einmal erkannt wird. Körperwahrnehmungen, die ganz normal sind, können von den Betroffenen falsch gedeutet werden.

Ein schon älterer Mensch spürte plötzlich seine Halsschlagader klopfen, ohne daß er sich angestrengt hätte oder in eine aufregende Situation geraten wäre. Der Neurologe veranlaßte eine Angiographie der Karotis. Das Ergebnis war gleich Null. Weder eine Verengung noch sonst ein Befund ließen sich feststellen. In der psychischen Vorgeschichte jedoch war etwas passiert. Der Patient hatte einen Freund an einer Karotis-Stenose verloren. Und als er ein Klopfen bei sich verspürte, kam ihm der Gedanke, das könne auch so etwas sein. Die Angst griff um sich und bestätigte eigentlich nur, was er befürchtete. Das Klopfen wurde immer schlimmer. So kann aus einer Körperbeobachtung eine Phobie werden. Der heutige Mensch neigt eher dazu als in früheren Zeiten, seine Angst zu somatisieren. Organkrankheiten besitzen einen höheren Stellenwert als seelische Störungen.

Entscheidend in unserem Zusammenhang ist jedoch erneut, daß alle Ereignisse, die uns psychisch und physisch auffallen, nicht immer richtig gedeutet werden. Die Achtsamkeit vermag das auch nicht immer. Gerade bei der Angst gibt es typische Abwehrformen wie Verdrängung, Verleugnung, Regression, Identifikation, Rationalisierung, Bagatellisierung und Projektion. Dabei handelt es sich nicht um neurotische Personen, sondern um ganz normale Menschen, die mit ihrer Angst bewußt und unbewußt fertig werden wollen.

In Deutschland werden pro Tag etwa zwanzigtausend größere Operationen durchgeführt. Diese Tatsache ist schon bei vielen Patienten mit großer Angst verbunden. In der Apparatemedizin von heute wird der Patient zwar vollständig versorgt, er wird aber nicht umsorgt. Hierbei käme es darauf an, Geborgenheit, Sicherheit, Hoffnung, Vertrauen zu vermitteln. Angst ist ein Signal, eine Warnung, die vom limbischen System aufsteigt und dann in die Schläfenlappen des Gehirns geleitet wird. Bei Hirnoperationen kann man diese Partien experimentell elektrisch reizen. Sofort treten Angstreaktionen auf. Panikattacken werden außerdem noch durch biochemische Prozesse ausgelöst. Injektionen von bestimmten Substanzen können Angstzustände hervorrufen. Es können durch chemische Veränderungen auch eine besondere Aufmerksamkeit, Achtsamkeit sowie freudige Erwartung erzeugt werden. Umgekehrt können aber auch chemische Veränderungen durch ständig aufrechterhaltene Achtsamkeit eintreten. Aus diesem Grunde ist eine solche Achtsamkeitshaltung nicht unbedingt zu begrüßen. Die Ausschüttung von Katecholaminen kann die Folge sein, denn das dafür zuständige Nebennierenmarksystem ist über eine Rückkoppelungsschleife funktionell mit dem zentralen Nervensystem verbunden.

Neueste Untersuchungen beweisen, daß zum Beispiel die

Angst abgebaut oder verringert werden kann, wenn entsprechende psychotherapeutische Vorbereitungen getroffen werden. Selbst während der Narkose können vom Patienten auditive Informationen unbewußt aufgenommen werden, ohne daß sie später wissen, warum sie sich zum Beispiel an das Märchen *Frau Holle* erinnern. Es wurde ihnen während der Vollnarkose über einen Tonknopf im Ohr auf Tonband vorgespielt und zeigte eine wohltuende Wirkung nach der Operation. Auditive, sinnvolle und beruhigende Informationen werden während der Narkose unbewußt gespeichert. Sie können aber später bewußt erinnert werden. Es gibt also auch hier wieder ein Beispiel für eine psychologische Tatsache und eine psychologische Tatsache funktioneller Abhängigkeit. Das ist auch deshalb von besonderem Interesse, weil eine Narkose unter anderem das Bewußtsein ausschaltet.[29]

In vielen Fällen hilft tatsächlich nur der Arzt, der dem Betreffenden die Angst nehmen kann. Wenn körperlichen Symptomen falsche Beachtung geschenkt wird, hat das oft fatale Folgen. Durch die Angst entstehen physiologische Veränderungen, zum Beispiel eine Adrenalinausschüttung, die die körperlichen Folgen verstärkt. Diese intensivieren wiederum die Angst. So entsteht ein Teufelskreis, der unterbrochen werden muß. Es ist eine bekannte Tatsache, daß körperliche Symptome stärker werden, wenn man ihnen zuviel Aufmerksamkeit schenkt.

Bei einem Versuch im Laboratorium hatte man 25 Personen, die an Angstattacken gelitten hatten, suggeriert, ihre Herzfrequenz steige erheblich an. Die Folge war, daß sie tatsächlich anstieg. Bei 25 anderen Personen, die nie eine Attacke erlebt hatten, blieb die Suggestion ohne Wirkung. Auch eine willentliche Beeinflussung der Atmung kann Angstsymptome auslösen, wenn es sich um Angstpatienten handelt. Die psychologischen Mechanismen wie die Wahrnehmung der Gefahren und die darauffolgende Alarmreaktion spielen sich wahrscheinlich im Locus coeruleus ab. In diesem Hirnkern sitzen die meisten Nervenzellen, die Noradrenalin produzieren. Noradrenalin ist ein Neurotransmitter, ein Stoff, der die Erregungsleitung im Gehirn verstärkt. Menschen mit solchen Überfällen von Angst haben ein empfindliches Warnsystem, das den Alarm zu oft bei unbedeutenden Anlässen auslöst. Die Nervenzellen im Locus coeruleus sind übersensibel.

Das Psychologische Institut der Universität Marburg hat ein Therapieprogramm dafür entwickelt. Allerdings setzt das Trainingsprogramm voraus, daß es von Psychologen überwacht wird.[30]

Flughafen Düsseldorf! Großfeuer! Alarm! Menschen ersticken. Der Flugverkehr muß eingestellt werden. Feuerlöschzüge rücken an. Eine große Katastrophe bahnt sich an. Verwüstungen unvorstellbaren Ausmaßes. Sechzehn Menschen sterben. Fast alle, die in der Hauptabfertigungshalle den Brand erleben, geraten in Panik. Jack Gorman, um einen Kommentar zu diesem Unglück gebeten, stellte fest:

»In Paniksituationen werden unsere primitiven Systeme angesprochen und aktiviert. Der Pulsschlag schnellt nach oben. Die Blutzufuhr ins Gehirn steigt blitzartig an. Außerdem verändert sich der Hirnmetabolismus schlagartig. Die Gehirntätigkeit steigt zunächst sprunghaft an, besonders das limbische System, das als Teil des Großhirns für gefühlsmäßige Reaktionen zuständig ist und auf Umweltsituationen reagiert.«

Dieser Paniksituation kann man begegnen, indem man sich zwingt, das Bewußtsein unbedingt zu aktivieren, ruhig durch den Bauch zu atmen. Das sollte man sich jedoch für alle Fälle schon angewöhnt haben. Ein Antipanik-Training ist durchaus empfehlenswert.

Angst hat ursprünglich eine positive Funktion, solange sie nicht außer Kontrolle gerät. Sie warnt vor Gefahr. Sie läßt keine anderen Gedanken mehr zu außer denen, die sich auf die Beseitigung der Gefahr konzentrieren. Aber ihnen muß eine Handlung folgen. Ein Verkäufer, der sich von seiner Angst übermannen läßt, heute wiederum nicht viel zu verkaufen, wird noch weniger verkaufen, weil er aus der Angstsituation keinen Ausweg findet. Bei geringer Belastbarkeit kann man nicht Verkäufer sein. Es konzentriert sich alles auf die Frage, wie man aus dem Zustand wieder herauskommt.

Das Golemansche Konzept hat nur Gültigkeit für Emotionen, die nicht die höchsten Intensitätsgrade erreichen. Das uns bisher vermittelte Modell vom Gehirn sah vor, daß Sinnesreize vom Auge durch eine Relaisstation im Zwischenhirn, den Thalamus, geleitet werden. Die Rohsignale werden von hier weitergeleitet an den Denkprozessor Hirnrinde. Dort werden sie zu Objekten geformt und nach Bedeutung gewichtet. Sie gelangen dann zu dem Mandelkern, der im limbischen System dieses Material mit Gefühlsqualitäten versieht. Demnach werden Gefühle von bewußten Wahrnehmungen begleitet. Das nimmt auch Goleman noch an. Denn Emotionen sollen ja der Achtsamkeit unterstellt werden. Die bedeutende Entdeckung des New Yorker Neurologen LeDoux besteht nun darin, daß er die Nervenleitungen entdeckte, die von der Sinneswahrnehmung gleich zum Mandelkern laufen. Die Informationsverarbeitung im Gehirn ist also nicht immer dieselbe. Sie richtet sich nach der Vehemenz der Eindrücke, um den Organismus in seiner Existenz zu schützen. Das Gehirn ist also nicht nur Organ im Dienste der objektiven Beurteilung und des Denkens. Man kann vieles praktisch an Emotionen erlernen, ohne die Gehirnrinde zu benötigen.

LeDoux verdankt die Entdeckung der Funktion des Mandelkerns im limbischen System selbst außer seinem wissenschaftlichen Spürsinn möglicherweise einem primären Kindheitserlebnis. Als Sohn eines Schlachters hatte er oft beim Schlachten zusehen dürfen. Besonders interessant fand er das Gehirn mit seinen vielen Windungen. Später in Louisiana sezierte er selbst solche Gehirne. Seine Neugier und sein Erstaunen waren die Grundlage dafür, daß er auch später von den Erlebnissen nicht wieder loskam. Er wurde der Entdecker der emotionalen Reflexe.

Ratten konnten bei Experimenten emotionale Reaktionen wie Furcht erlernen, obwohl der Ton, der bei ihnen die Furcht auslöste, von ihnen gar nicht zu hören war. Denn man hatte ihnen den Neokortex chirurgisch entfernt. Also mußte auch der Mandelkern im limbischen System wahrnehmen, erinnern und Reaktionen veranlassen. Der Mandelkern kann Erinnerungen speichern und Reaktionsmuster aufbauen, ohne daß wir uns jemals daran erinnern können, denn unser Erinnerungsvermögen liegt im Kortex. Und der wurde für manche emotionalen Lehrgänge gar nicht gebraucht. Es ist deshalb ohne weiteres denkbar, daß wir auf Reize reagieren, die wir noch nie bewußt wahrgenommen haben, weil sie gleich in den Mandelkern gingen, von dem aus sie ihre zukünftige Wirkung entfalten. Reklamebilder, die so kurz gezeigt werden, daß sie nicht wahrgenommen werden, gehen, wie Freud sagen würde, ins Unbewußte. Wenn Kinobesucher in der Pause Durst verspüren und während des Films in einer Tausendstelsekunde über Coca Cola als Durstlöscher informiert worden sind, werden sie in der Pause nach Coca Cola fragen, obwohl keiner weiß, warum. Sie haben die Botschaft unterschwellig wahrgenommen. Ursachen erkennen kann man nur, wenn der Kortex funktioniert. Doch es gibt auch geheime Botschaften, auf die er nicht reagiert, weil er sie nicht wahrnimmt. Dafür reagiert aber der Mandelkern.

Man stelle sich vor, dieses Verfahren würde auch von politischen Parteien benutzt, um Wahlen zu gewinnen.

Auch die Kindheit spielt eine Rolle. Kleine Kinder, die von zu Hause weggelaufen sind und sich nach einer Stunde in ihrer neuen Umgebung nicht auskennen, weil sie noch nie dort gewesen sind, fangen an zu weinen. Andere werden darauf aufmerksam und bringen sie wieder nach Hause. »Du brauchst doch nicht zu weinen!« Aber für das Kind ist dies eine existentielle, ja metaphysische Situation, wie sie der Erwachsene gar nicht mehr erlebt. Es fehlen dem Kind die Worte, weil es noch nicht sprechen gelernt hat. Und wenn es später selbst davon erzählt und lacht, weil es in seiner Kindheit darüber geweint hat, zwei Straßenblöcke vom eigenen Haus entfernt zu sein, redet es mit Begriffen, die es damals noch gar nicht haben konnte. Wir erinnern uns also nicht an die Situation, sondern rekonstruieren sie für das Kind, das wir einmal waren. Dieses ist aber möglicherweise emotional so geprägt worden, daß es später das Haus ungern verläßt, weil es jedesmal ein Unbehagen verspürt.[31]

Es ist der beste Beweis dafür, daß das Unbehagen später nicht in Worte gefaßt werden kann. Es ist die Achtsamkeit, die es registriert. Aber es fehlt der Zusammenhang, aus dem man es sich erklären könnte. An die Gefühle erinnern wir uns, nicht aber an Worte, die die Gefühle beschreiben könnten.

Es kann zu Wutanfällen und Angstattacken kommen, bevor der Kortex davon erfährt. In solchen Fällen ist der Verstand buchstäblich ausgeschaltet. Die Schaltung verläuft direkt zum limbischen System unter Umgehung des Neokortex, der hätte bremsen können. Daher ist die betroffene Person für ihr Verhalten nicht verantwortlich.

Unser emotionales System vergißt nicht, was es einmal erfahren hat. Und da es in früher Kindheit nicht sprachlich reguliert werden konnte, hatte Freud wohl recht, die ersten Jahre als die entscheidenden anzusehen. Die Handlungstendenz kann später unterdrückt werden. Aber aufzuheben ist sie nicht, weil die ihr zugrundeliegende Emotion erhalten bleibt, wenn auch etwas dumpf. Sie kann deshalb immer wieder Reaktionen auslösen, zumindest ihren Einfluß fortbestehen lassen.

Kurzschluß im Gehirn

Im Gehirn kann es zu Turbulenzen kommen, die Hormonausschüttungen auslösen und dadurch das gesamte Verhalten des Menschen durcheinanderbringen. Dabei können, wie bereits oben dargelegt wurde, Überlegungen und Bewertungen durch den Neokortex schlichtweg umgangen werden: Eine gleichsam kurzgeschlossene Reizleitung verläuft direkt zum Mandelkern im limbischen System, wie LeDoux entdeckt hat. Angst kann einen Alarm auslösen. Es gibt aber auch den umgekehrten Fall, daß Alarmzustände Angst nach sich ziehen. Bevor die Hirnrinde etwas davon erfährt, wird die Leitung kurzgeschlossen, so daß Denkprozesse an der Angst nicht beteiligt sind.

Jeder weiß, wie schwer es ist, Gefühle rational zu erfassen und zu verstehen. Ungefiltert vom Bewußtsein, bestimmen Gefühle manchmal das Verhalten. Wenn wir zufällig auf einer Gratwanderung den Blick auf den Boden richten, um nicht den Fußpfad zu verfehlen, kann folgendes passieren: Wir hören ein Rascheln in den vor uns liegenden Blättern und kleinen Wegespflanzen. Es bewegt sich etwas. Wir zucken zusammen. Mit einem Sprung weichen wir zurück. Doch kurz darauf erkennen wir, daß der Schreck »unbegründet« war. Ein Rascheln war es nicht. Es war unser eigener Bergstock, der an dem höckrigen Abhang etwas ins Rutschen gekommen war. Für einen solchen Extremfall schaltet unser Gehirn nicht nur zu langsam. Die Natur hat vorsichtshalber dafür gesorgt, daß unser Großhirn gar nicht erst gefragt wird, ob es glaubt, eine gefährliche Situation vor sich zu haben oder nicht. Gefühle werden von direkten Wahrnehmungen abgeleitet und nicht von Überlegungen. Das Großhirn wird entlastet von der Klärung der Frage, wie es auf einen Reiz reagieren soll. Nicht alles läuft eben über die Hirnrinde. Wir können uns nicht immer rational verhalten. Wir tun etwas mit Gefühl. Das Großhirn ist nicht beteiligt. Wir können mit ihm auch nicht herausfinden, was in einem solchen Augenblick geschieht. Es ist nur möglich, sich die Situation klarzumachen, wenn der Einschlag schon erfolgt ist.

Dieses erklärt auch, weshalb Phobien und Angstneurosen selbst dann noch stärker sind als der Wille und die Einsicht, wenn das bewußte Denken sie als unbegründet erkannt hat.

»Nichts, was unser Emotionsprozessor jemals erlernt hat, kann wieder gelöscht werden, es sei denn, man entfernt ihn«, sagt LeDoux. Ist aber dann Psychotherapie überhaupt noch möglich, oder müssen wir auch sie einstweilen zu den Akten legen? Psychotherapie besteht darin, das emotionale System zu beeinflussen, indem sie unserem Neokortex beibringt, wie er den Mandelkern hemmen kann.

Selbst wenn Handlungstendenzen unterdrückt werden, bleiben die ihnen zugrundeliegenden Emotionen doch in gedämpfter Form erhalten. Die Therapie kann nur die Reaktionen beeinflussen, nicht die eigentliche Ursache. Die Tendenz zum Auslösen der Reaktion bleibt weitgehend erhalten. Oft entstehen Beziehungskonflikte für Menschen, die sich nach Lob und Anerkennung sehnen oder meinen, sie seien zu abhängig, um sie selbst zu werden. Da sich Gefühle in einem sozialen Zusammenhang ergeben, sind es oft nach Meinung der Patienten die anderen, die sie daran hindern, ihre Bedürfnisse zu befriedigen. Sie ziehen sich schon zurück, wenn nur der Anschein einer Kränkung möglich ist. Dieser Rückzug wird dann von den anderen als Beleidigung oder zumindest als Abwehr gedeutet. Da das mitmenschliche Leben fast nur aus Beziehungen besteht, sind diese Menschen schlecht dran. Sie werden Opfer ihrer eigenen Emotionen, die von Hoffnungslosigkeit über Traurigkeit, Zorn und Feindseligkeit bis zu Gewaltausbrüchen reichen.

Das emotionale Gehirn arbeitet nicht wie ein Rechenprozessor, der genau auf diese und keine andere Schalttaste antwortet. Das emotionale Gehirn arbeitet eher diffus. Damit reagiert es auf ein ganzes Spektrum von Reizen, von denen viele eine Alarmsituation auslösen, die gar nicht zu sein brauchte. Aber das emotionale limbische System reagiert nach dem Motto: Lieber einmal zuviel als einmal zuwenig die Sirene betätigt.

Wir müssen also damit rechnen, daß in unserem Gefühlsleben veraltete neurale Schaltungen reaktiviert werden, die vielleicht etwas brüchig geworden sind und zu Kurzschlüssen führen.

Viele kindliche Erinnerungen spielen dabei eine dominante Rolle. Wer sich einmal die Mühe macht, in einer ruhigen ungestörten Stunde sich intensiv daran zu erinnern, wie weit seine Erinnerungsfähigkeit zurückreicht, macht eine Entdeckung. Fast alle Menschen verlegen ihre ersten Erinnerungen in die dritten und fünften Lebensjahre mit einem Maximum bei vier. Achtzig Prozent der Inhalte dieser Erinnerungen befassen sich mit negativen Erlebnissen. Der eine erinnert sich daran, daß ein Haus abbrannte. Der andere, daß die Großmutter gestorben ist. Ein dritter, daß er auf die Nase gefallen ist und schrecklich blutete. Von diesen achtzig Prozent negativen Erinnerungen sind wiederum fast siebzig Prozent an verwundbare, emotionale Beziehungen gebunden, die vor allem die Eltern betreffen. Es sind die traumatischen Erlebnisse, die das kindliche Erinnerungsvermögen prägen. Und es kann kein Erwachsener wissen, welches Ereignis zum Trauma wird. Gehirnpartien, die hier schützend eingreifen könnten, sind noch nicht genügend ausgebildet. Der Neokortex als Sitz der rationalen Intelligenz hat noch keine große Macht.

So ist von LeDoux, einem Neurologen des 20. Jahrhunderts, in eindrucksvoller wissenschaftlicher Beweisführung eben das dynamische Geschehen dokumentiert worden, das Sigmund Freud hundert Jahre früher auf ganz anderen Wegen entdeckt hatte. Freud hatte postuliert, daß die ersten Lebensjahre von den später verdrängten und damit unbewußt gewordenen Erlebnissen geprägt würden, die sich auf die Mutter und den Vater bezögen. Diese erteilten dem Kind emotionale Lektionen, die es nie vergäße, die ihm in Fleisch und Blut übergingen. Da dem Kind zur Zeit der Gefühlserlebnisse noch keine differenzierte Gefühlssprache zur Verfügung stehe und es die Wörter nicht kenne, um Gefühle zu identifizieren, befinde es sich auch später hinsichtlich der frühen Erlebnisse in einem sprachlosen Zustand.

Der Erwachsene hilft sich damit, daß er sich selbst als dem Kinde von damals Erlebnisse konstruiert, die das Kind so gar nicht gehabt haben kann. So treffen wir auch auf die Tatsache, daß wir uns dunkel an etwas erinnern, für das wir keine Begriffe haben. Die emotionale Entwicklung des einzelnen hat begonnen, bevor die sprachliche Fixierung möglich war. Es ist, als hätte die Evolution dieses Terrain absichtlich der Ratio des Menschen verschlossen. Die Frage, die sich daraus ergibt, ist für ein Management der Emotionen, für die emotionale Intelligenz vernichtend. Sie griffe in etwas nachträglich ein, das von der Entwicklung her unter Naturschutz gestellt worden ist und zu dem kein Weg zurückführt. Sich solcher Zusammenhänge bewußt zu werden, kann den Erwachsenen nur dazu verleiten, daß er sich etwas ausdenkt. Und das tut er in reichem Maße. Er lernt dabei, sich psychologisch zu rechtfertigen. Er lernt dabei aber nicht, sich der wahren Motive seiner Emotionen bewußt zu werden.

Der »Zukunftsschock«

Als 1970 Alvin Toffler seinen Bestseller *Der Zukunftsschock* veröffentlichte, hatte er Trends beschrieben, die inzwischen entweder eingetroffen sind oder in Ansätzen erkennbar werden. Wir reagieren bereits mit Erlebnissen, Emotionen, Ängsten und Verhaltensweisen auf das, was noch gar nicht ist und vielleicht auch gar nicht eintreten wird. Aber wir stellen uns etwas vor, das eintreten könnte. Die Reaktionen darauf sind genauso real wie die Reaktionen auf das, was schon da ist.[32]

Wer über die emotionale Intelligenz sagt, sie bestünde darin, mit sich und den anderen gut umgehen zu können, übersieht dabei den Umgang mit der Zukunft. Da Ängste und Enttäuschungen, Furcht und Begeisterung, Hoffen und Bangen heute mit der Zukunft verknüpft sind, leben wir bereits in einer Gesellschaft, die hohen Wert auf psychische Erfüllung legt. Mit einem System, das materielle Befriedigung gewährt, haben wir eine Wirtschaftsform geschaffen, die auch psychische Befriedigung anstrebt. Die Psychologisierung ist von der Volkswirtschaft lange Zeit übersehen worden.

Die Erlebnisindustrie hat mit der Werbung begonnen. Die Produkte wurden psychologisiert. Güter, aber auch alles andere, werden so gestaltet, daß sie einen psychologischen Gewinn enthalten, wenn man sie erwirbt. Es gibt beim Kauf eines Autos einen seelischen Zusatz, beim Kauf eines Markenartikels einen immateriellen Vorteil. Es sind emotionale Beigaben, die den Kauf entscheiden. Das geht aber nur, wenn die psychologisch-emotionale Befriedigung in das Produkt bereits hineinkonstruiert wird. Toffler bringt das wunderschöne Beispiel, daß eine einfach zu handhabende Kuchenbackmischung keine emotionale Befriedigung vermittelt: »Das Unternehmen [eine amerikanische Nahrungsmittelfirma] war erstaunt, als Hausfrauen dieses Erzeugnis zugunsten von Mischungen ablehnten, die zusätzliche Arbeit erfordern – durch die Hinzufügung von Trockenei ... hat die Firma die Aufgabe der Hausfrau zu sehr vereinfacht und ihr so das Gefühl genommen, am Vorgang des Kuchenbackens schöpferisch beteiligt zu sein. Das Trockenei wurde eiligst ausgeschieden, und die Hausfrauen kehrten befriedigt zum Aufschlagen von Eiern zurück. Wieder einmal wurde ein Produkt geändert, um einen psychologischen Vorteil zu gewähren.«

Die Erlebnisindustrie bietet keine Produkte mehr an, sondern Erlebnisse, die vorprogrammiert sind, aber Spielraum zum Erleben lassen.

Die Entwicklung zu dieser Erlebnis-Dienstleistungsgesellschaft wirft ein großes emotionales Problem auf. Inwieweit können wir noch unterscheiden zwischen eigenen Emotionen und solchen, die auch real sind, aber uns vermittelt werden, ohne daß wir das erkennen? Die Aufforderung Golemans, sich seine Erlebnisse einzugestehen, wird von einer Gesellschaft unterlaufen, die Erlebnisse anbietet, die man sich nicht eingestehen kann und darf.

Es gilt, zwei weitere Emotionskategorien zu beachten. Zum einen ist es die Massenfurcht vor der Zukunft, vielleicht auch die Hoffnung auf eine bessere Zukunft. Zum anderen ist es der Umgang und sogar die Suche nach einer emotionalen Befriedigung, die uns eben diese Gesellschaft bietet, die mit der Achtsamkeit auf Emotionen nach Goleman verbessert werden soll. Den früheren sicheren Systemen der Versorgung, des zeitlebens ausgefüllten Arbeitsplatzes oder auch der Ehe erwachsen jetzt schon instabile Faktoren innerhalb der einst sicheren Systeme selbst. Das führt zu maßlosen Enttäuschungen, wenn die Erwartungen sich nicht schon kurzfristig erfüllen. Und es führt auch zu Fehleinschätzungen, wenn man glaubt, daß sich alles zu schnell überlebt.

Man kann also die emotionale Intelligenz nicht beschreiben, ohne sich die soziologischen Entwicklungen und radikalen Veränderungen der Gesellschaft ebenso einzugestehen wie die Erlebnisse, Affekte und Emotionen, die wir individuell erleben. Einer Psychologie von innen muß sich eine Psychologie von außen hinzugesellen, wie schon Arnold Gehlen vor Jahrzehnten gefordert hat.[33] Keiner, der heute in Amt und Würden ist, arbeitet in einer Welt, die vor seiner Karriere schon da war. Dieser Verwandlungsprozeß ist von ungeheurer Wirkung auf die emotionalen Reaktionen des Menschen. Die Erkenntnis oder gar Analyse dieser Emotionen ist mit der emotionalen Intelligenz allein nicht zu bewältigen. Spätestens an dieser Stelle bedarf sie der rationalen Intelligenz, mit der sie sich aussöhnen muß.

Prinzip Hoffnung

Der Streßmechanismus reicht heute nicht aus, um uns vor Gefahren zu schützen. Die Ereignisse, die unser Leben verändern, sind schwer kalkulierbar geworden, obwohl wir zu deren Bewältigung zunächst nur die alten Mechanismen zur Verfügung haben.

Wochenlang wurden die Arbeitnehmer des Bremer Vulkan-Verbundes 1996 hingehalten. Die Ungewißheit über die Zukunft ihrer Arbeitsplätze wurde zu einem emotionsabhängigen Zustand von ihnen selbst. Es war nur eine Frage der Zeit, wann die Demonstrationen und die Kampfbereitschaft in ihr Gegenteil umschlagen würden. Hoffnungslosigkeit breitete sich aus, bevor der Verbund sich wieder fing. Das war genau zwölf Tage nach der Vergleichsanmeldung beim Amtsgericht Bremen. Doch inzwischen herrscht infolge des Anschlußkonkurses eine depressive Stimmung. Die neue Krankheit heißt »Give-up-itis« (Aufgebenskrankheit).

Auch die Zukunftsforscher können ein Lied davon singen. Sie sagen, daß vom heutigen Menschen Anpassungsleistungen verlangt werden, die es bisher nicht gab. Wir sind nicht mehr in eine Kultur integriert. Wir werden vielleicht noch durch ein soziales Netz aufgefangen. Aber die ständige Auseinandersetzung mit neuen Umweltkonstellationen quält uns. Entfremdung ist ein Faktor der Lebensveränderung geworden. Und den kann der Staat nicht beseitigen. Er muß die Veränderung sogar noch vorantreiben, um zu bestehen. Aber die evolutionären Bedingungen bleiben die alten. So kommt es zu emotionalen Belastungen. Sie der Selbsterkenntnis anzuvertrauen, ist problematisch. Denn diese Zusammenhänge können nicht erkannt werden, wenn zuerst Unzufriedenheit und danach Enttäuschung sowie Hoffnungslosigkeit in das Bewußtsein treten.

Vor einigen Jahren erregte eine mittelgroße amerikanische

Stadt mit Namen Loreto Aufsehen. In ihr nahm die Zahl der Infarkttoten in dem Maß zu, wie das Netzwerk sozialer Beziehungen zerbrach. Die vorwiegend italienischen Einwanderer konnten die Auflösung der sie früher tragenden und beschützenden Großfamilie nicht verkraften.

James Lynch von der Universität von Maryland bestätigt das durch Ermittlungen in einem anderen Bereich. Unter der schwarzen männlichen Bevölkerung wächst die Zahl der Erkrankungen an Bluthochdruck mit der sozialen Entfremdung. Das gleiche gilt schon für jugendliche Asylanten in Deutschland, wenn sie aus zentralafrikanischen Regionen kommen. Über die krankmachenden Veränderungen durch eine Art Kulturwechsel sind auch die Aussiedler bei uns eine Risikogruppe geworden. Doch liegen noch keine genauen epidemiologischen und statistischen Daten über den Krankheitsstand vor.

Inzwischen gibt es aber zahlreiche Untersuchungen, die beweisen, daß Hoffnungslosigkeit dafür verantwortlich sein kann, wenn Menschen oder Tiere aufgeben – und sterben. Wenn lebenskräftige Tiere in eine Situation gebracht werden, der sie nicht mehr entkommen können, sterben sie schnell. Ratten in einem Wasserbottich, dessen Wände zu glatt sind, um daran hochzukrabbeln, geben nach einigen Minuten auf. Dieselben Tiere konnten aber stundenlang schwimmen, wenn sie Hoffnung auf Rettung hatten, das heißt, wenn sie ein rettendes Ufer erblickten.

Amerikanische Kriegsgefangene in Asien starben nach ihrer Befreiung häufiger an Krebs, Autounfällen und Krankheiten, die in keiner ursächlichen Beziehung zur Gefangenschaft oder zum Hunger standen, als Soldaten, die nicht in Gefangenschaft geraten waren. Ihre Krankheiten und Todesursachen standen aber in einer Beziehung zu Zuversicht, Frieden, Glauben an die Menschen und Hoffnung auf die Zukunft. Es waren bei ihnen emotionale Traumata eingetreten. Ihnen war das Vertrauen genommen worden, sich auch unter erneut veränderten Lebensumständen zurechtzufinden, obwohl diese ihnen ursprünglich ganz vertraut waren.[34]

Andererseits haben Untersuchungen an Überlebenden aus den Konzentrationslagern der Nazis ergeben, daß sie keine oder nur unbedeutende seelische Wunden davon getragen haben, wenn sie zu einem Typus gehörten, der den sogenannten Gesundheitsfaktor extrem ausgebildet hatte.[35] Der Begriff »Gesundheitsfaktor« wurde von dem amerikanisch-israelischen Streßforscher Aaron Antonovsky geprägt. Er bezieht sich auf eine natürliche Fähigkeit einzelner Menschen, gegenüber Streß und anderen Belastungen immun zu sein. Interviews mit Überlebenden der Konzentrationslager und medizinische Berichte über sie haben ergeben, daß ein bestimmter Faktor sie davor bewahrt hatte, zu verzweifeln oder chronisch krank zu werden. Viktor Frankl in Wien ist einer dieser Überlebenden, der als erster den Gesundheitsfaktor erkannte und ihn noch weiter zu verstärken suchte. Er entwickelte im KZ die sogenannte Logotherapie und Existenzanalyse.

Der Psychologe Abraham Maslow hat eine Theorie der menschlichen Persönlichkeit entwickelt, derzufolge der Mensch durch Sicherheitsbedürfnisse, Bedürfnisse nach Zugehörigkeit und Liebe, nach Achtung, Anerkennung und Selbstverwirklichung bestimmt wird. Der Mensch wäre demnach in erster Linie ein emotionales Wesen, dessen Intelligenz darin besteht, in Übereinstimmung mit den Emotionen zu leben. Maslow schrieb:

»Es entstehen Unzufriedenheit und Unruhe, wenn der einzelne nicht das tut, wofür er als Individuum geeignet ist. Musiker müssen Musik machen, Künstler malen, Dichter schreiben, wenn sie sich letztlich in Frieden mit sich selbst befinden wollen. Was ein Mensch tun kann, muß er sein!«[36]

Ein anderer großer Psychologe, Martin Seligman, hat sogar einen Test entwickelt, mit dem man die Lebenseinstellung bezüglich der Hoffnung messen kann. Hoffnung ist etwas, das die

Zukunft offenhält.[37] Die Griechen sahen darin etwas Negatives, denn sie glaubten an die Vorbestimmung durch das Schicksal und die Götter. Doch die Juden unter Paulus hatten den Mut, dem Menschen die Hoffnung und der Weltgeschichte eine andere Richtung zu geben.

Wenn Hoffnung auch nicht mit Optimismus zu verwechseln ist, so sei dennoch hier auch dem Optimismus ein Wort gegönnt. Martin Seligman konnte zeigen, daß Optimismus im Leben dazu führt, Ereignisse, die andere ärgern, positiv zu übergehen. Optimisten sehen in Widerständen gelegentliche Hindernisse, über die sie sich nicht aufregen. Sie sehen diese nicht als Angriff auf ihre Person. Pessimisten nehmen vieles persönlich, Optimisten als vorübergehende Ereignisse.

Seligmans Fragebogentest spielte sogar schon einmal eine Rolle bei den Olympischen Spielen 1988 in Seoul. Der amerikanische Schwimmer Matt Biondi war zunächst eine Enttäuschung, obwohl man ihm eine Goldmedaille zugetraut hatte. Doch Biondi steckte die Niederlage sehr schnell weg. Seligman wußte warum. Vor den Olympischen Spielen hatte er die Schwimmer getestet. Biondi schnitt darin am besten ab. Er kehrte die Niederlage in einen Vorteil um, indem er sich noch schneller machte. Und er gewann noch einige Goldmedaillen dazu. Ähnlich ist es bei Boris Becker. Er weiß, daß er gefordert werden muß. Wenn er dabei ist zu verlieren, reißt er das Ruder herum – und gewinnt dennoch. Man könnte mit Karl Menninger sagen:

»Wir müssen jedes Individuum ermutigen, sich selbst nicht nur als einen bloßen Beobachter seiner selbst anzusehen, sondern als Verursacher. Er ist eine wichtige Einheit, die die Macht besitzt, große Entscheidungen zu beeinflussen, indem sie kleine trifft.«[38] Dazu aber gehört Optimismus als Lebenseinstellung. Deshalb ist die Psychologie heute angetreten, emotionale Zustände nicht nur zu kontrollieren, sondern sie auch zu verändern.

Golemans Versuche, das Leben erträglicher zu machen, indem er die Menschen lehrt, sich mit ihren Emotionen angemessen auseinanderzusetzen, verdient Lob und Anerkennung. Auch ich bin der Meinung, daß es eine Schule der Emotionen geben müsse. In ihr müßten schon die Kinder lernen, daß es Glück und Freude, Angst und Schrecken, Lust und Liebe, aber auch Ekel und Überraschung, Traurigkeit und Aggressionen gibt. Sie müssen ja nicht gleich eine Klassifikation der Emotionen lernen. Aber sie sollten doch dazu angehalten werden, nicht allen Emotionen in der intensiven Form ihren Lauf zu lassen. Indianer lernen, Schmerzen zu ertragen, Japaner, keine Regung erkennen zu lassen, wenn sie böse sind. Und unser Gewährsmann aus dem Altertum traf schon ziemlich genau die Charakteristika der emotionalen Intelligenz, wenn er sagte:

»Macht dich jemand böse, so reizt dich nur deine eigene Vorstellung. Bemühe dich also vor allem, nie im Augenblicke von ihr hingerissen zu werden; später, wenn du dann Zeit zur Überlegung hast, wirst du dich schon beherrschen können.«[39]

5. TEIL

»Management« der Emotionen

Wenn es um Gefühle geht, sind Kindheit und Erziehung, Gesellschaft und Umwelt von entscheidender Bedeutung. Man kann schon bei kleinen Kindern beobachten, ob sie über emotionale Intelligenz verfügen. Es sind die Kinder, die eine Belohnung zurückstellen können, die etwas sparen und es nicht gleich ausgeben, weil sie sich dafür etwas kaufen wollen, das ihnen eine große Freude bereitet.

Ein Kind lernt laufen

Matthias ist gerade zehn Monate alt und kann schon laufen. Erst konnte er sich nur drei Schritte fortbewegen. Als man das Kind antrieb, allein zu laufen, kam es in Bedrängnis. Es fiel schon nach dem ersten Schritt hin. Aber es hätte sogar schon zehn Schritte laufen können, wenn nur alles zusammengepaßt hätte. Wie kann ein Kind seinen Körper dazu bringen zu laufen? Es ist ganz einfach. Wenn das Kind Selbstvertrauen hat, kann es auch laufen. Es muß dabei die Distanz zwischen dem Erwachsenen und sich selbst überwinden. Stellt sich die Mutter in die Nähe des Kindes und lädt es mit einem Lächeln ein zu kommen, spürt das Kind die Sicherheit, die von dem Lächeln der Mutter ausgeht. Es denkt einen Augenblick nicht an das Laufen. Es läuft einfach los. Die Unsicherheit, ob es laufen kann oder nicht, steht ihm nicht im Wege. Dieses Erlebnis müssen wir alle einmal gehabt haben. Wie kommt es, daß wir so wenig daraus gemacht haben? Konnten wir kein Selbstvertrauen in unsere Fähigkeiten entwickeln?

Wenn die Hirnforschung recht hat, ist der erste freie Schritt eines Menschen nicht nur mit Glück verbunden. Es ist auch ein Anreiz für Millionen von Neuronen im Gehirn, einem Wachstumsschub zu folgen. Neue Querverbindungen zwischen den Nervenzellen bilden sich und prägen für das ganze Leben Gehirn und Psyche.

Verblüffende Erkenntnisse der Hirnforschung bestätigen außerdem, daß schon bei zehn Monate alten Kleinkindern die rechte Gehirnhälfte mehr an Gefühlen wie Ärger und Zorn beteiligt ist, die linke mehr an Glück und Wohlgefühl.

Unser Nervensystem ist plastisch. In den ersten Lebensjahren ist es ein riesiges Feld von Möglichkeiten, von denen nur wenige genutzt werden. Die Mobilisierung der Intelligenz und zugleich von Emotionen, Bewegungen, Fähigkeiten musikalischer und mathematischer Art haben Pädagogik und Management gelegentlich auf ihre Fahnen geschrieben. Doch entmutigte es sie, wenn bei den Programmen nicht allzuviel herauskam. Die Verflechtungen und die funktionalen Zusammenhänge im Gehirn waren unbekannt. Noch heute, da wir über unser Nervensystem schon einiges wissen, zögern Neurowissenschaftler, Programme bei Kindern anzuwenden. Der Entwicklungspsychologe Peter Zimmermann von der Universität Regensburg geht von der Annahme aus, daß jedes Kind ein Individuum eigener Art ist. Um das Kind schon frühzeitig zu fördern, bedarf es vor allem einer emotionalen Intelligenz der Eltern. Sie müssen ihre ganze Empathie einsetzen, um herauszufinden, was dem Kind und seiner Entwicklungsphase gerade angemessen ist.[1] »Tenniseltern« muß man diese emotionale Intelligenz nicht unbedingt zubilligen. Sie haben wie im Fall Steffi Graf zwar von klein auf einen Menschen gedrillt und damit im Tennissport Erfolg gehabt. Aber ob sie zu der menschlich-emotionalen Entwicklung ihres Kindes beigetragen haben, mögen sie später selbst beurteilen.

Es entscheidet in der Frühphase des Kindes die Qualität und die Menge der Inputs, wozu die zahlreichen Neuronenschaltungen zusammengeschlossen werden. Durch Außenreize wird das Netzwerk dichter geknüpft. Für Bewegungen beziehungsweise Aktivitäten, die zu Verhaltensweisen und Äußerungen wie Strampeln, Kreischen, Plappern führen, sind die ganz frühen Erfahrungen oft schon entscheidend, aber auch die Emotionen.

Deshalb tun Eltern gut daran, mit ihren Kindern zu spielen und sie zu herzen. Auch gegen die Praxis einer Kindersprache wäre zunächst nichts einzuwenden. Eltern, die in angemessener Form ihre Kinder beachten und ihnen so helfen, ihre Talente und Fähigkeiten zu entfalten, setzen nicht nur ihre emotionale

Intelligenz ein. Sie bereiten auch die Entwicklung einer emotionalen Intelligenz in ihren Kindern vor. Vertrauen und Glücksgefühle äußern sich bei kleinen Kindern in einem Kreischen und Juchzen. Sie haben Grundemotionen. Sie lernen auch, was menschliche Resonanz ist. Es wird ihnen etwas entgegengebracht, das mit Anerkennung und Achtung zu tun hat.

Ein Problem besteht darin, daß Phasen, die für das Üben und Erlernen von Fähigkeiten vorgesehen sind, vorübergehen, ohne daß sie genutzt werden. Damit sind oft Chancen für das ganze Leben vertan. Die Fenster sind dann zugefallen, wie sich Entwicklungsforscher ausdrücken. Mit jeder neuen Kerze, die auf dem Geburtstagskuchen brennt, sind nicht nur neue Chancen, sondern auch verlorengegangene verbunden. Die Verschaltung der Nervenzellen muß zu einem bestimmten Zeitpunkt erfolgen, sonst ist es zu spät. Diese Erkenntnis der Neurowissenschaftler setzt nun ein Fragezeichen hinter alle Bemühungen, Erwachsenen eine emotionale Intelligenz anzutrainieren. Auch Golemans Versuch muß scheitern, wenn er nur die Erwachsenen im Auge hat. Es kommt auf die Kommunikation an, die Eltern mit ihren Kindern pflegen. Sie gelingt über die natürliche Freude, die Eltern gegenüber ihren Kindern zum Ausdruck bringen. Das Interesse der jetzigen Elterngeneration ist größer als das früherer Generationen. Sie sind auch eher bereit, auf dem Gebiet der Kindererziehung zu lernen und nicht nur alten konventionellen Vorstellungen anzuhängen. Man sollte einem Kind vielfältige spielerische Angebote machen. Kinder blenden schon rechtzeitig ab, wenn sie mit Reizen überflutet werden.

Bei der Geburt ist schon manches entschieden. Die Architektur der Potenzen liegt fest: Herzschlag, Atmung, Körpertemperatur, einfache Bewegungsabläufe; darum braucht man sich weniger zu kümmern. Doch schon im Mutterleib beginnt die Feinschaltung im Gehirn durch Erfahrung, Umweltreize und vorgeburtliches Lernen. Wie die Direktorin des Max-Planck-Instituts für Neuropsychologie in Leipzig, Angelika Friederici, sagt, bringen akustische, visuelle und taktile Reize Ordnung und Struktur in die Neuronenscharen. Je mehr Stimuli dem Kind geboten würden, desto mehr Chancen habe es, sich das Geeignete herauszusuchen.[2] Unter dem Einfluß der Evolutionspsychologie vertritt die neuere Psychologie die Ansicht, daß die genetische Struktur des Menschen noch viele Möglichkeiten bietet, Talente und Fähigkeiten für Umweltsituationen bereitzustellen, die es noch gar nicht gibt oder nur in beschränktem Maße.

Schon in den 20er Jahren prägte die Pädagogin Maria Montessori den Begriff der sensiblen Phasen. Sie hatte intuitiv erkannt, daß Kinder nur zu bestimmten Zeiten optimal lernen. Ein ganzes pädagogisches System hat sie entwickelt: Über Spiele und Arbeitsmittel wird die Selbstbeschäftigung des Kindes angeregt. Die Materialien sind so konstruiert, daß das Kind über verschiedene Sinne lernt, und zwar selbständig. Gegen das System wurden soziale Argumente angeführt: Das Kind lerne zwar, sich geistig zu konzentrieren, aber es lerne nicht, mit anderen Kindern umzugehen. Es bedarf keiner Motivation mehr von innen. Die moderne Gehirnforschung bestätigt das. In den sensiblen Phasen treten an die Stelle der Motivation zu einem Lernvorgang Reifungsvorgänge. Ein Kind, das laufen lernt, kann ruhig hinfallen, es läßt sich nicht entmutigen. Die Reifung selbst übernimmt die Funktion einer Motivation. Erst nach einer sensiblen Phase benötigt man eine Motivation von außen. Die hängt oft vom Willen ab und kann mit viel Mühsal verbunden sein.

Was Hänschen nicht lernt, lernt Hans nimmermehr, sagt ein Sprichwort. Es hat die Erkenntnisse moderner Hirnforschung auf seiner Seite. Die Prägung kann so weit gehen, daß die Neuronenschaltungen nie wieder aufgehoben werden können. Als der erste Patient mit einem fremden Herzen, Louis Washkansky, in Südafrika aus der Narkose aufwachte und wieder etwas sagen konnte, sang er: »Schlafe, mein Prinzchen, schlaf ein.«

Es war die erste Empfindung von Vertrauen aus den frühen Tagen seiner Kindheit. Der zum Einschlafen gespendete abendliche Trost der Eltern trifft nicht nur auf zwei kleine Öhrchen, sondern durch sie auf Hirnareale, die die Emotionen hervorrufen und ein Leben lang behalten. Auch das Gedächtnis ist mit der emotionalen Intelligenz verwoben, nicht nur mit dem Auswendiglernen von Gedichten.

Einige Tage später vor der Fernsehkamera war Washkansky in die Welt der Erwachsenen zurückgekehrt, als er auf das Herz der 23jährigen Frau anspielte, das er bekommen hatte:

»Ich bin der neue Frankenstein«, sagte er lächelnd in die Kamera.

Das Hirn des Kindes entscheidet sich durch eigene Aktivität auch schon früh für eine Sprache. Das Lallen hört sich das Kind selbst an. Die Freude darüber ist bekannt. Die ersten Laute sind in fast allen Sprachen gleich. »Wauwau« gibt es in allen Sprachen, ob russisch oder portugiesisch oder chinesisch. Es ist die Kommunikation zwischen einer Elternsprache und einer Kindheitssprache, aus der sich erst langsam die Muttersprache differenziert.

Kinder lernen auch emotionale Intelligenz, wenn ihnen nicht alles erlaubt wird. Sie wollen Grenzen erfahren. Kinder probieren oft aus, wie weit sie gehen können, innerlich und äußerlich. Manchmal werden sie unausstehlich. Geben die Erwachsenen nach, wird es beim nächsten Mal noch schlimmer. Es kommt aber darauf an, daß die Erwachsenen über genügend emotionale Intelligenz verfügen, um den richtigen Zeitpunkt zu erkennen, in dem man einem Kinde etwas verwehrt.

Eine ganze Elterngeneration hat vor vielen Jahren das Prinzip praktiziert: »Alles ist erlaubt, Strafe ist tabu«. Es könnte deshalb sein, daß Verbote und Grenzlinien innerlich und äußerlich bei vielen heute fehlen.

Gerade ist eine erschreckende Statistik von der Kriminalpolizei veröffentlicht worden. Danach ist die Kinder- und Jugendkriminalität in Hamburg 1995 um 24,7 Prozent gestiegen, in Hessen um 13,6 Prozent und im Saarland um 13,5 Prozent. In Nordrhein-Westfalen ist inzwischen jeder dritte Tatverdächtige ein Jugendlicher.

Das stimmt mit dem überein, was auch Goleman befürchtet. In den USA wird eine weitere Steigerung der Kriminalität erwartet, weil die Kinder und Jugendlichen erst in den kommenden Jahren die Statistik in die Höhe treiben werden, wenn sie zwanzig geworden sind.

Es kann nicht falsch sein, wenn Eltern ihren Kindern dabei helfen, mit Ärger, Frustration und Einsamkeit umgehen zu lernen. Der Marshmallow-Test, der im übernächsten Kapitel beschrieben wird, ist das Exemplum. Der Umgang mit den eigenen Gefühlen und Bedürfnissen könnte ein Erziehungsziel werden, das aber nicht wie ein gewöhnliches Schulfach gelehrt, sondern durch Erfahrungslernen gefördert wird.

Die Hirnforschung ist die Disziplin, die uns aufruft, mit der emotionalen Erziehung zum ersten Mal Ernst zu machen. Gerade in der Kindheit werden die Weichen für die Entwicklung der emotionalen Intelligenz gestellt.

Bei Tieren, vor allem Katzen, ist das schon lange bekannt. David Hubel und Torsten Wiesel von der Harvard Universität bekamen dafür 1980 sogar den Nobelpreis. Sie hatten herausgefunden, daß Kätzchen, die daran gehindert wurden, nach dem Augenöffnen etwas zu sehen, keine weiteren Neuronenbahnen mehr bilden und zeitlebens zurückbleiben. Die Entwicklung der einzelnen Funktionen des Gehirns ist zwar anlagemäßig gegeben, aber die tatsächliche Ausbildung erfolgt durch Außenweltreize. Sie bringen das Wachstum der Gehirnzellen in Gang.[3]

Nur zu bestimmten Zeiten lernen kleine Kinder wie im Spiel Liebe, Selbstvertrauen, Erfolg, Ordnung, wenn sie in die dafür von der Natur vorgesehenen sensiblen Phasen eintreten. Wenn die Zeit des Lernens ungenutzt verstrichen ist, haben es die Kinder später schwer, all dies nachträglich zu lernen. Mit diesen

Lernphasen läßt sich zum Beispiel erklären, warum Kinder im Alter von einundhalb Jahren so sensibel auf räumliche Veränderungen reagieren, daß sie alles wieder so hinlegen, wie sie es verlassen haben. Das Versteckspiel mit Kindern dieses Alters wird oft von Erwachsenen falsch gedeutet. Ein Kind versteckt sich und meint auf jeden Fall, daß es nicht gesehen wird. Wenn sich der Erwachsene nun dort versteckt, wo das Kind ihn nicht vermutet und nicht finden kann, ist es enttäuscht, denn sein Spiel folgt dem Prinzip: Ich sehe dich nicht, aber ich weiß, wo du bist.

Es gibt in Amerika eine psychologische Schule, die sich Psychohistorie nennt. Die zentrale These dieser psychologischen Richtung besagt, daß Veränderungen im Umgang mit Kindern großen politischen und gesellschaftlichen Veränderungen jeweils in einer Generation vorausgehen. Die Vorgänge im Osten könnten sogar dafür ein Beweis sein. Die politischen Alpträume des Zarismus und des Stalinismus waren Ausdruck auch einer brutalen Kindererziehung. Das Schlagen von Kindern war an der Tagesordnung. Und außerdem wurden die ganz kleinen Kinder geschnürt, gebündelt, eingeengt. Sowohl in der Erziehung als auch im sonstigen Leben entwickelten sich Angst vor der Unabhängigkeit, Instabilität der Gefühle und der Wunsch nach Kontrolle. Noch bis vor wenigen Jahren war das die traditionelle Behandlung der Kinder auf dem Lande in Rußland.[4]

Die Psychohistorie sagt:
1. Die Evolution der Eltern-Kind-Beziehung ist eine eigenständige Quelle historischer und gesellschaftlicher Wandlungen.
2. Die Veränderungen der Eltern-Kind-Beziehung sind nicht vom sozialen und technologischen Wandel unabhängig.
3. Im Verlauf der Geschichte werden die Beziehungen zwischen Eltern und Kindern immer enger.
4. Die Fürsorge der Eltern den Kindern gegenüber nimmt im Lauf der Geschichte nicht ab, sondern zu.
5. Die Praktiken der Kindererziehung sind die entscheidende

Bedingung für die Überlieferung und Entwicklung aller Merkmale der Kultur.

Auch wenn man diesen Thesen nicht zustimmt, so könnte es nicht schaden, die Geschichte der Erziehung einmal zu korrelieren mit den heutigen gesellschaftlichen und politischen Zuständen. Der schwedische Psychoanalytiker Erik Erikson hat das früher getan. Es ist offenbar ein Unterschied, ob man sich nur mit rationalen Weiterentwicklungen auf der Basis von Zahlen beschäftigt oder mit Kindern. Hier kommen nämlich andere Intelligenzen zum Zuge.[5]

Es gibt langfristige, Generationen übergreifende Entwicklungsphasen sogar im Leben der Völker. Josef Stalin und der rumänische Diktator Nicolae Ceauşescu wurden in ihrer Kindheit häufig von ihren Eltern geschlagen. Sie brauchten gar nichts Gravierendes verbrochen zu haben und wurden dennoch bei jeder Gelegenheit bestraft. Ihre Umwelt sah nicht nur untätig dabei zu, sondern fand diese Behandlung der Kinder sogar richtig. Diese frühe Kränkung ihrer eigenen Person gaben sie an andere wehrlose Geschöpfe weiter: Zuerst brachten sie Tiere um, später Menschen.

Man hat mit Recht darauf hingewiesen, daß die Gewalttätigkeit gegen Kinder für die Generation, der Michail Gorbatschow angehört, generell nicht mehr gilt. Er wurde von seinen Eltern geachtet.[6]

»Das ist ein Wunder!«

Wie kann man einen emotionalen Zustand der Gelassenheit herstellen?

Ich hatte einen Vortrag über Motivation im Leistungssport gehalten. Unter den Zuhörern waren auch Angehörige aus Ländern der Dritten Welt. An den Vortrag schloß sich eine Diskussion an. Ein Schwarzer aus Nigeria meldete sich und übte

Kritik: »Ich weiß nicht, ob es überhaupt sinnvoll ist, von Motivation zu sprechen. Keiner hat sie bisher gesehen. Man nimmt nur an, daß der sportlichen Leistung Motivation zugrunde liegt. In meinem Land würden einige sagen, es sei ein tüchtiger Geist, der einen Sportler befähigt, etwas zu leisten. Aus der Leistung spricht ein Geist. Der hat das bewirkt. Wo liegt da der Unterschied zur Motivation?« Ich ahnte, worauf er hinauswollte. Wir aus dem Westen verlegen alle inneren Kräfte in uns selbst. Um sie zu aktivieren, blähen wir unser Ich auf. Aber wir übersehen vielleicht andere Zusammenhänge. Mag ein Afrikaner sie den Geistern zuschreiben. Mag ein Brasilianer die Macumba-Götter beschwören, um zu siegen. Es ist vielleicht leichter, auf Götter zu setzen als auf das Ich. Aber wir glauben das ja nicht! Und deshalb wirkt es auch nicht. So und ähnlich faßte ich die Worte des Afrikaners schließlich zusammen. Doch der ließ nicht locker. »Motivation ist wider die Natur des Menschen. Alles, auch das letzte, soll aus dem Körper herausgeholt werden. Um unsere Alltagsarbeit zu verrichten, brauchen wir wenig Motivation. Und wenn sie uns Spaß macht, vielleicht gar keine. Im Sport ist es nicht anders. Wenn ich gewinnen will, strenge ich mich an. Aber ich tue es gern. Manchmal geht's auch an die letzten körperlichen und seelischen Reserven. Doch dann bin ich nicht mehr ich. Dann bin ich eine Art Medium, dessen sich ein anderer bedient.« So sprach er noch eine ganze Zeit weiter.

Der große Fußballspieler Pelé hat einmal gefragt: »Warum habe ich tausend Tore geschossen? Ich weiß es nicht. Warum ich, gerade ich? Es ist ein Wunder!«

Nach diesem Vortrag und der Diskussion bin ich recht nachdenklich geworden. Es ist ja wahr! Warum gerade ich? Das können wir von allen Ereignissen sagen, mit denen wir im Leben konfrontiert werden. C. G. Jung hatte auf einer seiner Amerikafahrten quer durch das Land ähnliche Erlebnisse gehabt. Er hatte einen Indianerhäuptling mitgenommen. Beide wollten in ein Reservat, der Indianer, weil er dort zu Hause war, Jung, um psychologische Erfahrungen zu sammeln. Unterwegs im Auto verlangte der Indianer, Jung solle anhalten. Er stieg aus und legte sich etwa zehn Meter vom Straßenrand entfernt ins Gebüsch. Regungslos blieb er einige Minuten dort liegen. Dann richtete er sich auf und bestieg wieder den Wagen. Als Erklärung gab er an, seine Seele komme sonst nicht mit. Er habe einen Augenblick verharren müssen, um auf sie zu warten. Jetzt sei alles wieder in Ordnung. Dabei war dieser Mann keineswegs ein ungebildeter Anhänger eines Geisterglaubens. Er arbeitete in Manhattan auf einem Bau und kannte sich in der Zivilisation Amerikas aus.

Die Körper-Seele-Geist-Einheit ist auch für jeden Sportler von Wichtigkeit. Die Konzentration stellt sich nur ein, wenn der Körper nicht von der Seele gejagt wird, wenn er – wie unser Afrikaner sagen würde – »auf Motivation verzichtet«. Der Körper weiß, wie man läuft, der Verstand weiß es nicht. Der Körper kann selbst denken und – was die körperlichen Bewegungen angeht – viel besser als das Ich. Der Verstand irritiert nur. Zu Zeiten der im Sport erfolgreichen Sowjetunion versuchten die Trainer den Athleten mit genau dosiertem Wodka vor dem Wettkampf den fatalen Druck des Nachdenkens zu nehmen.

Es ist sicher kein Zufall, daß auch ursprünglich asiatische oder afrikanische Methoden zur Körperbeherrschung und Körperentspannung bei uns angewandt werden. Es ist der Umgang mit unseren Emotionen, der uns zwingt, andere als die gewohnten, ausgetretenen Pfade zu gehen. Autogenes Training, Progressive Muskelentspannung, Transzendentale Meditation, Yoga wollen Selbstversenkung, Befreiung von krankmachenden Emotionen. Das Erregungsniveau des Körpers soll herabgesetzt werden. Der Organismus soll frei werden durch eine innere geistige Bewegung, die der Seele Ruhe verschafft. Wir praktizieren das bereits. Doch ist das bei uns eine Technik geworden. Der religiöse Hintergrund paßt uns nicht. Wir lassen ihn einfach weg.

Inzwischen hat das Institut für Aerobische Forschung in Dallas, Texas, die vierundzwanzig besten Langstreckenläufer der USA körperlich und psychologisch getestet. Dabei kam heraus, daß sich die Spitzenläufer von den Durchschnittsläufern unterscheiden. Die Elite kennt nicht das Phänomen der Mauer. Das ist der Punkt bei einem Marathonlauf, wo man aufgeben will, weil man nicht mehr kann. Bei etwa dreißig Kilometern bricht bei vielen Menschen die körperliche Homöostase zusammen. Das Blutvolumen geht zurück, die Glykogenreserven sind erschöpft, die Körpertemperatur steigt und steigt, manchmal bis vierzig Grad Celsius. Schwindel und Trance stellen sich ein, wenn man weiterläuft. Aber das gibt sich wieder, wenn man durchhält. Die überragenden Läufer kennen diesen Zustand. Sie haben gelernt, an etwas anderes intensiv zu denken. Sie steigen sozusagen aus diesem Zustand aus. Sie entziehen den Körper der Kontrolle des Verstandes. Um es noch einmal mit unserem Nigerianer zu sagen: »Ihre Seele verläßt den Körper.« Sie lassen einfach weiterlaufen. Das Ich steigt aus. Sie fangen an zu träumen. Sie praktizieren das Laufenlassen. Sie haben einen anderen emotionalen Zustand erreicht, für den es tatsächlich keiner weiteren Motivation bedarf. Sie praktizieren eine Psychologie, die es ihnen erlaubt, die Strapazen nicht mehr als ihre eigenen zu erleben. Sie schalten ab. Sie beobachten sich nur noch von außen. Sie sind, so würde Goleman sagen, zu Registratoren ihres Inneren geworden, ohne Wertung, ohne Beurteilung, ohne Interpretation.

Inzwischen absolvieren sie nicht mehr zweiundvierzig Kilometer. Die Langstreckenläufer über Distanzen von hundert Kilometern sind der Beweis dafür, daß starke innere Prozesse durchaus gedämpft werden können. Aber obwohl unter den Bedingungen des Sports viele Experimente gemacht werden, die bis an die Grenze der menschlichen Leistungsfähigkeit gehen, finden diese doch unter Aufsicht, gleichsam geschützt, statt. Sportler lernen ihren Körper und ihre Psyche sehr gut kennen.

Sie wissen, daß eine Leistungssteigerung nicht durch ständige eigene Werturteile erfolgt, sondern durch die Beobachtung, wie »die Maschine« funktioniert. Man ist versucht zu sagen, daß die großen Gewinner so intelligent sind, daß sie ihre Intelligenz ausschalten können. Oder auch anders herum: Sie wissen, daß es eine Intelligenz unterhalb der analytischen gibt. Wir haben ein dreigeteiltes Gehirn. Geben wir jedem Teil, was ihm zusteht.

Zahlreiche Beispiele aus dem Tennissport und dem Golfsport bestätigen das. Wir erleben es immer wieder. Nicht der äußere Gegner muß besiegt werden. Erst einmal kommt es darauf an, den inneren Gegner zu besiegen. Jeder Mensch hat einen natürlichen Gegner, den er sich nicht aussuchen kann und gegen den er anzutreten hat, ob es ihm paßt oder nicht. Das ist das eigene Ich und das sind die Emotionen, die uns so oft einen Streich spielen. Sein emotionales Geschehen laufen lassen, kann das Eingangstor zu einer veränderten Seele sein.

Sportler wissen recht oft, daß es besser ist, keine Wertung vorzunehmen, sondern das innere Spiel in Gang kommen zu lassen. Der Umgang mit Bildern fällt einem dann leichter als der mit Worten.[7] Bilder sind urtümlicher, im limbischen System verankert, Worte kommen aus dem Neokortex.

Sportler können oft nicht mit Worten beschreiben, in welchem seligen Zustand sie sich befinden, wenn sie gewonnen haben. Sie meinen, sie seien über sich selbst hinausgewachsen.

»Er spielte wie im Traum, traumhaft sicher schoß er das Tor«, steht dann in der Zeitung geschrieben.

In solchen Augenblicken der höchsten sportlichen Leistung denkt keiner an die Leistung. Er vergleicht sie nicht mit früher oder später, wenn sich das Geschehen vollzieht. Das kommt erst später.

Unser Gehirn ist ein komplizierter Dschungel mit einer unüberschaubaren Vitalität. Das Ich als die höchste Form des Bewußtseins ist selbst nicht in der Lage, diesen Dschungel zu durchforsten. Er hat seine eigenen Gesetze. Aber das Ich begegnet dieser Welt mit einem Allmachtsanspruch. Es tut so, als habe es das Gehirn im Griff. Aber nur ein ganz winziger Teil der durch die Sinne aufgenommenen Informationen gelangt ins Bewußtsein. Es ist so wie mit der Verbreitung von Informationen auch sonst. Die Nachrichtenagenturen sondieren schon. Was sie an die Redaktionen weitergeben, wird von diesen erneut ausgelesen. Auf diese Weise, so wird geschätzt, gelangt nur etwa ein Prozent der ursprünglichen Menge als Information zum Beispiel in die Tagesschau und andere Nachrichtensendungen. Unser Bewußtsein ist ein Wunder. Es besteht nicht darin, Wichtiges aufzubewahren, sondern darin, Unwichtiges erst gar nicht aufzunehmen. Hierbei kommen nun die Emotionen ins Spiel. Sie selektieren und bewahren das Bewußtsein vor dem Zusammenbruch durch die Informationsflut. Gleichzeitig sind es aber die Emotionen, die das übrige geistige und intellektuelle Potential des Menschen erst praktisch anwendbar und wertvoll machen. Es gibt Menschen, die alle Intelligenztests mit Bravour bestehen. Wenn ihnen aber etwas zustoßen sollte, das den Thalamus beschädigt, also jene Region, die auf dem Stammhirn lagert und die Bindung an das limbische System darstellt, können sie nicht mehr bewerten und urteilen. Sie sind nicht mehr lebensfähig, obwohl sie einen IQ von 130 haben. Wenn es keine Verbindung zwischen dem Gehirn und dem Thalamus gibt, zum Beispiel in der Vollnarkose, gibt es kein Bewußtsein mehr. Diese Erkenntnis hat den Umschwung in der Hirnforschung hervorgebracht. Und diese Erkenntnis, durch die sich Psychologen am meisten beeindruckt sahen, hat das Persönlichkeitsbild vom Menschen zugunsten der Emotionen verändert. Gefühle gelten nun nicht mehr als Beiwerk, Störfaktoren oder Unruhestifter. Sie sind die Basis unserer Gehirntätigkeit, ohne die es kein Bewußtsein gäbe. Man könnte sogar den Satz wagen: Ohne Gefühle ist keine Wissenschaft möglich. Sollte sich das als wahr herausstellen, ist die Revolution vollendet. Dann beginnen die großen Aufgaben der Neurowissenschaftler.

Der Gratifikationstest

Einem Impuls zu widerstehen, ist eine psychologische Fähigkeit. Die folgende von dem Psychologen Walter Mischel durchgeführte Studie der 60er Jahre hat ihre Gültigkeit behalten.[8] Wird Schülern gesagt, sie würden mit weniger Schularbeiten belohnt werden, wenn sie sich still verhalten, bis der Lehrer wieder zurückkommt, gibt es gewöhnlich drei Gruppen mit jeweils unterschiedlichen Verhaltensweisen. Die eine Gruppe hält sich nicht daran, sondern schwatzt drauflos, sobald der Lehrer den Raum verlassen hat. Die zweite Gruppe wartet erst einmal ab, beteiligt sich aber nach einiger Zeit an den Gesprächen der ersten Gruppe. Die dritte Gruppe befolgt das Verhalten, das belohnt wird.

Dieser revidierte Marschmallow-Test ist eine, wenn auch nicht repräsentative und statistisch geeichte, Untersuchung der emotionalen Intelligenz. Intelligent sind die Kinder der dritten Gruppe. Ihre Leistung besteht darin, zu warten und eine Belohnung aufzuschieben. Sie können impulsive Bedürfnisse zügeln. Und sie haben Vertrauen in den Lehrer, daß die Belohnung auch erfolgt.

Zweifellos wurde von den Schülern verlangt, Gefühle und Bedürfnisse zu beherrschen. Es stellte sich später heraus, daß sich diese Fähigkeit in weitaus größerem Rahmen zeigte. Die älteren Schüler waren umsichtig, durchsetzungs- und widerstandsfähig. Sie konnten Streß besser ertragen als ihre Mitschüler von einst, die sich nicht den Wünschen des Lehrers angepaßt hatten. Gewöhnlich ist man heutzutage geneigt, eben den Kindern Vorteile einzuräumen, die sich nicht anpassen. Aber es gibt keinen Zweifel, daß eine frühe Regulierung der emotionalen Bedürfnisse den Kindern später zugute kam, indem sie auch die besseren Schüler in den sprachlichen und mathematisch-naturwissenschaftlichen Fächern wurden. Sie nahmen das Angebot an, sich eine Atempause aufzuerlegen. Sie konnten sich in angemessener Weise darauf freuen, für einen zunächst sich auferlegten Verzicht eine um so größere Gratifikation zu erhalten.

Als allgemeine Erkenntnis einer emotionalen Intelligenz mag gelten, daß man vor einer Reaktion, vor einer Entscheidung innehalten sollte. Spontane Entscheidungen ohne vorangegangene Besinnung mögen biologisch sinnvoll gewesen sein. Aber mit der kulturellen Entwicklung werden sie ersetzt durch solche, denen eine Zeit der Besinnung und des Bedenkens vorangeht. Die Kulturanthropologie hat der Beschreibung dieser »Verzögerungen«, die in zahlreichen Ritualen bestanden, viele Studien gewidmet.

Alle Völker und Kulturen haben frühzeitig erkannt, daß eine sofortige Entscheidung Schwierigkeiten bringt, weil sie zu sehr von momentanen Emotionen abhängt. In den Anfängen der Evolution war das noch nicht so wichtig. Da ging es um schnelle und einfache Entscheidungen, denen Flucht oder Angriff folgte. Das Erbe der Anfänge und der späteren Entwicklung trage wir auch noch in uns. Aber dieses trifft auf Wertvorstellungen, die mit berücksichtigt werden müssen, wenn Entscheidungen anstehen.

Der Feindseligkeitsindex

Gene Klevan ist ein populärer Rundfunk- und Fernsehkommentator bei WNEW in New York. Seine Philosophie besteht darin, Millionen von Verkehrsteilnehmern in Manhattan mit ihrem Schicksal zu versöhnen. Zuerst war es nur ein Gag. Er wollte möglichst witzig die Staus und die Hetze durch den Kakao ziehen und hatte dafür einen Feindseligkeitsindex erfunden. Seine Skala reicht von 0 bis 10. Bei 0 ist alles ruhig, freundlich und entspannt: »Everything is okay.«

3 zeigt das Bedürfnis des Verkehrsteilnehmers, ungestört zu sein. »Let me alone!«

Bei 6 ist mit aggressiven Äußerungen zu rechnen: »If you don't let me alone, I will hurt you!«

Und bei 10 muß man mit dem Ausbruch von Mann-gegen-Mann-Kämpfen auf offener Straße rechnen: »If you don't let me alone, I will kill you!«

Der Index ist eine Art statistische Einschätzung der jeweiligen Ereignisse, die die Pendler und Passanten intolerant werden lassen können. Das wissenschaftlich fundierte Instrument für die Zukunft steht noch aus. Aber es könnte so aussehen, wie Klevan es konzipiert hat. Zur Zeit handelt es sich bei dem Index um eine Satire, die aber bereits einen Beitrag liefert zur Haltung in Megalopolis, der Superstadt der Zukunft. Das Leben muß ertragen werden. Und wenn man darüber lächeln kann, dann um so besser.

Gene Klevan studiert alle Ereignisse New Yorks, die darauf schließen lassen, daß sie zu erhöhter Feindseligkeit in der Bevölkerung beitragen. So ist die höchste Alarmstufe erreicht, wenn der Index der Luftverschmutzung die amtlich zulässige Höchstmarke überschreitet, die Temperaturen Extremwerte erreichen, die Baseballprofis oder Footballer von New York eine empfindliche Niederlage gegen die Cowboys Dallas hinnehmen müssen, die Long-Islandbahn streikt und die Pendler nicht zur Arbeit kommen oder in New York ein nächtlicher Stromausfall passiert. In solchen Fällen setzt Klevan den Index mit 9 oder 10 an. Er soll alle Pendler, die morgens und abends die Straßen und vor allem die Untergrundbahn benutzen, warnen. Der Service besteht darin, daß man eine Information empfängt, nach der man das Verhalten seiner Mitmenschen einschätzen kann. Man weiß und ist darauf vorbereitet, was man von den anderen heute zu erwarten hat. Es ist angewandte emotionale Intelligenz, Dienstleistung an Radiohörern.

Die Taxifahrer kennen den Index und geben ihn weiter. Die

Hotelportiers nehmen ihn gelegentlich auch zur Kenntnis und vermitteln ihn weiter. Viele werden übrigens recht freundlich, wenn sie hören, es seien aufgestaute Aggressionen und Wut im Straßenverkehr zu erwarten. Sie werden vorsichtiger. Humorvoll – allerdings sind es New Yorker – lachen sie darüber, wenn der Index höher steigt. Ich habe einmal zufällig erlebt, daß ein Straßenpassant einem Pkw ein Zeichen gab: Er hielt die fünf Finger der einen und zwei der anderen Hand hoch, so wie bei uns die Fußballtrainer das machen, wenn sie ihrer Mannschaft signalisieren, es seien noch sieben Minuten bis zum Sieg.

Meßinstrumente verändern in der Physik die Materie schon ein klein wenig. Das kalte Thermometer kann die Wassertemperatur um Bruchteile eines Grades herabsetzen. Bei Menschen ist es noch ausgeprägter. Sie überprüfen selbst ihr Verhalten, wenn sie merken, sie werden überprüft, und verändern es dadurch. So können Emotionen gedämpft werden. Vielen ist es sogar bitterernst mit dem Jokus der Feindseligkeit. Es gibt New Yorker, die in ihm schon eine seriöse Information sehen. Und in gewisser Weise ist sie das ja auch. Zu oft haben die Menschen in dieser Stadt apokalyptische Zustände wie bei einem Weltuntergang erlebt. Sie müssen nicht gleich an der Zivilisation verzweifeln. Aber sie fürchten sich ein klein wenig vor ihr. Da kommt der Index wie gerufen.

Was die Fernsehgesellschaft mit dem Feindseligkeitsbarometer in die Welt gesetzt hatte, wurde einige Jahre später zu einer seriösen Messung von Emotionen. Damasio, der mittels Computersimulation Gehirne und ihre Funktionen rekonstruierte, fand heraus, daß bei Patienten, die durch die Verletzung einer Hirnpartie keine Emotionen mehr hatten, dennoch gewisse Reaktionsmöglichkeiten zu messen waren. Emotionale Schwankungen machen sich bei Gesunden auch immer in geringen Schwankungen der Schweißproduktion bemerkbar. Die elektrische Leitfähigkeit der Haut nimmt durch Schweißproduktion zu. Das ist ein altbekanntes Verfahren. Wenn Damasio nun den

Patienten, die keine Emotionen mehr hatten, Bilder zeigte, die aufregten, wie zum Beispiel Unfälle, oder erregten wie Peep-Shows, dann gab es zwar keine Schweißproduktion wie bei allen anderen, aber auch diese Kranken konnten genau sagen, was sie sahen. Sie verwandten auch Begriffe wie schrecklich, sexuell anregend, ekelhaft, traurig. Aber ihre Haut wurde darüber nicht informiert. Damasio kam zu dem Schluß, es sei die Kommunikation zwischen Gehirn und Körper nicht mehr vorhanden. Es wird sich in den nächsten Jahren zeigen, welch eine revolutionäre Schlußfolgerung damit verbunden sein könnte.[9] Ohne die Kommunikation der Verkehrsteilnehmer, die sich gar nicht persönlich kennen, wird kein Straßenverkehr geregelt werden können. »Feindseligkeitsindex« und »Gefühlsbarometer« liefern bereits neue Daten, aus denen Konsequenzen gezogen werden können, an die noch gar kein Mensch denkt.

In der Dreizehnmillionenstadt São Paulo wurde 1980 eine Statistik veröffentlicht, aus der die Abhängigkeit der industriellen Produktion von den Erfolgen oder Mißerfolgen der heimischen Fußballmannschaft »Corinthians« hervorgeht. Bei einer Siegesserie mit euphorischen Stimmungen stieg die Produktion um vier Prozent, bei Niederlagen mit depressiver Verstimmung sank sie um sechs Prozent innerhalb der jeweils nächsten achtundvierzig Stunden. Auch der Ausbruch von Sporttumulten wurde schon vorhergesagt. Zum ersten Mal geschah das vor dem Europapokal-Endspiel zwischen dem FC Bayern und Leeds United 1975 in Paris. Wie auch sonst Temperatur, Luftdruck, Luftfeuchtigkeit und Windstärke vorausgesagt wurden, versuchte man, emotionale Veränderungen vorherzusehen, nicht ganz ohne Erfolg. Das »emotionale Tumultbarometer« basierte auf verschiedenen veränderlichen Größen, zu denen zum Beispiel folgende gehören: dynamische Torfolge, Schiedsrichterentscheidungen, Bedeutung des Spiels, anreisende Fangruppen und Konfliktpotentiale vor dem Spiel, aber auch zusätzliche Faktoren wie Fouls und vermeintliche moralische

Benachteiligungen vor und während des Spiels. Der Ausbruch und der Ablauf von aggressiven Verhaltensweisen nach dem Spiel in Paris wurde ziemlich genau vorhergesagt.

Die Stanislawski-Methode

Wir wenden uns der sogenannten Stanislawski-Methode zu, die Schauspieler erlernen, um Gefühle möglichst echt zum Ausdruck bringen zu können.

Konstantin Stanislawski war der Künstlername von Konstantin Sergejewitsch Alexejew (1863–1938), einem russischen Schauspieler und Theaterleiter in Moskau. Aus eigener Erfahrung kannte er die Schwierigkeit vieler Bühnenschauspieler, sich zur Abendvorstellung in die richtige Stimmung ihrer Rolle zu versetzen. Stanislawski erreichte den jeweiligen Effekt dadurch, daß er Autosuggestion und Visualisation anregte. Über Vorstellungen und simulierte Verhaltensweisen sollten autonome Reaktionen ausgelöst werden, die der echten Gefühlsäußerung recht nahe kamen.

Um große künstlerische Leistungen zu bewirken, suggerierte Leonard Bernstein bei Orchesterproben selbst einem José Carreras, sich die Eifersucht auszumalen, die ein Othello durchmacht. Das trieb er allerdings manchmal so weit, daß Carreras mit Verärgerung reagierte, also mit einer Emotion, die nicht dazu geeignet war, den Othello zu singen.

Das umgekehrte Verfahren besteht darin, daß man einem Sänger oder Schauspieler Verhaltensweisen beibringt, die so präzis sind, daß sie auf der Bühne genau die Emotionen bei ihm hervorrufen, die er darstellen soll. Das sogenannte Method-acting könnte man auch in umgekehrter Kausalität versuchen. Die realistische Gefühlsäußerung wird durch Gefühle erreicht. Doch die Miene, die man sich aufsetzt, ruft nicht unbedingt ein entsprechendes Gefühl hervor. Wird man angewiesen, eine böse

Miene zu einem lustigen Spiel zu machen, so wird man keineswegs böse. Es kommt also auf die natürliche Situation an und nicht auf die experimentell künstliche.

Zu unserem Basiswissen über Emotionen gehört auch die Tatsache, daß ihnen physiologische Begleitprozesse entsprechen. Affekte lösen im autonomen Nervensystem Veränderungen aus, die von einer Beschleunigung des Pulsschlages bis zu einer Pupillenerweiterung reichen können. Muskelanspannung, Erröten, Erbleichen, hektische Nervosität oder starres Entsetzen ohne körperliche Bewegung sind uns vertraut. Die Frage ist nur, ob körperliche Reaktionen als direkte Reaktion auf einen bedrohlichen Reiz oder als Signal von Gefahr auftreten und dann die Emotionen zur Folge haben.

Eine solche Vorstellung mag auf den ersten Blick komisch wirken. Denn danach würden wir traurig, weil wir weinen, und lustig, weil wir lachen. Populäre Ansichten werden auf den Kopf gestellt. Doch Emotionen stecken an. Sie existieren nicht im luftleeren Raum, sondern in einem sozialen Umfeld. Und dieses hat nicht nur eine Resonanz, sondern auch einen Aufforderungscharakter. Das gilt sogar für unser emotionales Verhalten Tieren gegenüber.

Dompteure wissen, daß es zwei Methoden gibt, mit ihren Raubtieren umzugehen. Sie versetzen sich selbst durch bestimmte Psychotechniken in eine angenehme Stimmung, die Überlegenheit ausstrahlt. Oder sie lernen so perfekt ihren Bewegungsablauf, daß sie mit dem Territorialverhalten der Tiger Schritt halten und diese durch Bewegungen manipulieren. Es soll auch schon einmal vorgekommen sein, daß die Tiere Psychodrogen bekamen, um zum Beispiel durch Benzodiazepine den Raubtiereffekt und die Aggressivität zu verlieren. Psychopharmaka können einen »Zähmungseffekt« hervorbringen. Bei einem amerikanischen Dompteur passierte das Folgende: Er erkrankte an Krebs, wurde operiert und genas. Als er die Manege drei Monate nach seiner Erkrankung betrat, stürzte sich ein Tiger auf ihn und biß ihm die Kehle durch. Biologen führten die Tragödie auf die veränderte Stimmung zurück, die der Dompteur über seinen Körpergeruch verbreitete. Der zwischenzeitlich eingetretene Entfremdungsprozeß, der die emotionalen Beziehungen betraf, tat ein übriges. Es waren nicht mehr »seine« Tiger, und für die Tiger war er nicht mehr ihr intelligentestes Alpha-Tier, der am höchsten bei ihnen rangierende Tiger. Die Krankheit hatte alles hinweggefegt. Die mühsam aufgebauten gruppendynamischen Beziehungen zwischen Dompteur und Tigern wurden nicht mehr durch emotionale Bindungen gestützt.

**Emotional programmiert:
wünschenswerte Zustände**

Schon 1985 hatten James Loehr und Peter McLaughin große Trainingserfolge mit Tennisspielern, denen sie beibrachten, ihre Emotionen zu regulieren. Gabriela Sabbatini schlug Steffi Graf, solange sie trainierte, ihren emotionalen Zustand zu beeinflussen. Ihre Trainer hatten die grundlegende Idee aufgestellt, daß nicht Siege das Wohlbefinden erhöhen, sondern ein Zustand, in dem die Sportlerinnen angstfrei und entspannt sind, sich hervorragend fühlen, voller Selbstvertrauen, durchdrungen von dem Bewußtsein der eigenen Stärke, des eigenen Könnens. Es ist eine optimale, ausbalancierte Konstellation von Emotionen. Den Begriff »emotionale Intelligenz« gab es noch nicht. Aber das, was er später bezeichnete, war hier als ein durchprogrammiertes Konzept zum ersten Mal überhaupt zum Erfolg geführt worden.[10]

Ärger, Angst und Wut sind schlechte Voraussetzungen für eine Spitzenleistung. Hervorragende Voraussetzungen dagegen sind Freude, Selbstvertrauen, geistige Ruhe, Optimismus, gebündelte Konzentration, Intuition und Wachheit. Dieser mit den damit verbundenen charakteristischen Gefühlen versehene Zustand sei, so die Autoren und Trainer, bei allen Leistungen immer gleich und von der Umwelt relativ unabhängig. Abhängig sei er aber von physiologischen Prozessen, vom Zustand der Nerven und des Gehirns. Dieses produziere die entsprechenden Hormone und Neurotransmitter für den erwünschten emotionalen Zustand. Da man sich immer in einem emotionalen Zustand befinde, komme es darauf an, Kontrolle über die Emotionen zu gewinnen. Das sei aber nur möglich über die eigene Wahrnehmung des jeweiligen Zustandes.

Bei der Analyse der Komponenten dieses emotionalen Idealzustandes machte man sich viele Techniken zunutze. Schon vorher hatte man mit Biofeedback-Verfahren beweisen können, daß selbst das vegetative autonome Nervensystem beeinflußbar ist, und zwar willentlich, wenn auch auf Umwegen. Auch über die schauspielerische Beeinflussung der Gesichtsmuskulatur könne man etwas erreichen. Ebenso gehörten dazu Rituale, um den perfekten Rhythmus zu finden, und Atemtechniken, die in der Lage sind, die Gefühle zu kontrollieren. Man macht sich auch in diesem Training zu eigen, daß das Gehirn nicht zwischen real passierenden Szenen, die man mit den Augen sieht, und solchen, die man sich mit dem inneren Auge vorstellt, unterscheidet. Die physiologischen Veränderungen sind dieselben. Selbst in den Träumen tritt die Realität der Physiologie ein. PET-Scan-Aufnahmen belegen, daß Alpträume Erregungsmuster produzieren, als handele es sich um eine »real« erlebte Angst im Wachzustand.

Der für jede große Leistung erforderliche emotionale Idealzustand besteht aus Freude, Vertrauen, Macht und Können. Das Astronautentraining der NASA machte zuerst Gebrauch davon. Die ersten Astronauten auf dem Mond hatten das Gefühl, schon x-mal dort gewesen zu sein, so vertraut war ihnen der Mond durch das psychologische Training der Emotionen geworden.

Als wir 1984 zum ersten Mal mit der Erlernung von Astronautentechniken im Universitätsseminar begannen, erlebten wir eine große Überraschung. Innerhalb von wenigen Wochen gerieten die meisten Studenten in einen als positiv erlebten emotionalen Zustand, einige sogar in einen euphorischen. Die Begeisterung steckte an. Die Seminare wurden erweitert und in den folgenden Semestern wiederholt. Inzwischen praktizieren einige Teilnehmer als Psychologen derartige Programme in ihrer eigenen Praxis.

Was ist »mentally tough«? Es bedeutet, daß man die Fähigkeit entwickeln kann, den eigenen emotionalen Zustand zu kontrollieren, um sich jeweils zu entspannen, sich zu konzentrieren oder Selbstvertrauen zu gewinnen. Es bedeutet aber auch die Fähigkeit, dem Streß zu entgehen, Ärger, Müdigkeit, Gereiztheit abzuschütteln und leichter die Ziele zu erreichen, die man sich gesteckt hat. Die eigene kreative Anlage wird verbessert. Aus dem in den 70er und 80er Jahren überall in Amerika praktizierten Streßmanagement ist ein emotionales Management geworden. Aber es ist, als hätte man über Nacht in einer Einbahnstraße die Verkehrszeichen gewechselt. Galt bisher, daß eine hervorragende Leistung zu einem positiven emotionalen Zustand führt, so ist es jetzt ein positiver emotionaler Zustand, der zu überragender Leistung führen soll. Infolgedessen stellen sich Erfolge ein. Man lernt, wie die Emotionen zu kontrollieren sind. Das sind die wahren Voraussetzungen für eine große Leistung. Sind erst einmal die richtigen Emotionen etabliert, können sich alle anderen Intelligenzen entfalten und eine Leistung hervorbringen, die man sich kaum zugetraut hätte.[11]

Die Praxis dieses Vorgangs ist klar:
1. Zuerst erkennen und beurteilen, in welchem emotionalen Zustand man sich befindet. Der kann negativ und pessimistisch sein, aber auch angespannt und verkrampft. Es kann sich auch um hohe Motivation handeln.
2. Sich eine Strategie zurechtlegen, um den emotionalen Zu-

stand anzupassen. Das kann über die Atmung geschehen, aber auch über Visualisation, Humor, körperliche Übungen, Rituale. Man muß herausfinden, was man am besten kann.
3. Sich gut fühlen, positive und energiereiche Emotionen schaffen.
4. Das Beste geben.

Es war das erste erfolgreiche Praxisprogramm für die Förderung der emotionalen Intelligenz, die sich auf das eigene Selbst bezog. Selbstverständlich erreichte ein solches Konzept auch die Führungsetagen der amerikanischen Konzerne, von der Westküste bis zur Ostküste, von Pacific Gas & Electric bis zu AT&T. Schließlich entschloß man sich, solche Veränderungen der Emotionalität bei den Mitarbeitern nicht nur zuzulassen, sondern zu fördern.

Viele derartige Programme wurden entwickelt. Und sie alle hatten es mit Emotionen zu tun. Visualisation und indirektes Training waren die angewandten Techniken dabei.

Es war wie eine Revolution. Das Unterste wurde zuoberst, das Oberste zuunterst gekehrt. Nicht die Leistung stand im Vordergrund, obwohl sie das erstrebenswerte Ziel blieb, sondern die Emotionen, die erforderlich sind, um eine Leistung zu garantieren. Das menschliche Nervensystem, das menschliche Gehirn wurden zu Trainingsobjekten erklärt, die Mobilisierung aller Schattierungen der Intelligenz das erklärte Ziel der Psychologen.[12] Man sprach allerorten von mentaler Einstellung und meinte doch nichts anderes als die Gefühle. Auch das von uns entwickelte Supertraining gehört letztlich hierher.

Da das Gehirn zu allen Fasern und Zellen des menschlichen Körpers Verbindung hat, ist die Biochemie ebenso wichtig wie der gesamte Blutkreislauf, die Atmung, die jeweiligen Zustände des Nervensystems. Neurotransmitter sind für Angst, Ärger, Alarm verantwortlich. Serotonin sorgt für Entspannung. Manche Signale sind willentlich zu lenken, andere nur indirekt als Reflexe. Entscheidend rückt damit das limbische System in den

Blickpunkt des wissenschaftlichen, aber auch des praktischen Interesses. Allen voran spielt der Sport die dominierende Rolle, denn hier kann die Leistung nicht nur relativ objektiv gemessen werden. Hier äußern sich auch die Sportler selbst ständig über das, was sie in sich wahrnehmen und sie zu Siegen oder Niederlagen führt. Auch hier wird die emotionale Intelligenz entdeckt und gefördert.

Um eine mit hoher Energie geladene negative Stimmung wie Ärger oder Angst zu brechen, muß man lernen, einen anderen psychischen Zustand zu erreichen. Im Sport geht es oft nicht darum, sich zu entspannen. Vielmehr ist der optimale Zustand abhängig von der jeweiligen Gesamtsituation. Ein Beispiel dafür ist Boris Becker. Früher steigerte er sich in eine aggressive Wut, die ihn oft um den Sieg brachte. Jetzt hat er gelernt, diesen emotionalen Zustand nur dann herbeizuführen, wenn er Erfolg verspricht. Er geht heute mit veränderten Emotionen ins Spiel – dank mentaler Prozesse, auf die ihn seine emotionale Intelligenz verweist.

Kritiker werden einwenden, daß sich durch ein Gefühlsmanagement dieser Art ein Wohlbefinden einstellt, das verkrampft ist, künstlich aufgesetzt wirkt und deshalb nichts anderes als eine Variante des »Denke und fühle dich positiv!« sei. Diese Gefahr besteht. Aber sie kann ausgeschlossen werden, wenn man sie durch Leistungen kontrolliert, wie das beim Sport der Fall ist. Es kommt auch darauf an, daß das Training nicht im Selbstverfahren durchgeführt wird. Es gehören dazu Fachkräfte.

Kennedy und die Kuba-Krise

Am 29. Oktober 1962 stand die Welt vor folgender Situation: Die Sowjetunion war drauf und dran, auf Kuba Raketen zu installieren, die jede Stadt der USA innerhalb weniger Minuten durch Atomwaffen hätte zerstören können. John F. Kennedy beriet sich mit seinem Sicherheitsstab und den höchsten Militärs im Weißen Haus, was zu tun sei, um die Bedrohung durch die UdSSR abzuwenden.

Und nun traf Kennedy eine Entscheidung, die ein Management der Emotionen voraussetzt. Er unterschied zwischen der objektiven Bedrohung der USA durch sowjetische Raketen und der Vorstellung einer solchen Bedrohung. Seine Entscheidung basierte nicht auf einer objektiven Bedrohung, sondern auf der subjektiven Einschätzung, wie die anderen Nationen die amerikanischen Aktionen beurteilten, also auf emotionaler Intelligenz. Das Machtgleichgewicht habe sich nicht geändert, so der Präsident. Es habe nur so ausgesehen. Die Militärs begriffen das nicht. Für sie war es eine Bedrohung. Doch Kennedy meinte, es sei die Vorstellung einer Bedrohung, die einen veranlassen könnte, falsch zu handeln.[13]

Bei einer Bedrohung im objektiven Sinn gibt es eine Anzahl von Reaktionsmöglichkeiten; man kann zum Beispiel mit einem Erstschlag der Bedrohung ein Ende bereiten. Bei einer Bedrohung, die in der menschlichen Vorstellung existiert, sind dagegen ganz andere Reaktionen möglich.

Kennedy muß als einer der ersten begriffen haben, daß das politische Handeln der UdSSR und der USA eine Art Pokerspiel geworden war, ein sogenanntes »chicken game«, dem niemals eine tödliche Aggression folgen würde. Von diesem Augenblick an sprach man im Weißen Haus nicht mehr vom »Cold War« sondern vom »Supergame«.

Kennedy wandte zum ersten Mal in der Weltpolitik ein Streßmanagement an. Nicht die objektive Bedrohung des Organismus ist die Gefahr. Die Gefahr ist, daß man auf eine Vorstellung reagiert. Das Management besteht darin, die Vorstellung der Gefahr zu verändern.

Nikita Chruschtschow sollte zurückweichen können, ohne sein Gesicht zu verlieren. Das war eine Prämisse, die bei einem Atomkrieg keine Rolle gespielt hätte, wohl aber bei einer Drohung mit einem Atomkrieg, den es zu vermeiden galt. Deshalb verhängte Kennedy eine Seeblockade. Ein Jahr zuvor hatte Kennedy beim Mauerbau in Berlin ebenfalls eine gestufte Deeskalation praktiziert. Doch eines hatte Kennedy übersehen, das seinen Sieg beeinträchtigte. Die Filmaufnahmen von der Umkehr der Sowjetschiffe bedeuteten für den Kreml eine Niederlage. Und deshalb wurde Chruschtschow gestürzt.

Kennedy, der erste Fernsehstar der Politik, nutzte das Fernsehen auch da, wo es nicht angebracht war. Die U-2-Aufnahmen von den Abschußrampen wurden vergrößert, damit der Weltpresse Beweise vorgelegt werden konnten. Das Abdrehen der sowjetischen Schiffe vor der Blockadelinie ließ er filmen. Obwohl Kennedy immer daran dachte, dem Gegner die Möglichkeit zu geben, sein Gesicht zu wahren, führte er den Gegner im Fernsehen vor.

Die Unterscheidung zwischen einer Realität und der Vorstellung von einer Realität ist eine theoretische Unterscheidung. Man könnte meinen, das sei Haarspalterei. Doch auch hierin ging der römische Philosoph Epiktet der Moderne voran. Er hatte folgenden Gedanken zur praktischen Lebensdevise gemacht: »Nicht die Dinge beunruhigen uns, sondern die Vorstellungen, die wir uns von den Dingen machen.« Der Tod an sich sei zum Beispiel nichts Schreckliches, nur die Vorstellung, die wir uns von ihm machen. Epiktet führte eine grundsätzliche Unterscheidung zwischen Sein und Bewußtsein ein. Das Sein kennen wir nicht, und das Bewußtsein, das sich dieser Tatsache nicht bewußt ist, wird selbst zu einem Sein, das wir nicht kennen. Die gesamte abendländische Erkenntnistheorie, die in Immanuel Kant gipfelt, lebt von diesem Gedanken. Auch der amerikanische Psychotherapeut Albert Ellis beruft sich darauf, wenn er seine rational-emotive Therapie postuliert.[14]

Die Entscheidung Kennedys war ein Musterbeispiel dafür, daß er die Emotionen der eigenen Supermacht richtig einzuschätzen verstand, aber gleichzeitig auch die der Sowjets. Wäre es nach den strategischen und taktischen Überlegungen der kalkulierenden Intelligenz gegangen, hätte es wahrscheinlich einen Atomkrieg gegeben. Auch dem sowjetischen Generalsekretär Chruschtschow ist zu bescheinigen, daß er seinerseits plötzlich die emotionale Reaktion der USA richtig erkannte. Beide Politiker hatten auf dem Höhepunkt einer gefährlichen Krise von ihrer emotionalen Intelligenz Gebrauch gemacht. Sie hatten rationale Entscheidungen getroffen, ohne die Emotionen dabei außer acht zu lassen. Diese hatten sie in die Entscheidungen integriert. Es war ein weltpolitisches Beispiel dafür, daß man mit Hilfe der Intelligenz Emotionen sowohl einsetzen als auch wieder aus der Krisensituation herausnehmen konnte. In beiden Fällen erwies sich die Intelligenz in der Lage, Emotionen zu meistern.

Während der Kuba-Krise zeigte sich auch, daß politische Erfolge in politische Niederlagen verwandelt werden können, indem die emotionale Intelligenz wie ein Katalysator das Geschehen verändert. Man konnte das geradezu sehen. Durch weltweite Telekommunikation erlebten die Menschen die unmittelbare psychologische Wirkung, die von lebendigen Bildern ausgeht. Hatten Telefonate einst die Depeschen abgelöst, so konnten jetzt Bilder vom Ort des Geschehens den verantwortlichen Politikern in aller Welt direkt vor Augen geführt werden.

Der erste große Höhepunkt waren die Bilder, die zeigten, wie die sowjetischen Schiffe an der Blockadelinie abdrehten, die Präsident Kennedy während der Kuba-Krise verhängt hatte. Die Sowjets – das war die Bildbotschaft – konnten nicht nach Kuba fahren. Sie hatten nachgegeben. Chruschtschow hatte seine politischen Ziele erreicht. Er sah den Ausgang der Kuba-Krise als Sieg an. Er erreichte nämlich den Abbau der amerikanischen Abschußraketen in der Türkei und erlangte die amerikanische Zusicherung, Kuba niemals anzugreifen. Psychologisch war es aber eine Niederlage. Die Bilder von den abdrehenden Sowjetschiffen gingen um die Welt. Das Politbüro machte dann auch Chruschtschow dafür verantwortlich. Es empfand die Bilder als eine Schmach. Von diesem Zeitpunkt an hatte Chruschtschow seine Macht im Kreml praktisch verloren. Man wertete Kuba als Niederlage, denn die ganze Welt wurde Zeuge davon, daß die Sowjetunion nicht die Meere beherrschte. Es wurden von den Amerikanern Grenzlinien gezogen, und die Sowjets hatten zu parieren.

Emotionale Reizüberflutung

Was Sowjets und Amerikaner im Kalten Krieg machten, hatte große Ähnlichkeit mit den sogenannten Überflutungsverfahren der amerikanischen Verhaltenstherapie. Dabei wird der Patient, der an Angstzuständen leidet, die objektiv unbegründet sind, in eine Situation versetzt, die ihm Angst macht. Er erhält aber keine Chance, dieser Situation zu entkommen. Deshalb sagt man, der Patient werde mit Angst überflutet. Er soll seine Angst so intensiv wie möglich erleben.

Er wird auch ermutigt, über die schrecklichen Konsequenzen, die sich nach seiner Vorstellung für ihn aus der Angstsituation ergeben, zu berichten. Dabei werden nicht nur Affekte erzeugt, sondern auch verbraucht. Man hat diese Methode auch Implosivtherapie genannt, weil sie dazu führen soll, daß Angstzustände in sich zusammenbrechen. Zuerst verstärken sie sich, dann aber verschwinden sie und kommen nicht wieder.[15]

Die Situation auf beiden Seiten der Supermächte entsprach psychologisch der Implosionstendenz der permanenten Bedrohung. Nur wußte man das nicht. Wenn gesagt wurde, daß die eine Nuklearmacht die andere zum Schluß tausendmal zerstören könne, so spielte das keine Rolle mehr angesichts der Erkenntnis, daß bereits ein einziges Mal genügte, um den Gegner tödlich zu treffen. Nachträglich kann man sagen, daß es ein

Glücksfall war, daß nicht einer der Konkurrenten die Nerven dabei verlor.

In der Psychotherapie gibt es die Methode, Angstzustände durch eine Verstärkung der Angst in sich zusammenbrechen zu lassen. Man meint, jede Emotion verliere ihre Wirkung, wenn man sie bis zum Äußersten treibt. In der Politik machte sich dieses Prinzip breit, wenn man die Angst der jeweils anderen Seite auch gar nicht psychologisch abbauen wollte.

Es gibt zur Zeit noch keine empirischen Erkenntnisse darüber, bei welchen Patienten die Methode erfolgreich verläuft. Es gibt noch zu viele Fälle, bei denen sie das Gegenteil erreicht. Bevor eine Verringerung der unerträglichen Angst einsetzt, verlieren diese Patienten jegliche Kontrolle über sich und drehen durch, und zwar mit bleibenden Schäden. Deshalb ist die Therapie ethisch nicht zu verantworten.

In der Politik versuchte man, psychologisch das Gegenteil zu tun, ohne zu ahnen, welche Konsequenzen das haben würde. Angst, die geschürt wurde, verlor mehr und mehr ihre Wirkung. In Verbindung mit vielen anderen ökonomischen, politischen und wissenschaftlichen Mißerfolgen und der Erkenntnis, den Kalten Krieg nicht mehr zu gewinnen, sackte die Motivation der Sowjetunion in sich zusammen. Dennoch drehte keiner durch. Die Gefahr bestand, aber es ging alles sehr schnell. Es wurden keinerlei Anstrengungen mehr unternommen, das System durch Aggression und Krieg nach außen zu retten, aber auch nicht durch konsequente Reformen. Gorbatschow verlor schnell seinen Schwung und wurde zu einem großen Zauderer. Er kam zu spät und wurde vom Leben bestraft.[16]

Diese Vorgänge rechtfertigen die These, daß der Kalte Krieg psychologisch entschieden wurde, weil die emotionale Kraft für Entscheidungen schwand. Auf keiner Seite war die Gesetzmäßigkeit der Prozeßabläufe sicher bekannt. Es ging nach der instinktiven Psychologie, und die sprach zum Schluß für die Amerikaner.

Henry Kissinger hat 1995 in München gesagt, daß es die Atomwaffen auf beiden Seiten waren, die den Dritten Weltkrieg verhindert haben. Diese Waffen übernahmen schließlich die Funktion der aggressiven Drohgebärde, die den Gegner schreckte, ihn aber nicht tötete.[17]

Nun ist es problematisch, die psychologischen Vorgänge, die sich in einer Therapie oder auch im Tierreich abspielen, auf die internationale Politik zu übertragen. Dennoch hatten die Amerikaner »therapeutische« Erfolge. Gorbatschow erlebte die Bedrohung durch die Amerikaner nicht mehr so wie seine Vorgänger. Zwar war die Psychologie von den USA dazu benutzt worden, den Sowjets furchtbare Angst einzuflößen. Doch war Präsident Reagan ja immer auch der Meinung gewesen, man könne die sowjetischen Führer bekehren.

Die aggressiven Affekte, die während des Kalten Krieges beide Seiten ständig beherrschten, verloren schließlich an Wirksamkeit. Dazu hatte auch beigetragen, daß die dauernden Drohungen nicht mehr ernst genommen wurden. Jede Seite war allmählich davon überzeugt, daß es sich um Drohungen handelte, denen kein Einsatz atomarer Waffen folgen würde. Es wurde ein Spiel mit Schachfiguren, von dem die Spieler wußten, daß es ein Spiel war und bleiben würde. Wenn die Bedrohung als psychologisches Spiel durchschaut wird, verliert sie ihre Macht. Die Affekte des Bedrohtseins verschwinden. Die Bedrohung verliert ihre psychische Potenz und erstarrt zum Ritual. Sie trennt sich von der Handlung, auf die sie hinweist. Sie isoliert sich selbst. Eine Strafandrohung, der nie die Strafe folgt, nutzt sich ab.

Es mußten also immer wieder neue Bedrohungsvorgänge erfunden werden. Es wurde dabei die Illusion aufrechterhalten, es könne aus dem Spiel ja doch einmal Ernst werden. Tatsächlich machten sich auf beiden Seiten Gedanken breit, es könne durch Nachlässigkeit oder durch einen psychologischen Fehler oder durch eine Art Overkill der Bedrohungsspannung die Kontrolle verlorengehen, so daß dann eine spontane Aggression entstünde. Das emotionale Gleichgewicht der Drohung wurde mehr und mehr zum zentralen Politikum.

Bei der Suche nach neuen Bedrohungen ging Nixon sogar so weit, daß er sie im Charakter seiner eigenen Person verankerte. Er wollte zeitweise als Kommunistenhasser angesehen werden, der die Bombe zünde, wenn es sein müsse. Weil er die Atombombe nicht einsetzen wollte, mußte er zur psychologischen Atomdrohung übergehen. Und dabei fiel ihm ein, daß er sich selbst dabei noch aggressiver machen konnte, als er in Wirklichkeit war: das Image als Waffe!

Richard Nixon nannte das selbst die »Theorie der Verrückten«.[18] Sein Sicherheitsberater Henry Kissinger war begeistert. Fortan versuchte dieser, bei seinen Verhandlungen den Sowjets klarzumachen, der Präsident könne jeden Moment äußerste Schritte unternehmen. Kissinger trat als der Vernünftige auf, der durchblicken ließ, wie schwierig es sei, Nixon zu bremsen. Dieser hat später selbst erklärt, daß er daraus ein Spiel der Routine gemacht habe. Beide – Nixon und Kissinger – waren nämlich der Überzeugung, Diplomatie müsse durch Androhung von Gewalt gestützt sein. Beide traten als zwei Polizisten auf, von denen der eine vorgeblich ein böser und der andere ein guter war. Schwere Krisen und Konflikte haben immer etwas Irrationales an sich. Sie mit rationalen Mitteln beizulegen, ist also schwer. Man kann sie aber auch nicht irrational lösen. Die Folge ist, daß man mit der Unzulänglichkeit der Psychologie arbeitet und entscheidet, ohne sich dieser Situation tatsächlich bewußt zu sein. Unzulänglich ist jede Psychologie, weil sie es immer auch mit unberechenbaren, nicht kalkulierbaren Freiheitsgraden des menschlichen Verhaltens zu tun hat. Die schweren Fehler der Sowjetunion auf diesem Gebiet kann man damit erklären, daß sie der Psychologie der freien Persönlichkeit mißtraute. Die war für sie nicht berechenbar. Die Sowjetunion sah ihrer Ideologie zufolge den Menschen als ein Reflexwesen, das seiner Natur nach manipulierbar war und deshalb zum Sowjetmenschen erzogen werden sollte. Erst nach dem großen internationalen Psychologenkongreß in Moskau 1966 kamen etlichen sowjetischen Professoren Bedenken, die sie aber nur zögernd äußerten. Eine Persönlichkeitspsychologie entstand, die sich dem Westen annäherte, aber vom Politbüro und der Parteilinie sich entfernte. Und das bedeutete, daß sie keinerlei Einfluß auf die Politik des Kreml ausüben konnte.

Die Politik versuchte später, die Bedrohungsstrategie zwar beizubehalten, aber Worte zu gebrauchen, die auf Entspannung zielten. Die Anstrengungen der internationalen Politik, sogenannte vertrauensbildende Maßnahmen einzuleiten, wurden das eigentliche internationale Konzept, das Erfolg versprach, ohne jemanden zu bedrohen. Aber die Geschichte ging andere Wege. Das Konzept der gegenseitigen Abschreckung führte anscheinend zum Erfolg, offenbar brachte dieses die Gegner zur Einsicht, das Wettrüsten aufzugeben.

In Zukunft wird psychologisch-emotionalen Analysen große Bedeutung zukommen. Goleman hat mit seiner Konzeption der »emotionalen Intelligenz« die Erkenntnis gewonnen, daß sich die Gesellschaft in einer emotionalen Krise befinde. Das ist ein ganz wichtiger Beitrag.

»Diese neue Einsicht in das Wirken der Emotionen und ihre Schwächen lenkt unsere Aufmerksamkeit auf ungenutzte Möglichkeiten, unserer kollektiven emotionalen Krise Herr zu werden«, betont er gleich am Anfang seines Buches.

Diese Erkenntnis läßt sich auf die Politik anwenden. Es sollten dazu aber keine allgemeinen Appelle an die Politiker gerichtet werden, sondern der historisch gewissermaßen überschaubare Verlauf des Kalten Krieges als ein Paradebeispiel untersucht werden. Die Ausbreitung von Nuklearwaffen ist wahrscheinlich nicht zu verhindern. Wenn aber islamische Staaten oder Korea die Atombombe haben, werden sie sich nicht nach der Psychologie richten, die Amerikaner und Sowjets davon abhielt, jemals von diesen Waffen Gebrauch zu machen.

Den Supermächten war ihre eigene Existenz wichtiger als ein Atomkrieg, der ihr Leben vernichtet hätte. Der Islam aber kennt zum Beispiel den Heiligen Krieg, in dem die Toten zu Helden und Märtyrern werden, denen Allah die ewige Seligkeit verheißt. Kissinger meint, die Vorsicht des Westens habe eine atomare Bedrohung während des Kalten Krieges nicht Realität werden lassen. Das sei bei Staaten, die ganz anderen Kulturkreisen angehören, nicht ohne weiteres vorauszusetzen. Das Leben des einzelnen könne als unbedeutend erscheinen, wenn fanatische Politiker glaubten, sie könnten sich zum Beispiel auf Allah berufen oder sich als sein Werkzeug sehen.

Wie man sieht, wird sich die emotionale Intelligenz in der Politik, von der doch unser aller Schicksal abhängt, notgedrungen mit den Emotionen auseinanderzusetzen haben, die zum Beispiel den Friedensprozeß im Nahen Osten, in Israel und Palästina, Syrien und Jordanien sowie in Ägypten, betreffen.

»Lebenskunst« im Kalten Krieg

Eine andere psychologische Strategie des Kalten Krieges bestand darin, den Gegner immer wieder in unvorteilhafte Positionen zu lancieren, ohne daß dabei die aggressiven Absichten sichtbar wurden.

Ein Beispiel aus der jüngeren Geschichte: Hitler beherrschte aufgrund seiner Angst und Paranoia, irgend jemand sei doch immer gegen ihn eingestellt, diese Technik meisterhaft, vielleicht auch nur instinktiv. Er hat manches Attentat auf sich dadurch vereitelt, daß er einem potentiellen Attentäter oder Sympathisanten einfach unterstellte, er habe etwas gegen ihn vor. Einen General, der davon wußte, daß Offiziere gegen Hitler etwas im Schilde führten, fragte Hitler wenige Monate vor dem 20. Juli bei einer Lagebesprechung im Hauptquartier unvermittelt, ob er ihm sonst noch etwas zu berichten habe. Der General bekam einen Schrecken, weil er sofort annahm, der »Führer« habe einen Verdacht oder den siebten Sinn. In Wirklichkeit traf Hitlers Frage auf einen Menschen, der sich in einer ungewöhnlichen psychologischen Ausnahmesituation befand. Er brachte die Frage in Verbindung mit seinem Wissen um den Plan des Attentats. Die Unterstellung, der andere halte etwas zurück, reichte aus, um sich erkannt zu fühlen und das »Spiel« abzubrechen. Eine bloße Annahme kann uns dazu bringen, Suggestionen zum Opfer zu fallen.

Die Sowjetunion hatte auch immer einen paranoiden Zug, den sie ständig zu kompensieren versuchte. Obwohl sie es war, die immer expandieren wollte, begründete sie dieses Bestreben mit einer Bedrohung durch die USA, gelegentlich auch durch China. Die Breschnew-Doktrin war im Kern nichts anderes als die Kompensation der eigenen Angst, daß überall Gegner lauerten: die Konterrevolutionäre.

Auch die technologische Revolution der Kommunikation hat dazu geführt, daß zum Beispiel durch die Live-Fernsehübertragungen die Bedrohung wuchs. Die Reaktionszeit auf wichtige Ereignisse wurde drastisch reduziert, und Begegnungen wurden unmittelbarer und konkreter erlebt. Es wird auf Fernsehereignisse geantwortet, nicht auf schriftliche Informationen. Damit kommen unmittelbar schon durch die bewegten Bilder emotionale Eindrücke ins Spiel. Das verlangt zum Beispiel vom Präsidenten der USA, daß er sich einerseits schneller entscheiden muß, andererseits aber auch Spielraum gewinnt. Denn er kann sich jetzt von Personen und Ereignissen ein unmittelbares Bild machen. Präsident George Bush reichten vor bedeutenden Konferenzen Videos von zehn Minuten über seine Gesprächsteilnehmer nicht mehr aus – im Unterschied zu seinem Amtsvorgänger Ronald Reagan. Er setzte sie auf eine Stunde an, damit er mehr emotionale Verhaltensweisen und körpersprachliche Reaktionen von seinen politischen Kontrahenten sehen konnte. Er wollte die Psychologie seiner Gesprächspartner im Vorfeld einer Verhandlung abklären. Auch hier erscheint plötzlich die Psychologie in der internationalen Politik. Umgang mit Menschen ist immer Psychologie, sei sie gut oder böse, schwach oder stark, vertrauensvoll oder ungünstig, naiv oder paranoid.

Letztlich brachten die grenzüberschreitenden Informationen durch Telefax, Satellitenfernsehen und durchlässige Staatsgrenzen das Meinungsmonopol der KPdSU zum Einsturz. Und den praktischen Umgang mit einer besser informierten Gesellschaft hatte man im Osten nicht gelernt. Glasnost kam zu spät.

Emotionale Defizite

Am 13. Mai 1848 war eine Gruppe von Eisenbahnarbeitern auf der Linie von Rutland nach Burlington damit beschäftigt, Felsen aus dem Gestein zu hauen. In der Schlucht von Cavendish in Vermont nördlich von New York passierte ein schreckliches Unglück. Ein Vorarbeiter ließ die Sprengstange in das dafür ausgehobene Bohrloch fallen. Dabei explodierte das Pulver. Die Stange schoß aus dem Erdloch wie eine Rakete und durchbohrte den Schädel des Vorarbeiters. Neben dem linken Auge ging sie durch den Kopf, durchschlug den Stirnlappen und trat nahe der Mittellinie des Kopfes wieder aus. Die Stange flog mit Blut und Gehirnmasse noch fünfzig Meter durch die Gegend.

Vorarbeiter Phineas Gage sollte durch diesen Unfall eine bedeutende Person in der Hirnforschung werden. Er war nämlich nicht tot. Er fing sogar kurz darauf wieder an zu sprechen. Die Kollegen luden ihn auf einen Wagen. Er richtete sich jedoch auf und blieb sitzen. Als sie über einen Kilometer weit bei Mr. Adams Hotel ankamen, stieg er sogar vom Wagen herunter. Dort wartete ein Arzt schon auf ihn.

Alles wurde dann später von dem ortsansässigen Arzt genau protokolliert. Es lagen Ausfallserscheinungen, Verhaltensänderungen, Verlust von Charaktereigenschaften, Sehstörungen und viele andere Veränderungen bei Gage vor. Er hatte das Unglück überlebt, war jedoch ein anderer Mensch geworden. Als er Jahre später starb, bewahrte man Schädel und Bohrstange auf. Sie wurden zu einem gruseligen und von vielen Menschen bestaunten Ausstellungsstück in einem kleinen Museum.

Doch dann kamen vor einigen Jahren die Hirnforscher. Sie zeichneten das Gehirn dreidimensional auf, mit allen Ecken und Kanten, und rekonstruierten das Gehirn von Gage in einer Computersimulation. Dann verglichen sie die Verhaltensprotokolle von vor hundert Jahren mit ihren exakten Beschreibungen von 1500 neuen Fällen, die sie untersucht hatten. Alles wurde in Computern gespeichert und schließlich analysiert. Es war ein Abschnitt im Frontalhirnabschnitt zerstört worden, der dazu da war, die aus tiefer liegenden Hirnregionen stammenden Emotionen an die Großhirnrinde weiterzuleiten: exakte Diagnose nach hundertfünfzig Jahren.

Gage hatte nach seinem Unfall keine rationalen Entscheidungen mehr treffen können. Die Ursache war die Zerstörung der Bahnen, auf denen die Emotionen zu dem Teil des Großhirns geleitet werden, der Entscheidungen fällt. Also, so schloß Hanna Damasio, die Neurologin, die das alles untersucht hatte, müssen Emotionen da sein, um Entscheidungen treffen zu können.[19]

Zur gleichen Zeit machte ein anderer Neurologe namens Oliver Sacks eine ähnliche Entdeckung. Er berichtete von einem Ingenieur, der durch eine massive Blutung im Stirnlappenbereich zwar weiterhin wissenschaftliche Abhandlungen im *Scientific American* las, aber sich über nichts mehr wunderte. Er hatte das Staunen verloren, das seine Leidenschaft für die Naturwissenschaften seit seiner Jugend bestimmt hatte.

Ein anderer Fall war ein Richter. Er hatte durch einen Granatsplitter eine Stirnlappenläsion erlitten. Seitdem berührte ihn nichts mehr emotional. Seinen Beruf gab er schließlich auf, weil er unfähig geworden war, sich in die Motive von Angeklagten und Opfern hineinzuversetzen. Das Fehlen von Emotionen ließ ihn keineswegs unparteiisch werden. Ganz im Gegenteil. Er war nicht mehr in der Lage, ein Urteil zu fällen. Zur Rechtsfindung gehört also nicht nur Verstand, sondern auch Gefühl.[20]

Solche Beobachtungen waren es, die die Wissenschaftler zu der Erkenntnis brachten, daß die Emotionen für alles, was wir tun und entscheiden, lebensnotwendig sind.

Für das Weltbild und die Vorstellungen, die wir bisher von rationalen Prozessen hatten, war das eine Revolution. Rationale Prozesse sind auch ohne Emotionen möglich. Sie haben dann aber keine Beziehung mehr zur Realität des korrekten Handelns.

Durch die elektronische Verarbeitung von zahlreichen Rohdaten des Gehirns, zum Beispiel moderne Bildgebungsverfahren wie Magnetresonanz, Scans und High Tech unserer Zeit, konnten Verletzungen in Hirnarealen, die es realiter schon nicht mehr gab, erkannt werden. Mit Hilfe von Computersimulation wurde anhand von Schädeln rekonstruiert, welche Hirnareale beschädigt sein mußten, wenn es zu den vor vielen Jahren protokollierten Ausfallserscheinungen kam. Die moderne rationale Technik hatte die fundamentale Bedeutung der Emotion erkannt. Doch war das nur möglich, weil man die genaue anatomische Struktur des Gehirns in Verbindung bringen konnte mit protokollierten Verhaltenseigenschaften. Die Folgen daraus sind noch nicht abzusehen.

Das emotionale Geschehen spielt sich innerhalb des Gehirns vor allem im limbischen System ab, besonders in der Amygdala. Vor einigen Millionen Jahren kam der Neokortex dazu. Der Mensch wurde befähigt zu planen, zu lernen, sich zu erinnern. Je mehr Verbindungen zwischen limbischem System und Neokortex sich entwickeln, um so mehr emotionale Antworten sind auch möglich. Durch die vielen Konnexionen hätte es passieren können, daß der Entscheidungsspielraum durch zu viele Faktoren aufgehoben wurde. Die Evolution verhinderte das Chaos, indem die Anzahl der einflußreichen Emotionen reduziert wurde.

Bei den im Stirnlappenbereich lädierten Personen kommt die emotionale Selektion wichtiger Reaktionen nicht mehr zustande. So können sie keine Entscheidungen mehr treffen, weil sie nicht wissen, wie sie selbst und andere auf ihre Wahl gefühlsmäßig reagieren. Sie können die Warnung nicht verstehen, die beispielsweise von dem Ärger anderer Menschen auf sie ausgeht. Machen sie einen Fehler, zum Beispiel eine Fehlinvestition, empfinden sie kein Bedauern, keine Scham oder sonst etwas. Die Folge ist, sie wiederholen ihre Fehler.

Das menschliche Gehirn ist eine Art Hardware, die in Röntgenaufnahmen deutlich sichtbar wird. Die in ihm ablaufenden physiologischen, psychischen und geistigen Prozesse sind die Software. Sie kann durch PET-Scan-Aufnahmen sichtbar gemacht werden. Diese Software wiederum fällt verschieden aus, je nachdem, ob sie im limbischen System oder im Neokortex programmiert ist.

Ursprünglich war die Software nicht im Großhirn untergebracht, sondern im limbischen System. Dieses war in der Evolution zuerst da und wurde später von der Entwicklung des Großhirns überlagert. Das Großhirn verschaffte dem Menschen mit seinen neuen Potentialen einen ungeheuren Vorsprung vor allen anderen Lebewesen. Der Mensch entwickelte Institutionen von der Jagdgruppe bis zum Automobilkonzern. Er konnte wichtige Vorgänge programmieren, speichern und in Situationen sich ihrer bedienen, die nicht mehr an die aktuelle Realität gebunden waren. Er lernte vor allem, sich lebenswichtige Verhaltensweisen vorzustellen und damit von Raum und Zeit zu lösen. Er konnte sich damit aber auch von seinen eigenen biologischen und sozialen Ursprüngen entfernen und seine Gefühle mißachten. Sie standen ihm schließlich sogar im Wege, wie bei den Formel-1-Rennfahrern und Astronauten.

Der ständige Umgang mit Technologien und mathematischen

Modellen setzt scheinbar Logik, Denkprozesse und Emotionslosigkeit voraus. Das prägt in einer rationalen Informationsgesellschaft die Idealvorstellung vom Manager. Dieser soll möglichst deutlich, klar und objektiv, ohne starke Gefühlsanteile seine Entscheidungen treffen. Er soll keine Rücksicht nehmen auf menschliche Schicksale oder emotionale Prozesse, wenn es um den Erfolg oder schließlich um das Überleben eines Betriebes geht. Dieses Ideal wurde so stark verinnerlicht, daß man gelegentliche Gefühlsausbrüche bei Managern sogar noch als Ausdruck einer starken Persönlichkeit wertet, die über Dynamik und Durchsetzungsvermögen verfügt. Die Forschung weiß es aber nun besser. Die Evolutionspsychologie, ein junger Zweig der Wissenschaft, der sich mit der Evolution des Menschen seit seiner Urzeit beschäftigt, kommt zu dem Ergebnis: Es ist die emotionale Intelligenz, die uns rettet, obwohl wir dabei sind, sie durch eine intellektuelle zu verschütten. Durch die Schaffung von rationalen Strukturen und schließlich abstrakten Unternehmen nach Blue-print-Organisationsmustern wurden Bilanzen, Konzepte, Programme und abstrakte Ideen wichtiger als Gefühle. Doch die in Millionen Jahren gebildeten neuralen Pfade seines Gehirns konnte der Mensch nicht ändern. Die Gefühle sind nach wie vor die Basis seines Verhaltens. Die Fähigkeit, in einer Situation schnell und sicher die eigenen Gefühle und die der anderen richtig zu deuten und einzuordnen, ist emotionale Intelligenz. Sie verschafft uns einen Vorteil im Umgang mit uns selbst und mit anderen Menschen. Sie ist also im höchsten Grade nützlich. Das muß mit der Evolution des Menschen zu tun haben. Und diese ist über Jahrmillionen ablesbar an der Entwicklung seines Gehirns. Nach Stammhirn und Kleinhirn entwickelte sich das Großhirn. Dieses denkt, jenes fühlt. Dabei spielt die Moral noch keine Rolle. Doch was geschieht, wenn es zu Ausfällen kommt?

Die Emotionen der Autisten

Um zu zeigen, was ein Ausfall emotionaler Stimmungen bedeutet, gibt es zur Zeit kein besseres Beispiel als den Autismus. Es steht in einem fast reziproken Verhältnis zur emotionalen Intelligenz.

Seit es Intelligenzforschung gibt, spielt die Anpassungsleistung an neue Situationen bei ihrer Definition eine Rolle. Durch das Studium des Autismus ist herausgekommen, daß Menschen diese Anpassung nicht vollbringen, wenn ihnen die affektive Grundlage fehlt. Sie können nicht subjektiv reagieren. Auch bildhafte Szenen rufen bei ihnen kaum je eine emotionale Reaktion hervor. Einzelheiten werden genau erkannt, haben aber keine intensiv empfundenen inneren Zustände zur Folge. Die Korrespondenz mit Gefühlen fehlt. Es gibt für Autisten auch Gefühle. Diese sind aber nicht verbunden mit Ereignissen und dem Verhalten anderer Menschen.[21]

Autistische Menschen können sich nicht in die psychische Welt der anderen hineinversetzen, weil ihnen das Gefühl dafür fehlt. Da sie über eine normale, oft sogar eine ungewöhnliche Intelligenz verfügen, gelingt es ihnen, sich so zu verhalten, wie es andere tun. Sie versuchen, auf kognitive Art Gefühle zu imitieren. Das kann so weit führen, daß sich autistische Menschen verhalten, als seien sie von Gefühlen gelenkt. Aber sie empfinden nichts dabei, weil sie kein Gefühl für das Verhalten haben. Geraten sie in neue Situationen, für die sie in ihrem kognitiven Archiv kein »Vorbild« finden, überwältigt sie Panik. Sie sind außer sich, selbst bei unbedeutenden Anlässen.

Sehr intelligente Autisten können durchaus darüber berichten, daß ihnen Gefühle wesensfremd sind. Sie üben emotionales Reagieren, indem sie nach ähnlichen, schon gelernten Reaktionsweisen in ihrem Gedächtnis suchen. Sie kompensieren das Fehlen einer emotionalen Intelligenz durch Kognitionen und

Lernen. Sich selbst und andere können sie nicht über emotionale Prozesse verstehen. Es fehlt das Gespür für das geistige Leben anderer Menschen. Anpassung, Interaktion und Kommunikation durch emotionale Prozesse werden damit zu unersetzbaren Defiziten. Es fehlen die Gefühle.

Die armen Königskinder

Die emotionale Grundlage unseres Seelenlebens wurde oft durch rationalistische Philosophien als Störfaktor hingestellt. Jetzt erkennen wir, daß ihr Fehlen der Störfaktor ist. Reiche und Arme, Königskinder und Asoziale zeigen oft auch emotionale Defizite. Sie alle sind voneinander verschieden, leben gesellschaftlich voneinander getrennt. Und dennoch vereint sie vieles.[22]

Die Mitglieder von Königshäusern sind in einer besonders mißlichen Lage, da sie in ihrer Entwicklung oft daran gehindert werden, echte emotionale Beziehungen zu erleben. Sie haben es in ihrer Umgebung mit Funktionären zu tun, denen sie keine lebenswichtigen Gefühle entgegenbringen dürfen. Sie sind emotional genauso arm dran wie die wirklich Armen. Die Kinder, die nicht essen wollen, und die Kinder, die nichts zu essen haben, vereint die Deprivation des Gefühlslebens.

Einer der Konflikte, mit denen Lady Diana unvorbereitet zu Beginn ihrer Ehe konfrontiert wurde, wurzelte im englischen Königshaus selbst. Die Windsors hatten der emotionalen Seite in der Erziehung ihrer Kinder nie große Aufmerksamkeit geschenkt. Ihre Mitglieder hatten Rollen einzustudieren und Funktionen wahrzunehmen. Sie wurden früh daran gewöhnt, ihre Gefühle zu kontrollieren. Das lief oft auf eine Unterdrückung der Emotionen hinaus. Man hat die englische Königin Elisabeth II. nie weinen sehen. Sie konnte sich beherrschen. Doch bei Lady Di war das anders.

Die Erziehung und die Förderung der Persönlichkeitsentwicklung der Königskinder wurden von den ersten Wochen an in fremde Hände gelegt. Damit begegneten diese praktisch nur Beauftragten für ihre Erziehung, also auch Rollenträgern, denen sie sich emotional nur bis zu einem bestimmten Grad zuwenden durften. Wenn Ansätze einer starken Bindung erkennbar wurden, wurden die Bediensteten entlassen. Es gab keine Identifikation mit den Gefühlen anderer, die ihre Belohnung in sich trug. Das Königshaus entwickelte eine Subkultur der Deprivation, des Verlustes von Gefühlen wie bei den ganz Armen, deren mißliche soziale Lage zu ähnlichen Defiziten führt. Gegen diese Defizite zu protestieren, hat Lady Di mehrfach versucht, indem sie zu fast hysterischen Übertreibungen emotionaler Verhaltensweisen ihre Zuflucht nahm. Das wiederum waren Symptome, die ein zukünftiger König weder verstehen noch zulassen durfte. Es gibt also wirklich die »armen Reichen«.

Bei den meisten Reichen verursacht die Butler-Psychologie eine Einsamkeit, die durch Dolce vita, Empfänge und öffentliche Begegnungen mit Prominenten kompensiert wird. In der High-Society werden immer mehr Personen nicht mehr mit dem Leben fertig – aus Mangel an echten Gefühlen. Ein emotionales Vakuum mit heftigen Turbulenzen wirft sie aus der Bahn.

Eines haben die Königskinder jedoch durch ihre Erziehung häufig anderen voraus. Sie lernen frühzeitig durch protokollarische Zwänge, fremde Kulturen zu achten.

Fremde Kulturen

Ein Gesichtspunkt, der bei Goleman völlig fehlt, ist die Begegnung mit Angehörigen fremder Kulturen. Ein direkter und zugleich locker-burschikoser verbaler und körpersprachlicher Ausdruck, wie ihn die amerikanische Zivilisation bevorzugt, ist bei Chinesen unangebracht. Sie tabuisieren viele emotionale Ausdrucksweisen und wirken auf uns unergründlich. Wir haben nicht gelernt, in ihren Gesichtern zu lesen. Unter sich tauschen sie sehr wohl emotionale Signale aus. Wir verstehen sie nur nicht. Es ist zum Beispiel schwer, Chinesen aggressiven Fußball beizubringen. Aggressionen zeigt man nicht im Team. Die konfuzianische Lehre wirkt noch heute nach. Die Folge sind Konflikte innerhalb der Mannschaft, die man sich nicht eingesteht.

Da wir uns in einer globalen Weltwirtschaft bewegen, kommt dem emotionalen Verständnis fremder Kulturen eine gewisse Priorität zu. Dieses Verständnis erwirbt man sich nicht, indem man sich der eigenen und fremden Emotionen bewußt wird. Außereuropäische Kulturen wie die chinesische haben die Emotionen schon sehr früh sozialisiert. Wer seinen Emotionen freien Lauf läßt und sie nicht zu regulieren versteht, gilt heute noch in China als unzivilisiert. Emotionen und emotionale Ausdrucksweisen sind für Chinesen zwei Dinge. Deshalb fällt es Europäern und Amerikanern so schwer, die Körpersprache der Chinesen richtig zu deuten. Sie empfinden die Kommunikation mit Chinesen oft wie ein Vakuum. Unter Umständen projiziert man dann das eigene kommunikative Unvermögen in sein Gegenüber und unterstellt diesem Falschheit oder Verschlossenheit. Ich kenne einen bekannten deutschen Manager, der sich in Saudi-Arabien ein lukratives Geschäft dadurch vermasselte, daß er es bei den Verhandlungen immer sehr eilig hatte und zum bevorstehenden Vertragsabschluß seinen Kugelschreiber zückte. Die Saudis meinten, sie hätten doch noch gern einiges mit ihren eigenen Experten geklärt. Hinter ihrer ruhigen Art verbarg sich die emotionale Enttäuschung, daß die Deutschen einige Tabus verletzt hatten.

Ein amerikanischer Geschäftsmann erzählte mir vor kurzem, daß nach monatelangen Verhandlungen mit Japanern plötzlich ein alter Japaner den Raum betrat und ohne jegliche Gesichtsmimik die Gäste betrachtete. Kurz darauf erklärte einer aus der japanischen Runde der Manager, man müsse noch drei Wochen warten, die Götter seien im Augenblick dem Abkommen nicht gütig zugetan. Der alte Chef habe in seinem Leben immer den Willen der Götter respektiert. Er gedenke, das auch heute zu tun. Natürlich war das ein Bär, den man den Amerikanern aufbinden wollte. Sie zeigten sich enttäuscht. Es blieb ihnen nichts anderes übrig, als es in drei Wochen erneut zu versuchen. Doch einer von ihnen suchte nach einer östlichen Lösung. Nach drei Wochen verlief alles ähnlich. Aber in einer kritischen Phase bat der amerikanische Verhandlungsführer um eine Unterbrechung, um seinerseits, wie er sagte, die eigenen Götter zu befragen. Daraufhin erklärten die Japaner sich bereit, den Vertrag zu unterzeichnen. Das hätten sie auch schon früher tun können. Aber sie haben es nicht getan.

Die angesehene Zeitschrift *Foreign Affairs* sah sich vor kurzem genötigt, einen großen Artikel zu veröffentlichen unter der Überschrift »Negotiating with the Chinese«. Der Verfasser war ein Diplomat aus dem Außenministerium. Mit den Chinesen zu verhandeln, ist offenbar noch schwieriger als mit den verbündeten Japanern.[23]

Manager im emotionalen Defizit

Diese Überlegungen könnten manches erklären, das in der Wirtschaft mißlingt. Hier begegnen wir Menschen mit schwach entwickelter emotionaler Intelligenz oft in Gestalt der »Nieten in Nadelstreifen«. Ihr Mangel an Einfühlungsvermögen und Menschenkenntnis kann ganze Unternehmen in den Ruin führen. Sie verwechseln Aggressivität mit Durchsetzungsvermögen, Feindseligkeit mit Selbstbehauptung und Coolness mit Überlegenheit und Führungsverhalten. Häufig herrscht bei ihnen nur emotionale Kälte. Im Umgang mit Emotionen grenzt das bisweilen an Debilität.

Daß Eliten mit rationaler Intelligenz so viele emotionale Fehler machen, hat einen Grund. Da sie alle die gleichen Schulen besucht haben, Freundschaften nur unter ihresgleichen pflegen und sich sonst abkapseln, indem sie sich in vornehmen Wohngegenden niederlassen, die gleichen Restaurants besuchen und die gleichen Zeitschriften bevorzugen, vermeiden sie auch die gleichen Dinge. Sie werden so zu einer elitären Gruppe von Wissenden und gleichzeitigen Ignoranten.[24] So können führende Leute auch in gewisser Hinsicht dumm sein. »Dumm« war sprachlich gesehen früher der Ausdruck für »taub«. Der Taube war abgeschnitten von hörbaren Kontakten. Ihm fehlte damit der Zugang zur sprachlich übermittelten Information.

Es gibt zahlreiche Beispiele, die dafür sprechen, daß auch schwache emotionale Intelligenz in den jeweiligen Führungsetagen für den Konkurs von Unternehmen verantwortlich werden kann. Wenn fehlende emotionale Intelligenz mit einer extremen Introversion zusammenfällt, ist die Bindung der Führung an die Basis praktisch außer Kurs gesetzt. Bei wichtigen Entscheidungen werden keine emotionalen Prozesse mehr berücksichtigt. Zum Schluß wissen Führungskräfte oft nicht mehr, wie sie mit ihren Werftarbeitern oder KFZ-Mechanikern reden sollen.

Natürlich müssen Manager die Flut der Informationen und Kontakte ordnen, indem sie Unwesentliches und Nebensächliches sofort ausschalten. Manager mit hoher emotionaler Intelligenz aber erkennen gerade in scheinbar unwichtigen und belanglosen Kontakten und Informationen entscheidende Hinweise auf weitreichende Zukunftsperspektiven.

Manager habe klare Entscheidungen zu fällen. Auf Gefühle dürfen sie keine Rücksicht nehmen. Je weniger Informationen sie zur Verfügung haben, um so weniger emotionale Korrekturen sind ihnen möglich. Doch die Fülle der Informationen kann auch so stark anschwellen, daß der Überblick verlorengeht. Auch hier kommen Emotionen bei Entscheidungsprozessen zur Wirkung. Emotionales Verständnis dämpft die Erregung, die vielleicht bei einer Verhandlung durch einen unannehmbar empfundenen Vorschlag der Gegenseite ausgelöst wird.

Es wird seit langem darüber gerätselt, ob die deutsche Führungselite in der Wirtschaft noch über die Basiskompetenzen verfügt, die für die sozialen Beziehungen zu den Mitarbeitern notwendig sind. Zu oft hat man gepredigt und geschrieben, daß Durchsetzungsvermögen gefragt sei, nicht Einfühlungsvermögen. Die Stellenangebotsteile der großen Tageszeitungen sprechen für sich. Teamarbeit wird verlangt, aber vor allem Durchsetzungsvermögen. Das Wort Empathie ist bisher noch nicht vorgekommen. Aber es wird nicht mehr lange dauern. Zu schwerwiegend sind die Probleme und zu schwach die Kompetenzen bei den Führungskräften, wenn es darum geht, ein Unternehmen mit vielen Menschen zu leiten. Es sind Kommunikationsstörungen eingetreten, die zum einen durch die Größenordnung, zum anderen durch das fehlende Glied der emotionalen Kommunikation bedingt sind.

Man hat darauf hingewiesen, daß die deutsche Führungselite Friedrich Nietzsche folge, der ein Welt- und Menschenbild à la Machiavelli predigte. Der Wille zur Macht, zur Eroberung der Märkte, solle stärker sein als moralische Prinzipien im Umgang mit fremden Konzernen und deren Managern. Nietzsche hatte eine panische Angst vor dem Mitgefühl. Er sah Jesus als denjenigen Menschen, der lebensuntüchtig sei, weil er mitleide und damit das Leiden in der Welt nur noch vergrößere. In seinem Fürsten Myschkin hat Dostojewski diesen Menschentyp dargestellt, und zwar in seinem Roman *Der Idiot*. Diese Titelfigur verkörpert der Fürst, der etwas Christusähnliches an den Tag legt. Idiot war das Wort für Einzelgänger, Isolation und zu starken Altruismus. Ein gewisses Maß an Mitleid ist jedenfalls erforderlich, um rationale Prozesse mit emotionalen zu verbinden. Heute wird bereits in Jugendgefängnissen ein sogenanntes Antiaggressions-Training praktiziert, das darauf hinausläuft, Mitleid zu vermitteln und zu entwickeln bei Straftätern, die gefühllos andere zusammengeschlagen haben. Ihr Mitleidsdefizit soll beseitigt werden.

Die heutige wirtschaftliche und wissenschaftliche Welt hat wenig Sinn für die körpersprachlichen Signale der Emotionen. Erst eine Schulung in der Beobachtung subtiler körperlicher Veränderungen des Verhaltens offenbart uns die Stimmung, aus der heraus jemand handelt. Wer beruflich den ganzen Tag mit Telekommunikation zu tun hat, ist wahrscheinlich auf besondere persönlichkeitsspezifische Anlagen angewiesen, um diesen Beruf durchzuhalten. Mit Gefühl ist das nicht zu erreichen. Andererseits schützt sich der Organismus auch, indem er Gefühlsreaktionen dämpft und sie der beruflichen Situation anpaßt. Es ist augenfällig, daß der Erfolg in den neuen Informationsberufen nicht über die Karriere nach oben eintritt, sondern über die Nutzung von Gelegenheiten, die sich in einem lateralen Netzwerk ergeben. Häufig ergeben sich unverhoffte, unerwartete Verbindungen. Die ideale Telekommunikations-Persönlichkeit bedarf einer besonderen emotionalen Intelligenz. Sie ähnelt einem Anhänger des Zen-Buddhismus, ist ruhig, offen, sensitiv.

Jahrzehntelang hat die Psychologie versucht, im Wirtschaftsleben Fuß zu fassen – ohne nennenswerten Erfolg. Erst jetzt gelingt es ihr, weil das magische Wort Management auf Gefühle angewandt wird wie sonst auf Zahlen, Bilanzen, Organisations- und Strukturprobleme. Management ist die Kunst, in einer komplexen Situation Mittel und Wege zu finden, die zum Erfolg führen. Man muß auf Veränderungen, die sich oft nur an scheinbar unbedeutenden Symptomen zeigen, schnell und intelligent reagieren. In einer Zeit, in der Arbeitsplätze abgebaut werden und das Management in die Kritik gerät, kommt offenbar vielen eine Wende wie gerufen. Einige Gesellschaftsgruppen werden die Wandlung vom coolen, knallharten zum emotionalen Manager begrüßen. Die Gewerkschaften haben das 1974 schon einmal versucht. Damals lief das unter dem Namen »Humanisierung der Arbeitswelt«. Andere werden einen Führungsstil zwischen Ratio und Emotion für sich in Anspruch nehmen.

Management ist die Kunst, sich und andere zu motivieren. Rudi Noppen leitet die Firma Webasto in München mit 3745 Mitarbeitern. Sie produziert Schiebedächer für die Automobilindustrie. Praxis- und Lerntage sind bei Webasto seit 1988 ein fester Bestandteil der Unternehmenskultur. Alle Führungskräfte müssen im Fertigungsbereich nach einem dafür entwickelten Konzept auch im Blaumann arbeiten, um die Arbeit und die Mitarbeiter zu verstehen, mit denen sie in der Regel nichts zu tun haben. Am Schluß solcher Arbeitstage werden mit allen Beteiligten Gespräche geführt, die der Kommunikation und Empathie dienen. Emotionale Intelligenz ist hier sogar institutionalisiert. Jedem Mitarbeiter wird so Gelegenheit gegeben, emotionale Intelligenz zum Nutzen des Betriebes und zu seinem eigenen Vorteil anzuwenden. Deshalb erfüllen die Mitarbeiter insgesamt ihre Aufgaben heute anders als früher.

Manager können nicht ohne Rücksicht auf ihre Mitarbeiter Arbeitsabläufe anordnen. Sie werden sich vernünftigerweise der Möglichkeiten bedienen, die in den Talenten der Personen und in den Produkten, die sie herstellen, liegen. Sie wollen mit Leben ausgefüllt sein. Es ist wie bei einer Fußballmannschaft. Der Trainer muß Teamgeist bei den Spielern entwickeln und ihre Fähigkeiten so ausschöpfen, daß die Mannschaft erfolgreich arbeitet. Er sollte erkennen, wer wo was am besten kann.

Das Goleman-Konzept ist aus zwei Gründen aktuell. Es setzt auf eine Intelligenz, die bisher keine Rolle in der Intelligenzforschung und Testpsychologie spielte. Es beruft sich auf fundamentale Prozesse aus den Anfängen der menschlichen Spezies, die physiologisch und psychologisch durch moderne Gehirnforschungstechniken nachgewiesen werden. Niemals sind Emotionen ausgeschaltet. Sie sind in der Evolutionsgeschichte des Menschen primär und deshalb jederzeit reaktivierbar, vor allem durch plötzliche Ereignisse. Auch können entsprechende Reaktionen geschürt werden durch Suggestion oder falsche Informationen. Deshalb ist der Umgang mit Emotionen für alle Situationen von entscheidender Bedeutung, sei es in der Ehe, bei der Erziehung, im Arbeitsteam oder einer politischen Partei, bei Beziehungen zu Kunden, zwischen Flugpassagieren, Clubkameraden oder zufälligen Ferienbekanntschaften.

Der Umgang mit Gefühlen setzt sehr viel Sensibilität für körpersprachliche Äußerungen voraus. Mit einer Rehabilitierung der Emotionen, die jetzt zu erwarten ist, dürfte es allerdings kaum getan sein. Es fehlen noch aussagekräftige Beispiele, denen hilfreiche praktische Ratschläge folgen. Das Goleman-Konzept bedarf deshalb fundierter Hinweise, wie auch ein Laie sich Kenntnisse und Erfahrung aneignen kann, ohne dabei schwere Fehler zu machen, wenn er seinen Lebensstil ändert. So ist zum Beispiel das Cockpit eines Jumbos kein Platz für Emotionen, ebensowenig der Tower des Flughafens. Das gilt für alle Berufe, die mit Überwachungsfunktionen zu tun haben. Astronauten werden ausgelesen, bei denen keine Angstreaktionen zu erwarten sind. Es gibt also Zielgruppen, bei den Emotionen Gefahr bedeuten. Hier ist nicht nur ein angemessener Umgang mit Emotionen gefordert, sondern sehr oft eine ruhige, konzentrierte Atmosphäre, die möglichst Streßreaktionen ausschließt. Und man braucht Vertrauen in die Technik und das eigene Können.

Auch der Sport ist hier zu erwähnen. Sogenannte Arousal-Techniken müssen genau abgestimmt sein, wenn sie Erfolg haben sollen. Eine zu niedrige Erregung ist ebenso leistungshemmend wie eine zu hohe. Dabei muß jeder bei sich selber anfangen. Emotionale Intelligenz richtet sich auf die Gefühle der anderen, aber in erster Linie auch auf die eigenen. Das sogenannte Supertraining ist nichts anderes als ein Gefühlsmanagement, mit dem man Spitzenleistungen erzielt. Wenn Sportler ihre eigene Situation nicht richtig einschätzen können, wie sollen sie dann erst die der Gegner einschätzen? Wenn ein Ehepartner die Fehler für die Krise nur beim anderen sieht, wie soll die Situation sich da verbessern? Wenn Vater und Mutter ihre Emotionen dazu benutzen, die Familie zu tyrannisieren, wie soll da noch die Erziehung des Kindes zu einem Menschen gelingen, der mit seinen eigenen Gefühlen umgehen kann?

Das alles sind einleuchtende Fragen, die Goleman stellt. Hierzu müßten einige Beispiele genannt werden, aus denen hervorgeht, daß die unkontrollierte Projektion eigenen Fehlverhaltens auf das Verhalten anderer familiäre und personalpolitische Folgen hat, die sich früher oder später rächen. Ein Choleriker hört gern, daß er sehr erfolgreich ist, weil er es versteht, seine Mitarbeiter anzuschnauzen. Er übersieht dabei, daß er die anderen langsam aber sicher gegen sich aufbringt. Seine Ausfälle treffen nämlich auch Schwachstellen bei den anderen, auf die diese empfindlich reagieren. Doch sie werden ihre Frustration und Aggression aufschieben und ihrerseits gegen Menschen richten, die damit nichts zu tun haben. Menschen vom Typus-A-Verhalten zeigen gewöhnlich keine Nachsicht, wenn andere Fehler machen, und keine Einsicht in das eigene Verhalten, wenn sie andere antreiben. So ruinieren sie sich schließlich selbst. Sie mißachten ihre emotionale Intelligenz. Sie sind sozusagen dumm, weil sie nicht wissen und nicht akzeptieren, was Gefühle bedeuten. In Manhattan gibt es medizinisch-psychologische Praxen für diese Leute. Eine davon befindet sich sogar in der Wall Street selbst. Und diese hat es speziell mit dem Problem zu tun, daß erfolgreiche Börsenhändler den Konflikt von Arbeit und Liebe, von rationalen Entscheidungen und emotionalen Bindungen nicht lösen können.[25]

Emotionale Intelligenz beinhaltet also Disziplin im Umgang mit den eigenen Gefühlen aufgrund von Einsicht und Übung. Ein angemessener Ausdruck solcher Gefühle will gelernt sein. Er gehört zum Repertoire unserer Verhaltensweisen.

Zur Thematik des emotionalen Managements tragen die Untersuchungsergebnisse der Gehirnforschung ebenso bei wie die heutigen Erkenntnisse der Evolutionspsychologie, die Soziologie der Subkulturen und Gesellschaftsschichten, die eine Deprivation der Gefühle praktizieren, wie Königshäuser, Sportprofi-Ligen, Vorstandsetagen, Wissenschaftsgremien, aber auch bestimmte Kulturen. Wenn man Menschen Gefühle durch Deprivation entzieht, kommt es zu schweren gesundheitlichen Störungen. Halluzinatorische Vorstellungen versorgen dann das Gehirn, das auf Gefühlsreize angewiesen ist. Wenn diese nicht von außen kommen, werden Gefühlsreize im Innern selbst produziert.

Goleman betont, daß Emotionen positiv und negativ eingesetzt werden können. Sie sind sozusagen ursprünglich jenseits aller Moral. Wenn nun die Aufwertung der Emotionen durch die Erkenntnisse der Hirnforschung, der Evolutionspsychologie und der Geschichte erfolgt, so darf nicht übersehen werden, daß vieles differenzierter dargestellt werden muß. Intelligenz heißt ja ursprünglich Unterscheidungsvermögen. Die »Sieben auf einen Streich« beim tapferen Schneiderlein waren eben keine Riesen, sondern Fliegen. Das verriet aber sein Gurt, auf dem das stand, nicht. Und wer eine Cessna fliegen kann, erwirbt damit nicht die Fähigkeit, einen Jumbo zu landen. Es kommt auf die Dimensionen an.

Emotionale Intelligenz kann auch darin bestehen, unter Umständen die eigenen Gefühle zu unterdrücken. Ein mit emotionaler Intelligenz begabter Mensch will aber vornehmlich die Gefühle angemessen entwickeln und ausdrücken, ja sie respektieren und kultivieren.

Wie kommt es, daß so viele Menschen Erfolg im Leben haben und doch dabei nicht über eine besondere Intelligenz verfügen? Weil sie über die Fähigkeit verfügen, mit anderen gut umgehen und die eigene Gefühlslage bei Entscheidungen besser als andere einschätzen zu können. Sie treffen deshalb leichter gute persönliche Entscheidungen, die sich als effektiv für sie und andere erweisen.[26]

Goleman nimmt an, daß nur zwanzig Prozent unserer rationalen Intelligenz an unseren Lebenserfolgen beteiligt sind. Die anderen achtzig Prozent setzen sich zusammen aus Klassenzugehörigkeit, Glück und Lebenstüchtigkeit. Ich glaube, das ist übertrieben. Es wird dabei übersehen, daß »Street Intelligence« klassische Intelligenz nicht ausschließt, sondern voraussetzt, wenn sie zum Erfolg führt.

Warum interessieren uns die Tellerwäschergeschichten, die von Menschen berichten, die nach oben wollten und es schafften? Warum erscheinen nur Memoiren und Autobiographien von Roger-Alger-Typen, die von dem Drang getrieben werden, etwas leisten zu müssen, oder besessen sind, Politik, Wissenschaft oder sonst etwas zu betreiben? Dagegen zeigen andere hochgradige Verwirklicher ihrer Wünsche und Ideen wie Gandhi und Mutter Teresa einen auffälligen Gleichmut in bezug auf die Welt. Es ist, als ob die Schöpfung sie sich selbst aussucht, um sie an ihr teilnehmen zu lassen. Sie alle aber besitzen eine ausgezeichnete Intelligenz vom Faktor g, der sich in ihrer emotionalen Intelligenz manifestiert.[27]

Empathie

Vor vierzig Jahren begann die Psychotherapie, sich mit der sogenannten Empathie, dem Einfühlungsvermögen, zu befassen. Carl Rogers machte sie sogar zum Zentrum seiner Gesprächspsychotherapie.

In *Die Brüder Karamasow* von Dostojewski erzählt der Atheist Iwan seinem Bruder Aljoscha, dem Gottgläubigen, eine phantastische Geschichte über die Idee der Kirche, den Menschen zu beugen. Dabei lernt Aljoscha seinen Bruder verstehen. Er denkt sich in die Sicht seines Bruders von Gott und der Welt hinein. Als sie sich voneinander verabschieden, fällt Aljoscha auf, daß Iwan eine ein klein wenig hängende Schulter hat. »Das war ihm früher nie aufgefallen.« Etwas Äußerliches wird beobachtet und erkannt, nachdem man einen Menschen verstanden hat. Die Wissenschaft der Psychologie hat es immer anders gesehen: Die Beobachtung des Verhaltens hat nichts mit dem Verstehen des Menschen zu tun.

Die Empathie, zu der Goleman aufruft, ist zwar ein hehrer Wert, doch angesichts einiger Zahlen muß man daran zweifeln, ob es mit einem Aufruf allein getan ist. Nach sozialpsychologischen Schätzungen haben etwa fünfundsiebzig Prozent der Deutschen eine Meinung zu einem Problem, wenn sie es viermal im Fernsehen behandelt gesehen haben. Dabei spielen nicht einmal die vorgebrachten Argumente eine Rolle, sondern die Wirkung der Personen, die diese Argumente vortragen. Psychologisch gesehen kommen Identifikationen und Projektionen ins Spiel. Bei einer Identifikation, nach Sigmund Freud ein Abwehrmechanismus wie die Projektion, stimmt man einer Person zu, die ähnlich denkt, fühlt und handelt wie man selbst. Bei einer Projektion werden die eigenen und sich selbst nicht eingestandenen Schwächen und unterdrückten Ansichten bei der anderen Person abgelehnt. So können also durchaus unterschiedliche Auslegungen ein und desselben Verhaltens zustande kommen, wohlgemerkt, wenn man keine anderen Informationen hat. Um ein bekanntes Bibelwort abzuwandeln: Der Balken im eigenen Auge bringt einen Menschen dazu, sofort den Splitter im Auge des anderen auszumachen. Nach der Entlassung Rehhagels als Trainer bei Bayern München urteilten etwa zwei Drittel der Bevölkerung, dies sei ein großes Unrecht, das dem »arroganten Beckenbauer« anzulasten sei. In Wirklichkeit verhielt es sich ganz anders. Doch Projektionen hatten um sich gegriffen. Deshalb ist die Empathie eine menschliche Hoffnung, aber gleichzeitig auch eine menschliche Schwäche, die nur durch eine psychologische Schulung überwunden werden kann. Die Psychoanalyse verlangt vom angehenden Analytiker eine jahrelange Lehranalyse bei einem bereits etablierten Psychoanalytiker.

Fähigkeiten bedürfen der Leistungsbereitschaft, der Motivation, um Leistungen hervorzubringen. Talente müssen geweckt werden. Beweggründe braucht der Mensch, um etwas zu tun. Und diese sind es, die die emotionale Fähigkeit einsetzen, ausstrahlen und die menschliche Welt bereichern oder zerstören.

Emotionen kommen nicht rein vor. Angst und Wut, Ärger und Schock können sich potenzieren, sich blockieren, aber manche sind auch miteinander inkompatibel. Von Muhammed Ali erzählten Insider, er habe sich jedesmal vor einem Boxkampf in Wut geredet, um die Angst vor seinem Gegner zu verlieren.

Der Disney-Hase Bunny sagt zu den Kindern, als er, zu Tode erschrocken, eine Riesendogge neben sich auftauchen sieht: »Oh, wie bin ich wütend. Angst habe ich erst später.«

Wie bereits erwähnt, spielt emotionale Intelligenz auch in der Politik eine große Rolle. Politiker mit hoher emotionaler Intelligenz waren Roosevelt und Brandt, Kennedy und Rockefeller. Nixon und Chruschtschow besaßen sie nur bedingt. Auffällig auch, daß Gorbatschow in seinen *Erinnerungen* immer wieder von dieser Fähigkeit spricht. Auch er nennt sie Empathie.

Auf dem Parteitag der SPD in Mannheim 1995 deutete Rudolf Scharping die Stimmung unter den Genossen so, daß sie es satt hatten, immer nur Querelen zu diskutieren. Sie seien voller »Zorn, Wut und Erregung«. Das war eine richtige Einschätzung, die jedoch gleichzeitig einen Mangel an emotionaler Intelligenz erkennen ließ. Scharping begriff nämlich nicht, daß man vor allem mit ihm unzufrieden war und nicht nur mit dem Zustand der SPD. Es bedurfte einer einzigen emotional intelligenten Rede Oskar Lafontaines, um die über fünfhundert Delegierten praktisch umzustimmen, ihn selbst zu wählen. Und womit schaffte das Lafontaine? Er wählte Worte, von denen er wußte, daß sie ihre Wirkung nicht verfehlen würden. Es war wie im Drama *Julius Caesar* von Shakespeare, in dem Marc Anton vielleicht die berühmteste Rede hält, die es in der Literatur gibt: »Mitbürger, Freunde, Römer! Hört mich an...«

Nach der Ermordung Cäsars huldigen die Römer Brutus. Doch Antonius lenkt die Emotionen in einer zehnminütigen Rede um. Sie richten sich nun auf einmal gegen eben diesen Brutus, der Cäsar getötet hat. Die Rede ist eine Leistung der emotionalen Intelligenz, nicht zuletzt auch dadurch, daß sie genau in den Zeitrahmen paßt, die Gefühle nun einmal durchlaufen. Antonius konnte seine Ambitionen zurückhalten bis zu dem Zeitpunkt, wo sie den größten Erfolg versprachen.

Auch die Emotionen, die hinter den Entdeckungsprozessen der Wissenschaftler stehen, bedürfen noch einer Untersuchung.
 Denken und Verständnis spielen eine Rolle. Analytik, Urteilsvermögen und Schlußfolgerungen sind nötig. Erfahrungen und Wissen gehen in die Bewertung auch mit ein. Die wissenschaftliche Intelligenz erkennt man zuweilen an geschickten, sinnvollen Umwegen, die zum Ziel führen. Aber das allein macht es nicht. Es ist die Fähigkeit, aus einer neuen Situation ohne langes rationales Analysieren einen Erkenntnisnutzen zu ziehen. Sie ist das Herzstück des wissenschaftlichen Entdeckungsprozesses. Es ist ein Zustand, den man gern in Ermangelung präziser Begriffe mit »Feeling«, »Gefühl«, »im Gefühl haben«, »Intuition«, »Vision« umschreibt. Auch Träume gehören dazu. Oft sind es nur ganz leichte Veränderungen in altbekannten Mustern, die dem Intelligenten auffallen und aus denen er buchstäblich einen Gewinn zieht.
 Es gibt in den ausgefahrenen Spuren unserer Wahrnehmung oft kleine Gelegenheiten, in eine andere Welt zu blicken und Neues zu sehen. Viele erkennen das nur nicht. Sie übersehen es, weil sie nur gelernt haben, einen Plan oder ein Konzept zu befolgen. Dem sind diese kleinen, aber überraschenden Veränderungen jedoch nicht zu entnehmen. Und die Logik kann sie auch nicht erfassen, wohl aber die Folgen. So schließt sich der Kreis. Auch die wissenschaftliche Entdeckung der emotionalen Intelligenz machte von der emotionalen Intelligenz Gebrauch.

Schlußwort

Wenn Intelligenz Verstehen und Bewußtsein voraussetzt, dann ist der Intelligenzquotient nicht geeignet, das Verstehen und das Bewußtsein gegenüber einem Sachverhalt oder Inhalt auszudrücken, der nicht mit Zahlen und Grammatik zusammenfällt. Menschen kommunizieren miteinander. Sie sind erfüllt, überwältigt oder zurückhaltend in ihren emotionalen Äußerungen. Warum sollte der Begriff der Intelligenz nicht für Menschen gelten, die sich und andere verstehen und sich dieses Verstehens bewußt sind, die Emotionen bewußt wahrnehmen?

Emotionen haben wir überall entdeckt. Und wir haben uns dazu der klassischen Intelligenz bedient. Intelligenz ist Einsicht, Verständnis, Sichzurechtfinden, Nachdenken, Entdecken, Ordnen und Umstrukturieren. Auf die Emotionen angewandt, befähigen die typischen Merkmale der klassischen Intelligenz dazu, Emotionen zu erkennen, zu verstehen, sich in der Welt der Gefühle zurechtzufinden und Entdeckungen zu machen, die uns reicher werden lassen. Wir lernen, die emotionale Welt zu ordnen, denn sie ist wahrscheinlich das Wichtigste, das es zu erforschen gibt. Darin ist Goleman zuzustimmen.

Die Entdeckung der emotionalen Intelligenz ist geistesgeschichtlich gesehen ein abendländisches Ereignis, mit dem sich schon früh die Philosophen auseinandergesetzt haben. Doch der wissenschaftlich schlüssige Beweis von der Macht unserer Gefühle gelang erst vor einigen Jahren in der Neuen Welt. Die moderne Hirnforschung und der Computer haben dazu beigetragen. Aber das war erst der Anfang. In einer Welt, die zunehmend komplizierter und undurchschaubarer wird, kommt man mit der rationalen Intelligenz allein nicht mehr weiter. Es ist an der Zeit, den Gefühlen unsere Aufmerksamkeit zuzuwenden. Wir müssen sie angemessen ausdrücken, aber auch eine innere Distanz zu ihnen gewinnen. Dann können wir viele Probleme lösen, die jetzt noch durch unkontrollierte Affekte blockiert sind. Ein angemessenes Umgehen mit unserer Gefühlswelt wird vielleicht eines Tages Lernziel werden.

Es wäre allerdings billig, einfach das Ruder herumzureißen und nur auf Gefühle zu setzen. Die rationalen Fähigkeiten des Menschen dürfen nicht entwertet werden. Beide Intelligenzen, die rationale und die emotionale, gehören zusammen.

Wenn man den Forschern glauben darf, werden wir noch viele Überraschungen erleben. Neues Wissen wird unser Welt- und Menschenbild verändern. Technologische Instrumentarien erlauben uns, viel mehr auch über die Funktionsweise unserer Emotionen zu erkennen. Ein neues Forschungsgebiet ist entdeckt: die emotionale Intelligenz.

Anmerkungen

1. Teil

1 Ernst, H. und Gardner, H., Unsere sieben Intelligenzen. In: Psychologie heute 2/1985, S. 20-31 (Ich versuche, Sprache und Logik vom Podest zu stürzen.)
Gardner, Howard, Wie komponiert man eine Symphonie? In: Psychologie heute 9/1981, S. 38–42
Neisser, U., Intelligenz – gibt's die? In: Psychologie heute 8/1983
Ernst, Heiko, Intelligenz. In: Psychologie heute 8/1981, S. 22–25
Ernst, Heiko, Alltagsintelligenz: Praktisch, sozial, emotional. In: Psychologie heute 10/88, S. 3 und 4, S. 20–27 (Dieser Artikel war meines Wissens der erste, der die emotionale Intelligenz in einem deutschsprachigen Text vorstellte.)
2 Peters, R., Praktische Intelligenz. mvg Landsberg am Lech 1988, S. 73–161
3 Grubitzsch, S., Testtheorie Testpraxis. Rowohlt, Reinbek 1978, S. 80 ff.
4 Der Forschungssatellit COBE (Cosmic Background Explorer) fing in einem ganz schwachen Bad von Mikrowellen ein Nachglühen des Urknalls auf. Damit wurde die Theorie bestätigt, daß die ersten Mikrosekunden nach dem Urknall des Universums einer Exponentialkurve geglichen haben müssen. Steven Hawking meinte dazu: »The discovery of the century, if not of all time.«
5 Edward Mallinkrodt Institute of Radiology, Washington University St. Louis, Bristol-Myers Pharmaceutical Research Center Wallingford (Connecticut), Neurological Institute Quebec, McGill University Montreal, Neuro-Isotope Laboratory
Trotter, R., Das Jahrzehnt des Gehirns. In: Psychologie heute 1/1992, S. 57–59

6. EQ Factor. In: Time Magazine, October 16, 1995, pp. 62–69
   Macht der Gefühle. In: Der Spiegel 6/1996, S. 126–130
   Oldham, John, Morris, Louis, Wie gut kennen Sie sich selbst? In: Psychologie heute 10/1992, S. 20–29, S. 52–59
   Zur Hirnforschung:
   Der Spiegel: Lernen, wie Geist funktioniert, 10/1992, S. 218-236
   Time: Glimpses of the Mind. What is consciousness? Memory? Emotion? Science unravels the best-kept secrets of the human brain, July 31, 1995, pp. 36–44
   Der Spiegel: Die Suche nach dem Ich, 16/1996, S. 190–202
7. Hofstätter, P. R., Behaviorismus als Anthropologie. In: Jahrb. f. Psychologie u. Psychotherapie 1956, S. 357–370
   Stemme, F., Die Säkularisation des Pietismus zur Erfahrungsseelenkunde. In: Zeitschrift f. dt. Philologie, Band 72/1951, S. 144–158
8. Goleman, D., Emotionale Intelligenz. Hanser, München 1996
9. Time, Nov. 6, 1995, p. 6
10. Peters, a.a. O. S. 12–14
11. Friedman, M., Ulmer, D., Treating Type A Behavior and Your Heart. Alfred Knopf, New York 1984, pp. 3–70
12. Goleman, D., a.a.O. S. 7
13. Goleman, D., a.a.O. S. 65–70
14. Goleman, D., a.a.O. S. 284–287, S. 329 f.
15. Nye, J., Owens, W., Herrschaft über die Information sichert den USA ihre Weltmachtrolle. In: Welt am Sonntag, 28. April 1996, S. 23–24; der Artikel ist insofern interessant, als er der Informationsexplosion nicht eine emotionale, sondern eine überrationale Reduzierung entgegensetzt.
   Wirtschaftswoche 20/1996: Interview mit dem Nobelpreisträger für Physik, Arno Penzias, 1978
16. Köhler, W., Dynamische Zusammenhänge. Hans Huber Verlag, Bern 1958, S. 9–14
17. Ouspensky, P. D., Vom inneren Wachstum des Menschen. Barth Verlag, Weilheim 1965, S. 21–25; O. stellt dar, daß die Evolution des Menschen noch nicht abgeschlossen sei. Deshalb gebe es Möglichkeiten, die nicht empirisch untersucht werden könnten. Eine besondere Aufmerksamkeit verdiene deshalb des Menschen Bewußtsein von seinen Möglichkeiten.
18. Goleman, a.a.O. S. 68
19. Goleman, a.a.O. S. 69
20. Das sogenannte Supertraining ist ein Sammelbegriff, der unter-

schiedliche mentale Techniken zur Bewältigung unterschiedlicher Probleme zusammenfaßt.

20a Goleman, D.a.a.O. S. 65f.
21 Über die Emotionen der Chinesen gibt ausführlich Auskunft: Bond, M., The Psychology of the Chinese People. Oxford University Press, Hong Kong 1986, pp. 213–266
22 Ouspensky, a.a.O. S. 11
23 Adler, J., The Rise of the Overclass. In: Newsweek, July 31, 1995, pp. 32–46
 Herrnstein, R., Murray, Ch., The Bell Curve. Simon & Schuster, New York 1994, pp. 25–166 (Part I. The Emergence of a Cognitive Elite)
24 Buytendijk, F., Psychologie des Romans. Otto Müller Verlag, Salzburg 1966; B. schildert das Erlebnis der Atmosphäre und der Emotionen, das bei bedeutenden Romanen im Leser entsteht. Inzwischen ist daraus eine emotive Therapie entstanden.
25 Goleman, a.a.O. S. 12
26 Goleman, a.a.O. S. 12f.
27 Wright, R., Science, God and Man. In: Time, Jan. 4, 1993, pp. 46–50
 Horgan, J., The New Challenges. In: Scientific American, Dec. 1992, pp. 8–11

2. Teil

1 Über die Positronen-Emissions-Tomographie unterrichten: Heiss, W.D., Beil, C., Herholz, K., Pawlik, R., Wienhard, K.; Atlas der Positronen-Emissions-Tomographie des Gehirns. Springer Verlag, Berlin, Heidelberg, New York, Tokio 1985
 Wienhard, K., Wagner, R., Heiss, W.D., PET. Grundlagen und Anwendungen der Positronen-Emissions-Tomographie. Springer Verlag, Berlin, Heidelberg, New York, Tokio 1989
 Bigler, E., Yeo, R., Turkheimer, E. (ed.), Neuropsychological Function and Brain Imaging, Plenum Publishing Corporation 1989, darin: Pawlik G., Heiss, W.D., Positron Emission Tomography and Neuropsychological Function, pp. 65–138
2 Montgomery, G., The Mind in Motion. In: Discover, March 1989, pp. 58-68
3 Petersen, S. E., Fox, P.T., Posner, M. I., Mintun, M. & Raichle, M. E., Positron emission tomographic studies of the cortical anatomy of single-word processing. In: Nature, Vol. 331, 18 Febr. 1988, pp. 585–589

Posner, M., Petersen, S., Fox, P., Raichle, M., Localization of Cognitive Operations in the Human Brain. In: Science, Vol. 240, 1988, pp. 1627–1631

Raichle, M., Circulatory and metabolic correlates of brain function on normal humans. In: Handbook of Physiology, USA., pp. 643–674

4 Pelé, My Life and the Beautiful Game. Doubleday, New York 1977
Ribeiro da Silva, A., As aptidões do futebolista. In: Arq. bras. Psic. apl., Rio de Janeiro, Vol. 24, 1972, pp. 7–20 (Da Silva untersucht die Antizipation, den mentalen Anteil an im Spiel erfolgreichen körperlichen Bewegungen.)

5 Begley, S., The Brain. In: Newsweek, April 20, 1992, pp. 40–44

6 Mecacci, Das einzigartige Gehirn. Campus Verlag, Frankfurt 1984, S. 49–61
Restak, R., Geheimnisse des menschlichen Gehirns. mvg verlag, Landsberg am Lech 1988, S. 246-247 (Das japanische Gehirn)
Morley, J. D., Grammatik des Lächelns, Japanische Innenansichten. Rowohlt Verlag, Reinbek 1987
Stuckenschmidt, D., Japan mit der Seele suchen. Scherz Verlag, Bern 1988

7 Virchow, R. v., Lernen und Forschen. In: Die deutsche Universitätszeitung 4/1960, S. 3–10

8 Restak, R., The Brain: The Last Frontier. In: Warner Communications Company 1979, pp. 13–71

9 Reiter, R. J., Melatonin. Bantam Books, New York 1995 (deutsch: Droemer Knaur München 1996)

10 Psychologie heute 2/1992, S. 45f. (Gott im Abbild des Geistes?)

11 Mecacci, a.a.O. S. 121–125

12 Restak, R., The Brain: The last Frontier, a.a.O. pp. 49–71

13 Richard Nixon wird in vielen amerikanischen Fachbüchern immer wieder als »Fall« herangezogen. Die Protokollakten zum »Watergate-Skandal« sind eine Fundgrube für Psychiater und Psychologen geworden.

14 Bristol-Myers Company Annual Report for 1984, pp. 6–25

15 Bristol-Myers Company Annual Report for 1986, pp. 47

16 Holloway, M., R for Addition. In: Scientific American 3/1991, pp. 94-103 (In diesem Artikel wird der Rezeptorenmechanismus im Gehirn genau erklärt und für die Entstehung von Süchten verantwortlich gemacht.)
Bristol-Myers 1984, a.a.O. p. 15

17 Restak, R., Geheimnisse des menschlichen Gehirns. mvg verlag, Landsberg am Lech 1988, S. 326–327
18 Salewski, M., Zeitgeist und Zeitmaschine. dtv 1986; in diesem anregenden Buch findet man auch Science-fiction-Beschreibungen (Gehirn, Weltraum, Expeditionen in fremde Galaxien), die von der Wissenschaft inzwischen überholt worden sind.
19 Damasio, A., Descartes' Irrtum. Paul List Verlag, München 1994, S. 227–237
20 Augros, R., Stanciu, G., Die Neue Biologie. Scherz Verlag, Bern 1988, S. 18
21 Augros, a.a.O. S. 21
22 Augros, a.a.O. S. 22
23 Penrose, R., Schatten des Geistes. Spektrum. Akademischer Verlag, Heidelberg 1995; hier werden die neuen Wege aufgewiesen, die zu einer Physik des Bewußtseins führen können, wobei der Quantenphysik eine besondere Rolle zufällt.
24 Restak, R., Geheimnisse des menschlichen Gehirns, a.a.O. S. 319–322
25 Pöppel, E., Grenzen des Bewußtseins. dtv, München 1985, S. 7–69
26 Descartes, R., Meditationen. Meiner Verlag, Leipzig o.J., 2. Meditation
27 Eccles, J., Die Evolution des Gehirns. Piper, München 1989, S. 303
28 Penrose, R., a.a.O., S. 293–296, S. 438–449; P. ist hier auf der Suche nach einer nicht-rechnerischen Physik des Geistes. Seine Vorstellung von der Intelligenz schließt zwei unabdingbare Voraussetzungen ein: 1. »Verstehen«, 2. »Bewußtsein«, S. 48. Macht man sich diese Definition zu eigen, wofür vieles schon intuitiv spricht, kann der klassische IQ nicht viel taugen. Er reflektiert nur auf ein bewußtes Verstehen von Zusammenhängen von Zahlensystemen und Sprachbedeutungen, nicht auf ein Verstehen von sich selbst und anderen Menschen.
29 Das Statement ist eine der zahlreichen Varianten zu dem Widerspruchsproblem. Seit dem Altertum gilt der Satz, daß etwas nicht erkennen kann, was es selbst ist. Zuerst war es die unauflösbare Paradoxie, daß etwas Materielles wie das Gehirn etwas Immaterielles wie die Seele erkennen könne. Dann wurde die Paradoxie auf den Geist angewandt, der sich selbst nicht erkennen könne. Bei Kant wird das transzendentale Ich schließlich zum »höchsten Punkt« der Erkenntnistheorie und der Philosophie. Indem wir uns das Ich als etwas vollkommen Abstraktes ohne jeden Inhalt vorstellen können, setzen wir selbst das Bewußtsein, das alle unsere Gedanken zu unseren macht.

3. Teil

1 Langley, P., Simon H., Bradshaw, G., Zytkow, J., Scientific Discovery. In: MIT Press, Cambridge 1987, pp. 47–54
2 Herrnstein, R., Murray, Ch., The Bell Curve, a.a.O. p. 4
Der Spiegel 52/1987, S. 135–140, hat einen von H. Eysenck entworfenen Intelligenztest abgedruckt, der auch die Lösungen der Aufgaben enthält. Man kann innerhalb einer halben Stunde damit seinen IQ selbst berechnen. Dabei wird deutlich, weshalb der IQ in Verruf geraten mußte. Die lebensfernen Aufgaben haben nichts mit der Bewährung im Alltag zu tun, wohl aber damit, ein Schachspiel zu gewinnen oder eine 1 in Mathematik zu erhalten.
3 Pascal entwickelte die Wahrscheinlichkeitsrechnung, Descartes die analytische Geometrie, Leibniz die Infinitesimalrechnung u.a.m.
4 Wertheimer, M., Produktives Denken. Kramer Verlag, Frankfurt/M. 1957, S. 118-120
Brecque, Mort La, Denkfallen – Denkfehler. In: Psychologie heute 9/1980, S. 20–27
Lindner, R. (Hrsg.), Einfallsreiche Vernunft. Edition Interfrom, Zürich 1989
Möller-Streitbörger, W., Intelligenz: Der Columbo-Effekt. In: Psychologie heute 12/1993, S. 9f.
Sternberg, R., Davidson, J., Rätselhaftes Denken. In: Psychologie heute 3/1983, S. 38–44
5 Wertheimer, a.a.O. S. 194–218
6 Herrnstein, R., Murray, Ch., The Bell Curve, a.a.O. pp. 17–21
Neisser, Ulric, Intelligenz – gibt's die? In: Psychologie heute 8/1983, S. 56–62. (Hier wird der erste große Angriff gegen die »akademische« Intelligenz gestartet, die in Intelligenztests gemessen wird und im IQ ihren Maßstab gefunden hat.)
7 Peters, R., Praktische Intelligenz. mvg verlag, Landsberg am Lech 1988, S. 123f.
8 Herrnstein, a.a.O. S. 2
9 Chase, St., Die Wissenschaft vom Menschen. Humboldt Verlag, Wien 1951, S. 45–60
10 Einen guten Überblick über fast alle gebräuchlichen Tests gibt Grubitzsch, S., Testtheorie Testpraxis. Psychologische Tests und Prüfverfahren im kritischen Überblick. Rowohlt, Reinbek 1991; über den Intelligenz-Struktur-Test von Amthauer siehe S. 410–415

11 Herrnstein, a.a.O. S. 9
12 Herrnstein, a.a.O. S. 20f.
13 Székely, L., Zur Psychologie des geistigen Schaffens. In: Schweizerische Zeitschrift f. Psychologie, Bd. IV, Nr. 2, 1958, S. 110–124 und Nr. 3/4, S. 332–347, bes. S. 335
14 Kissinger, H., Memoiren, Band III, Goldmann, München 1979, S. 1441
15 Humboldt, W. v., Über die Verschiedenartigkeit des menschlichen Sprachbaus und ihren Einfluß auf die geistige Entwicklung des Menschengeschlechts, 1830-1835. Ges. Werke VII
Whorf, B. L., Sprache, Denken, Wirklichkeit. Rowohlt, Reinbek 1963, S. 140–147
16 Haier, R., Intelligence Test Performance correlates with Brain Scan. University of California, Irvine, Mitteilung Febr. 14, 1988, Communication Office
17 Grubitzsch, S., a.a.O. S. 138
18 Krauthammer, Ch., Deep Blue Funk. In: Time, Febr. 26, 1996, pp. 42–43
Wright, R., Can Machines Think? In: Time, April 1, 1996, pp. 42–50
Kasparow, G., »Ein einziger Fehler ist ein Fehler zuviel«. In: Welt am Sonntag, 31. März 1996, S. 23 (Interview)
Kasparow, G., Schach ist die beste Methode, um sich selbst zu erkennen. In: Psychologie heute 9/1985, S. 60–63
19 Der Spiegel, Nr. 52/1987: Genieblitze und Blackouts, S. 126-140
Roth, G., Die Fähigkeit zur Selbstbewertung von Gehirnen. Impulse aus der Forschung. Universität Bremen 4/1996, S. 5–8 (Der Artikel vermittelt in komprimierter Form eine Vorstellung davon, was auf dem Gebiet der Hirnforschung heute möglich ist und auch schon gemacht wird.)
20 Förster, H. v., Das Gedächtnis, eine quantenphysikalische Untersuchung. Deuticke, Wien 1948
Beer, St., Kybernetik und Management. S. Fischer, Frankfurt 1959, S. 52–55
21 Degen, R. Huber, A., Gedächtnis: Unser Kino im Kopf? In: Psychologie heute, 7/1992, S. 58–63
Schönpflug, W., Gedächtnishilfen. In: Psychologie heute, 7/1987, S. 36–43
Singular, S., Gedächtnis: Über Eselsbrücken zur Perfektion. In: Psychologie heute, 10/83, S. 28–39

22 Erster Internationaler Kongreß für cerebrale Dominanzen, München 1988
Herrman, N., The Creative Brain. Washington 1981; H. hat nicht-geeichte Tests für die Wirtschaft entwickelt, nach denen eine effektive Auslese für alle möglichen Bereiche aufgrund der Gehirndominanzen erfolgen soll.
Ornstein, R., Thompson, R., Unser Gehirn: das lebendige Labyrinth. Rowohlt, Reinbek 1986, S. 170
23 Mecacci, a.a.O. S. 90–97 (das Gehirn des Sportlers)
24 Gardner, H., The Mind's New Science. Basic Books, New York 1984, pp. 10-45
25 Ornstein, R., Thompson, R., a.a.O. S. 166–171
26 Stemme, F., Cerebrale Dominanzen im Sport – eine neuropsychologische Hypothese. Referat auf dem Kongreß für cerebrale Dominanzen, München 1988
27 Stemme, F., Cerebral Dominances in Sport. In: Intern. Journal of Neuroscience 1988, Vol. 45, p. 183 f
28 Schrode, M., Gabler, H., Aufmerksamkeitsveränderungen beim Tennisspiel. In: Leistungssport 6/1987, S. 25–30
29 Der Spiegel 19/1996: Brücke der Gefühle, S. 122 f
30 Kimura, D., Sex Differences in the Brain. In: Scientific American, Special Issue: Mind and Brain, 9/1992, pp. 81–87
Time, Jan. 20, 1992, Gorman, C., Sizing Up The Sexes, pp. 36–43

4. Teil

1 Ortega y Gasset, J., Über das Römische Imperium. Reclam Nr. 7803, 1964, S. 19–22
2 Stemme, F., Die Säkularisation des Pietismus zur Erfahrungsseelenkunde, a.a.O., S. 149 f.
3 Kant, I., Anthropologie in pragmatischer Hinsicht, a.a.O. S. 43
4 Goleman, a.a.O. S. 15
5 Diese von W. Köhler aufgeworfene Frage (Dynamische Zusammenhänge, Huber, Bern 1958, S. 11 f) wird gern in Prüfungen von Gestaltpsychologen gestellt. Zahlreiche psychologische Beispiele können damit angegangen werden.
6 Gray, J., Angst und Streß. Kindler Verlag, München 1971, S. 64–68
7 Blondel, Ch., a.a.O. S. 181

8 Blondel, Ch., a.a.O. S. 182
9 Buytendijk, Psychologie des Romans, a.a.O. S. 33
10 Rogers, C., Entwicklung der Persönlichkeit. Ernst Klett, Stuttgart 1973, S. 321-328
11 Karl Philipp Moritz, Magazin zur Erfahrungsseelenkunde, Berlin 10 Bände 1783-1793
12 Damasio, A., Descartes' Irrtum, a.a.O. S. 178-226 (7. Kap.: Gefühle und Empfindungen)
13 Krech und Crutchfield, Grundlagen der Psychologie. Beltz, Weinheim 1985, Bd. 7, S. 66–68
14 Krech und Crutchfield, a.a.O., Bd. 5, S. 56–62
Plutchik, R., Unsere gemischten Gefühle: Emotionen. In: Psychologie heute 7/1980, S. 56–63
Trotter, R., Die 10 Gefühle, die die Welt bedeuten. In: Psychologie heute 10/1984, S. 40–47
Asendorpf, J., Keiner wie der andere. Wie Persönlichkeitsunterschiede entstehen. Piper, München 1988, S. 222-225. (In diesem wichtigen Buch gewinnt man die Überzeugung, daß Wahrscheinlichkeitsgesetze ebenso wie Unschärferelationen im Nervensystem das Verhalten nachhaltig bestimmen können. Mikrophysikalische Unschärfen können durch Aufschaukelung makrophysikalische Prozesse, die im Gehirn ablaufen, beeinflussen. S. 298-303)
15 Krech und Crutchfield, a.a.O. Bd. 5, S. 57
16 Krech und Crutchfield, a.a.O. Bd. 5, S. 54
17 Krech und Crutchfield, a.a.O. Bd. 5, S. 55
18 Sobez, I., Verres, R., Die Kunst, sich richtig zu ärgern. In: Psychologie heute 4/1980, S. 20–29
Lazarus, R., Der kleine tägliche Ärger, der krank macht. In: Psychologie heute 3/1982, S. 46–49
Müller, M., Die Kunst des Ärgerns. In: Psychologie heute 4/1990, S. 20–26 (darin auch ein Ärger-Test in Form von Fragen).
Wolf, A., Ärger. Was tun gegen das Killer-Gefühl? In: Psycholgie heute 4/1996, S. 20–27 (darin ein weiterer Ärger-Test).
Eliot, R., Breo, D., Is It Worth Dying For? Bantam Books, New York 1984 (in diesem Buch, das einen Durchbruch in der Streßforschung darstellt, wird ein umfassendes und praktikables Programm dargestellt, mit dem man seine Emotionen dem Streßgeschehen entzieht und sie für positive Aufgaben wie die eigene Gesunderhaltung einsetzt.)
19 Ellis, A., Grieger, R., Praxis der rational-emotiven Therapie. Urban & Schwarzenberg, München 1979

Institute for Rational-Emotive Therapy, 45 East 65th Street, New York, N.Y. 10021
Schwartz, D., Gefühle erkennen und positiv beeinflussen. mvg verlag, Landsberg am Lech 1987 (S. gibt viele praktische Ratschläge zum Thema. Seine Informationen zur Bewältigung von Emotionen sind nützlich.)

20 Stemme, F., Reinhardt, K.W., Supertraining. Econ, Düsseldorf 1988, S. 87–90
21 Bielefelder Repräsentativuntersuchungen, dpa 15.4.1996
22 Dunde, S., Neid. In: Psychologie heute 11/1984, S. 20–27
 Bastian, T., Das Ressentiment – Bruder des Neides. In: Psychologie heute 10/1993, S. 35–37
23 Bonhoeffer, D., Widerstand und Ergebung. Kaiser, München 1958, S. 255
24 Kant, I., a.a.O. S. 43f.
25 Die Literatur über Angst ist unübersehbar. Die Angst gehörte schon zu den ersten Themen der neueren Psychologie.
 Luczack, H., Angst. In: GEO 4/1996, S. 84–102
 Gesundheit in Wort und Bild, Spezial: Angst, 2/1966, S. 6–15
26 Der Spiegel 37/1989: Verwirrendes Puzzle, S. 242-243
27 Reiman, E., Fusselman, M., Fox, P., Raichle, M., Neuroanatomical Correlates of Anticipatory Anxiety. In: Science, Vol. 243, 1989, pp. 1071–1074
 Reiman, E. Raichle, M., u.a., Neuroanatomical Correlates of a Lactate-Induced Anxiety Attack. In: Arch. Gen. Psychiatry, Vol. 46, 6/1989, pp. 493–500
 Margraf, J., Panik, Angstanfälle und ihre Behandlung. Springer, Berlin 1989
 Margraf, J., Panische Angst: Überfälle aus dem Nichts. In: Psychologie heute 11/1989, S. 20–27
28 Sacks, O., Eine Anthropologin auf dem Mars. Rowohlt, Reinbek 1995, S. 377
29 Gläsel, B., Erinnerungsvermögen bei Patienten unter Vollnarkose – Zur Psychologie der Angst. Diplomarbeit Psychologie, Universität Bremen 1996
30 Philipps Universität Marburg, Fachbereich Psychologie, Tel. 06421-283754 oder 283639; Göbel, M., Schneider, S.
31 Groethuysen, B., Über den Kindersinn. In: Die Wandlung 1947, Heft 7, Lambert Schneider, S. 582–594

Stemme, F., Pädagogische Psychologie. Klinkhardt, Bad Heilbrunn 1970, S. 116–118
32 Toffler, A., Der Zukunftsschock. Knaur Verlag, München 1974
33 Gehlen, A., Anthropologische Forschung, Rowohlt, Reinbek 1961, S. 55 f.
Stemme, F., A psyicologia social do futebol. Vol. 33, 1981, Arq.bras.Psi., Rio de Janeiro, pp. 106–115
34 Menninger, K., Das Leben als Balance. Piper, München 1968, S. 373–386 (Hoffnung)
Stemme, F., Wir brauchen das Prinzip Hoffnung. In: Vif Journal 3/1982, S. 74–77
35 Antonovsky, A., Unraveling the Mystery of Health. Jossey-Bass, San Francisco 1987
36 Maslow, A., Motivation und Persönlichkeit. Walter, Olten und Freiburg 1977, S. 74–105
37 Seligman, M., Sind Sie pessimistisch? In: Psychologie heute 5/1991, S. 26–33
EQ Factor. In: Time, Oct. 16, 1995, pp. 66 f
38 Menninger, K., a.a.O. S. 386
39 Epiktet, a.a.O. S. 28

5. Teil

1 Miketta, G., Siefer, W., Begley, S., Kluge Köpfchen. In: Focus 10/1996, S. 166
2 ebenda, S. 160–166
3 Vortrag T. Wiesel. Nobelpreisträger-Tagung, Lindau, Juli 1990
4 de Mause, L., Die Geburt der Perestroika. In: Psychologie heute 6/1990, S. 38–41
5 Erikson, E., Kindheit und Gesellschaft. Pan, Zürich 1957
6 de Mause, L., Die Geburt der Perestroika. a.a.O.
7 Gallwey, T., The Inner Game of Tennis. Random House, New York 1974 (deutsch: Tennis und Psyche. Wila, München 1977)
Stemme, F., Die große Leistung. Gewinnen Sie das innere Spiel. In: Vif Journal 4/1982, S. 16–18
8 Goleman, D., a.a.O. S. 109–111 (Impulskontrolle: der Marshmallow-Test)
9 Der Spiegel 16/1996: Die Suche nach dem Ich, S. 202
10 Loehr, J., McLaughlin, P., Mentally Tough. M. Evans, New York 1986

11 Kriegel, R., Kriegel, M., The C Zone. Anchor Press/Doubleday, New York 1984
Garfield, Ch., Peak Performance. Warner Communications, New York 1984
12 Stemme, F., Reinhardt, K.W., Supertraining. a.a.O.
Stemme F., Was kann die Psychologie für den Trainer leisten? Internationaler Trainer-Kongreß Mainz 1991, BDFL Journal 2/1992, Wiesbaden, S. 9–17
Stemme, F., Supertraining – mit mentalen Techniken zur Spitzenleistung. UEFA-Kongreß, Helsinki 1993
13 Pastor, R., Whirlpool. Princeton University Press 1992, p. 29
Stemme, F., Gloede, W., a.a.O. S. 136–143
14 Ellis, A., a.a.O. S. 3–36
15 Wolpe, J., a.a. O. S. 195–202 (Emotionale Reizüberflutung)
16 Stemme, F., Gloede, W., Wer zu spät kommt. Roderer, Regensburg 1996
17 Herbert Quandt Stiftung '95. Jahresbericht, S. 26–31
Kissinger, H., Global Outlook for the 21st Century. Dokumentation 12 der Herbert Quandt Stiftung 1995
18 Isaacson, W., Kissinger. edition q, Berlin 1993, S. 178
19 Damasio, A., a.a.O. S. 50, 52, 60, 63
20 Sacks, O., a.a.O. S. 395 f.
21 Sacks, O., a.a.O. S. 340, 372, 395 f.
22 Grinker, R., The Poor and the Rich, Psych. today 10/1977, pp. 74–81
23 Lavin, F., Negotiating with the Chinese. In: Foreign Affairs 7/8, 1994, pp. 16-22
24 Adler, J., The Rise of the Overclass, a.a.O. p. 34
25 Rohrlich, J., Arbeit und Liebe. Fischer, Frankfurt 1984, S. 11
26 Iacocca., Eine amerikanische Karriere. ECON 9/1985, S. 72–89, bes. S. 81 (Der Schlüssel zum Management)
Teufel, U., Manager: Es fehlt an sozialer Kompetenz. In: Psychologie heute 12/1993, S. 16 f.
Nerdinger, F., von Rosenstiel, L., Führung in kritischen Zeiten. In: Psychologie heute 12/1993, S. 58–63
27 Houston, J., Die Farm der Formen, Schritte zu einer neuen Naturphilosophie. In: Schaeffer, M. und Bachmann A. (Hrsg.), Neues Bewußtsein – neues Leben, Bausteine für eine menschliche Welt. Wilhelm Heyne, München 1988, S. 440–465

Literaturverzeichnis

A. Bücher

Antonovsky, Aaron, Unraveling the Mystery of Health. Jossey-Bass Publishers, San Francisco 1987

Anthony, Robert, Magic Power of Super Persuasion. Berkeley Books, New York 1988

Asendorpf, Jens, Keiner wie der andere. Piper, München 1988

Augros, Robert & Stanciu, George, Die neue Biologie. Scherz, Bern 1988

Baddeley, Alan, So denkt der Mensch. Unser Gedächtnis und wie es funktioniert. Droemer Knaur, München 1982

Barrow, John, Ein Himmel voller Zahlen. Auf den Spuren der mathematischen Wahrheit. Spektrum Akademischer Verlag, Heidelberg 1994

Beer, Stafford, Kybernetik und Management. S. Fischer, Frankfurt am Main 1959

Blondel, Charles, Einführung in die Kollektivpsychologie. Humboldt, Wien 1948; darin: Das Gefühlsleben, S. 165–203

Bond, Michael Harris (ed.), The Psychology of the Chinese People. Oxford University Press, Hong Kong 1986; darin: Über Emotionen und Nervensystem der Chinesen, S. 136–148

Buytendijk, Frederik, Psychologie des Romans. Otto Müller, Salzburg 1966

Changeux, Jean-Pierre, Der neuronale Mensch. Rowohlt, Reinbek 1984

Csikszentmihalyi, Mihaly, Flow, Das Geheimnis des Glücks. Klett-Cotta, Stuttgart 1990

Damasio, Antonio, Descartes' Irrtum, Fühlen, Denken und das menschliche Gehirn. Paul List, München 1994

DeBono, Edward, Chancen. Econ, Düsseldorf 1978

Descartes, René, Meditationen über die Grundlagen der Philosophie. Felix Meiner, Leipzig, o.J.

Drucker, Peter, Neue Realitäten. Econ, Düsseldorf 1989
Eccles, John, Die Evolution des Gehirns – die Erschaffung des Selbst. Piper, München 1989
Eliot, Robert, Breo, Dennis, Is It Worth Dying For? Bantam Books, New York 1984
Epiktet, Das Handbüchlein der Moral. Vita Nova, 1946
Fast, Julius, Körpersprache. Rowohlt, Reinbek 1971
Flanagan, Owen, The Science of the Mind. MIT Press, Cambridge, Massachusetts, 1984
Gallup, George, Die Mobilisierung der Intelligenz. Econ, Düsseldorf 1965
Gardner, Howard, The Mind's New Science. A History of the Cognitive Revolution. Basic Books Inc., New York 1985
Goleman, Daniel, Emotionale Intelligenz. Carl Hanser, München 1996
Gray, Jeffrey, Angst und Streß. Münchener Buchgewerbehaus 1971
Grubitzsch, Siegfried, Testtheorie Testpraxis. Rowohlt, Reinbek 1991
Hacker, Friedrich, Aggression. Fritz Molden, Wien 1971
Heiss, Wolf-Dieter, Beil, Curt, Herholz, Karl, Pawlik, Günter, Wagner, Rainer, Wienhard, Klaus, Atlas der Positronen-Emissions-Tomographie des Gehirns. Springer, Berlin-Heidelberg 1985
Herrnstein, Richard & Murray, Charles, The Bell Curve, Intelligence and Class Structure in American Life. Simon & Schuster, New York 1994
Hooper, Judith & Teresi, Dick, Das Drei-Pfund-Universum. Das Gehirn als Zentrum des Denkens und Fühlens. Econ, Düsseldorf 1988
Johnson, George, In den Palästen der Erinnerung. Wie die Welt im Kopf entsteht. Droemer Knaur, München 1991
Kant, Immanuel, Anthropologie in pragmatischer Hinsicht. Reclam, Nr. 7541, Stuttgart 1983
Köhler, Wolfgang, Dynamische Zusammenhänge. Huber, Bern und Stuttgart 1958
Krech, David & Crutchfield, Richard, Livson, Norman, Wilson, William, Parducci, Allen, Grundlagen der Psychologie. Beltz, Weinheim und Basel 1985, Bd. 5, darin: Die menschlichen Emotionen, S. 51–76, Bd. 7, darin: Personenwahrnehmung, S. 59–84
Kriegel, Robert & Kriegel, Marilyn, The C Zone. Anchor Press Doubleday, New York, 1984
Langer, Susanne, Philosophie auf neuem Wege. S. Fischer, Berlin 1965
Langley, Pat, Simon, Herbert, Bradshaw, Gary, Zytkow, Jan, Scientific Discovery, Computational Explorations of the Creative Processes. MIT Press, Cambridge, Massachusetts, 1987

Lazarus, Richard & Folkman, Susan, Stress, Appraisal, and Coping. Springer Publishing, New York 1984

Lind, Michael, The Next American Nation. Simon & Schuster, New York 1995

Loehr, James & McLaughlin, Peter, Mentally Tough. M. Evans and Company, New York 1986

Mecacci, Luciano, Das einzigartige Gehirn. Über den Zusammenhang von Hirnstruktur und Individualität. Campus, Frankfurt 1988

Murray, Edward, Motivation and Emotion. Prentice Hall, Englewood, New Jersey, 1964

Ornstein, Robert, The Psychology of Consciousness. Penguin Books, New York 1986

Ornstein, Robert & Thompson, Richard, Unser Gehirn: das lebendige Labyrinth. Rowohlt, Reinbek 1986

Ouspensky, P. D., Vom inneren Wachstum des Menschen. Der Mensch und seine mögliche Evolution. Otto Wilhelm Barth, Weilheim 1965

Penfield, Wilder, The Mystery of the Mind. A Critical Study of Consciousness and the Human Brain. Princeton University Press, New Jersey 1975

Penrose, Roger, Schatten des Geistes. Wege zu einer neuen Physik des Bewußtseins. Spektrum Akademischer Verlag, Heidelberg 1995

Peters, Roger, Praktische Intelligenz. mvg, Landsberg am Lech 1988

Pinker, Steven, Der Sprachinstinkt. Kindler, München 1996

Pöppel, Ernst, Grenzen des Bewußtseins. dtv, München 1985

Restak, Richard, Geheimnisse des menschlichen Gehirns. Ursprung von Denken, Fühlen, Handeln. mvg, Landsberg am Lech 1988

Restak, Richard, The Brain: The Last Frontier. Warner Books, New York 1979

Ruja, Harry, Lebensführung durch Psychologie. Safari, Berlin 1958

Sacks, Oliver, Eine Anthropologin auf dem Mars. Rowohlt, Reinbek 1995

Samuels, Mike, Samuels, Nancy, Seeing with the Mind's Eye. Random House, New York 1975

Scheflen, Albert, Körpersprache und soziale Ordnung. Klett, Stuttgart 1977

Schrempf, Christoph, Sokrates. Frommanns, Stuttgart 1955

Schwartz, Dieter, Gefühle erkennen und positiv beeinflussen. mvg, Landsberg am Lech 1987

Spektrum der Wissenschaft: Gehirn und Nervensystem. Woraus sie bestehen, wie sie funktionieren, was sie leisten. Heidelberg 1987

Stemme, Fritz & Reinhardt, Karl-Walter, Supertraining. Econ, Düsseldorf 1988

Stemme, Fritz, Pädagogische Psychologie. Klinkhardt, Bad Heilbrunn 1970

Stemme, Fritz & Gloede, Walter, Wer zu spät kommt. Psychologie, die unbekannte Waffe im Kalten Krieg. Roderer, Regensburg 1996

Tausch, Reinhard, Gesprächspsychotherapie. Hogrefe, Göttingen 1973

Toffler, Alvin, Der Zukunftsschock, Knaur, München 1970

Wienhard, Klaus/Wagner, Rainer/Heiss, Wolf-Dieter, PET, Grundlagen und Anwendungen der Positronen-Emissions-Tomographie. Springer, Berlin-Heidelberg 1989

Wolpe, Josef, Praxis der Verhaltenstherapie. Huber, Bern 1972

Wonder, Jacquelyn & Donovan, Priscilla, Whole-Brain Thinking. Ballantine Books, New York 1984

B. Zeitschriftenartikel, Vorträge, Abhandlungen

Förster, Heinz von, Das Gedächtnis. Eine quantenphysikalische Untersuchung. Wien 1948

Hofstätter, Peter, Behaviorismus als Anthropolgie. In: Jahrbuch f. Psychologie u. Psychotherapie 1956, S. 357–370

Houston, Jean, Die Farm der Formen, Schritte zu einer neuen Naturphilosophie. In: Schaeffer, Michael und Bachmann, Anita (Hrsg.), Neues Bewußtsein – neues Leben. Bausteine für eine menschliche Welt. Heyne, München, 1988, S. 440–465

Lavin, Franklin, Negotiating with the Chinese. In: Foreign Affairs, Volume 73, No. 4, 1994, pp. 16–22

Peterson, S. E., Fox, P. T., Posner, M. I., Mintun, M. & Raichle, M. E., Positron emission tomographic studies of the cortical anatomy of single-word processing. In: Nature, Vol. 331, Febr. 18, 1988, pp. 585–589

Posner, Michael, Petersen, Steven, Fox, Peter, Raichle, Marcus, Localization of Cognitive Operations in the Human Brain. In: Science, Vol. 240, 1988, pp. 1627–1631

Raichle, Marcus, Circulatory and metabolic correlates of brain function in normal humans. Handbook of Physiology, USA., pp. 643–674

Reiman, Eric, Raichle, Marcus et. al., Neuroanatomical Correlates of a Lactate-Induced Anxiety Attack. In: Arch. Gen. Psychiatry, Vol. 46, 1989, pp. 493–500

Reiman, Eric, et. al., Neuroanatomical Correlates of Anticipatory Anxiety. In: Science, Vol. 243, 1989, pp. 1071–1074

Mind and Brain, Special Issue, Scientific American, Volume 267, Number 3, 1992

Székely, L., Zur Psychologie des geistigen Schaffens. In: Schweizerische Zeitschrift für Psychologie, Bd. IV, 1945, S. 110–124 und S. 332–347

Stemme, Fritz, Die Säkularisation des Pietismus zur Erfahrungsseelenkunde. In: Zeitschrift für deutsche Philologie, Bd. 72, S. 144–158

Stemme, Fritz, Lernexperimente des Behaviorismus in philosophischer Sicht. In: Jahrbuch der Wittheit zu Bremen, Band XII/1968, Röver, Bremen, S. 115–137

Stemme, Fritz, Cerebral Dominances in Sport – a Neuro-Psychological Hypothesis. In: The International Journal of Neuroscience, USA 1988, Vol. 45, pp. 161–193

Stemme, Fritz, Sport und Konflikt. Angelsachsen Verlag, Bremen 1976

University of California, Irvine, Comm. Office, Febr. 14, 1988, Intelligence Test Performance correlates with Brain Scan

Register

Namensregister

Adrianow, Oleg 60
Ali, Muhammed 263
Antonovsky, Aaron 203
Aristoteles 143, 181
Asendorpf, Jens 161
Augros, Robert 76
Augustus (röm. Kaiser) 141
Aurelius Antonius Augustus, Marcus 171

Bargmann, Wolfgang 55 f.
Bassili, J. 161 f.
Beckenbauer, Franz 105, 124 f., 262
Becker, Boris 204, 233
Bernstein, Leonard 227
Binet, Alfred 93 f.
Biondi, Matt (US-Schwimmer) 204
Blondel, Charles 153
Bohr, Niels 71
Bonhoeffer, Dietrich 180
Brandt, Willy 263
Brenner, Harvey 176
Breschnew, Leonid 106
Bruno, Giordano 180
Bush, George 80, 243

Carreras, José 227
Carus, Carl Gustav 142
Ceaușescu, Nicolae 216
Chruschtschow, Nikita 234 ff., 263
Cicero s. Tullius
  Cicero, Marcus

Comer, William 69

Damasio, Antonio 75, 159, 225 f.
Damasio, Hanna 245
Darwin, Charles 94, 115, 187
Descartes, René 58, 82, 85 f., 90, 110, 117, 181
Diamond, Mariann 59 f.
Dostojewski, Fëdor M. 34, 63, 154, 255, 261

Eccles, John 82 f.
Einstein, Albert 48, 56, 60, 90 f.
Eison, Mike 17 f.
Eliot, Robert 171
Elizabeth II. 250
Ellis, Albert 171 f., 235
Epiktet 153, 156 f., 171, 181, 235
Epstein, Seymour 13
Erikson, Erik 216
Ernst, Heiko 12

Förster, Heinz von 123
France, Anatole 100 f.
Frankl, Viktor 203
Freud, Sigmund 26, 93, 107, 115, 143, 172, 187 f., 193 f., 197, 262
Friederici, Angelika 211

Gage, Phineas 244 f.
Galilei, Galileo 115

Galton, Francis 94 f.
Gandhi, Mohandas Karamchand 261
Gardner, Howard 12, 93, 99 f., 104 f., 107
Garrincha (bras. Fußballer) 105
Gauß, Carl Friedrich 90 f., 94, 105
Gehlen, Arnold 200
Gide, André 153
Goethe, Johann Wolfgang von 142, 157, 187
Goleman, Daniel 14 f., 18 ff., 27 ff., 32, 34 f., 140, 143 f., 148, 151, 153, 156, 167, 178, 181, 184, 192, 200, 205, 211, 214, 219, 241, 251, 257 ff., 262, 265
Gorbatschow, Michail 11, 216, 238 f., 263
Gorman, Jack 191
Gould, Stephen Jay 99
Graf, Stefanie 210, 229

Haier, Richard 109
Hartmann, Eduard von 142
Hebb, Donald 130
Hegel, Georg Wilhelm Friedrich 181
Helmholtz, Hermann von 143
Herrnstein, Richard 100

Hitler, Adolf 242 f.
Holmes, Thomas H. 174 f.
Horatius Flaccus, Quintus 171
Hubel, David 130, 214
Huntington, Samuel 79

James, William 165
Jensen, Arthur 98
Johnson, Lyndon B. 93
Josephson, Steven 173
Jung, Carl Gustav 187, 217 f.

Kabat-Zinn, J. 27
Kant, Immanuel 112, 141, 181 f., 235
Kasparow, Garry 113 – 122
Kennedy, John F. 75, 233 – 237
Kierkegaard, Søren 144
Kissinger, Henry 106, 239 f., 242
Kleist, Heinrich von 142
Klevan, Gene 223 f.
Köhler, Wolfgang 26

Lady Diana 250 f.
Lafontaine, Oskar 263
Lange, Carl 165
Lassen, Niels 71
Lazarus, Richard 170
LeDoux, Joseph 184, 192, 195 ff.
Leibniz, Wilhelm 90
Lenin, Wladimir I. 60
Lippmann, Walter 98
Loehr, James 229
Lynch, James 202

Machiavelli, Niccolò 34, 255
Marc Aurel s. Aurelius Antonius Augustus, Marcus
Margenau, Henry 76, 83
Marx, Karl 120
Maslow, Abraham 203
McLaughlin, Peter 229
McLean, Paul 65
Menninger, Karl 204

Meshberger, Frank Lynn 58
Michelangelo Buonarotti 58 f.
Mischel, Walter 222
Montessori, Maria 212
Moreno, Jacob 155
Moritz, Karl Philipp 158
Mozart, Wolfgang Amadeus 106
Murray, Charles 100
Mutter Teresa 261

Neisser, Ulric 12
Newton, Isaac 77
Nietzsche, Friedrich 34, 255
Nixon, Richard 66, 240, 263

Oppenheimer, Robert 85
Ouspensky, P. D. 26 f., 32

Pagels, Heinz 77
Pascal, Blaise 20, 90
Pearson, Karl 95
Pelé (bras. Fußballer) 53, 105, 217
Penfield, Wilder 74, 129
Penrose, Roger 78, 83, 124
Penzias, Arno 25
Pert, Candice 70
Peters, Roger 12, 20
Petersen, Steve 41 ff.
Planck, Max 89 f., 94
Pöppel, Ernst 81 f.
Popper, Karl 82

Raichle, Marcus 41 f., 44 f., 51 f., 66, 86, 186
Reagan, Ronald 113, 239, 243
Rehhagel, Otto 262
Restak, Richard 81
Ribeiro da Silva, Athayde 105
Rockefeller, Nelson Aldrich 263
Rogers, Carl 155, 261
Röntgen, Wilhelm von 56
Roosevelt, Franklin Delano 263

Rose, Robert 176
Rubens, Heinrich 89

Sabatini, Gabriela 229
Sacharow, Andrej 60
Sacks, Oliver 245
Saldanha, João 158
Salovey, Peter 20, 27, 29, 148, 150, 156
Scharping, Rudolf 263
Schiller, Friedrich 142
Schopenhauer, Arthur 34
Schwan, Robert 124 f.
Seligman, Martin 203 f.
Selye, Hans 129
Shakespeare, William 154, 263
Sokrates 107, 139, 154, 181
Spearman, Charles 94 ff., 110
Sperry, Richard 130
Spinoza, Benedictus de 181
Stalin, Josef 60, 216
Stanciu, George 76
Stanislawski, Konstantin 227
Székely, L. 100 f.
Thales 139
Toffler, Alvin 198 f.
Toscanini, Arturo 126
Tullius Cicero, Marcus 139

Virchow, Rudolf 56, 60
Vorländer, Karl 182
Wagner, Henry 67 ff.
Washkansky, Louis 212 f.
Watson, Lyall 86
Wechsler, David 97
Weizsäcker, Friedrich von 76 f.
Wertheimer, Max 91
Wien, Wilhelm 89
Wiesel, Torsten 130, 214
Witelson, Sandra 134

Yamamoto, Lucas 73 f.

Zimmermann, Peter 210

Sachregister

Adrenalin 152, 190
Agoraphobie 187
Altruismus 255
Amygdala 63, 75, 246
Anatomie 59
Angst 17, 57, 111, 143 ff., 151, 159, 183–199, 229, 232, 237 f., 263
Anti-Materie 47
Arbeitslosigkeit 176 f.
Ärger 167–174, 229, 231 f., 263
Armut 102
Arousal-Techniken 258
Astronomie 73
Atom 47, 76, 151
Atombombe 233 ff.
Atomphysik (s.a. Quantenphysik) 44, 71, 96, 151
Aufklärung 141
Autismus 249
Autogenes Training 29, 218

Barorezeptoren 177 f.
Behaviorismus 19
Benzodiazepine 228
Bewußtsein 84, 265
Biochemie 232
Biofeedback 230
Biologie 73, 116
Blue-print-Organisationsmuster 248
Breschnew-Doktrin 243
Brocasches Sprachzentrum 53

Calvinismus 19
Carbondioxid 68
Chaosforschung 83, 124
Chemie 43, 57, 73, 93
China 11, 30, 102, 251 f.
Chirurgie 43
Computertechnik 33
Computertomographie 74

Computerwissenschaft 128

DDR 11, 16, 33
Debilität 253
Deep Blue (IBM-Schachcomputer) 114, 116 ff.
Depression 17, 148 f.
Determinismus, antiker 159
Deutschland 18 f., 25 f., 29 ff., 35, 73, 78, 97, 99, 155, 174, 183, 189, 214, 252, 255, 262
Dummheit 110, 254

EEG 128 ff.
Einfühlungsvermögen s. Empathie
Elektron 47
Emotion 13 f., 16, 18 ff., 27 ff., 35 ff., 45, 62, 64 ff., 74 f., 78 f., 104, 107, 111, 114, 120, 122, 125, 132, 144 ff., 149 - 162, 165 ff., 176, 178 ff., 184 f., 192, 196–203, 207, 210 f., 213 f., 220 f., 223 ff., 228–238, 241 f., 246–261, 263 ff.
Empathie 20, 23, 35, 255, 261 ff.
Enkephaline 70
Entfremdung 201 f., 229
Epilepsie 63
EQ 21, 32 f., 36
EQ-Faktor 18
Erlebnisindustrie 199 f.
Erster Weltkrieg 92, 97
Erziehung s. Familie
Evolution 27, 30 ff., 57, 65 ff., 84, 94, 121, 131, 169, 179, 198, 201, 215, 223, 246, 248, 257
Evolutionspsychologie 248, 259 f.

Faktor g (»general«) 36, 96, 99, 110 f., 261
Familie 34, 197 f., 202, 209–216, 258 f.
FDG (Fluor-2-deoxyglykose) 109

Gamma-Strahlen 47 ff.
Gedächtnis 123
Gehirn s. Gehirnforschung
Gehirnforschung 16 ff., 30, 36 f., 39, 41 ff., 52 ff., 57 ff., 66 ff., 74–86, 108 ff., 120, 130 ff., 143, 179, 184 f., 192–197, 209, 212, 214, 220 f., 225 f., 244 ff., 257, 260, 265
Gehirnhälften, rechts/links 127 ff., 209
Gentechnik 33
Gesellschaft 34 f., 199 f., 207
Gesundheitsforschung 33
Glasnost 244
Glykogen 71, 219
Glykose 46 f., 52, 82, 109 ff.

Heiliger Krieg 242
Helicobacter-pylori-Bakterie 152
Herzphobie 188
Hoffnung 202, 204
Homöostase 219
Hormone 112, 195, 230
Hybris 139
Hypnose 148

Implosivtherapie 237
Instinkt 35
Intelligenz 12 ff., 16, 20 ff., 27 ff., 35 ff., 53, 74, 87, 92 ff., 100 ff.,

110 ff., 114, 118 ff.,
125, 129, 132, 144 f.,
149 ff., 165, 178, 182,
185, 198 ff., 203,
210 f., 213 f., 220,
223 f., 229, 231 ff.,
236, 241, 248 f.,
253 f., 257 ff., 264 ff.
Intuition 114, 118, 229,
264
IQ 15, 21, 24, 32 ff., 36,
87, 90, 96, 98 ff., 221
Islam 242
Isotop 43, 47
Isthmus 134

Japan 74, 94, 102,
160, 174 f., 252 f.

Kalter Krieg 234–242
Katecholamin 169, 189
Kernspintomographie
74
Klassik 142
Kognition(sphilosophie)
128, 166, 249
Kontiguitätsgesetz 28
Konzentrationslager
203
Körpersprache 14, 144,
251 f.
Korrelationsfaktor »r«
95
Kreml 11, 235, 241
Kuba 233, 236
Kuba-Krise 233–237
Kultur(anthropologie)
34, 223
Künstliche Intelligenz
119, 124
Kurzzeit-Gedächtnis
126 f.

Leib-Seele-Problem 84,
86, 117
Life-Change-Units Scale
174
Limbisches System 57,
59, 62 ff., 184 ff., 189,
191 f., 195, 221, 232,
246 f.
Linguistik 106, 128
Locus coeruleus (Hirn-
kern) 190 f.

Mandelkern (im limbi-
schen System) 192 f.,
195
Marshmallow-Test 214,
222
Materie 47, 225
Mathematik 95, 108,
110 ff.
Melatonin 58
Moral 35, 248

Naloxon 68, 186
NASA 97, 230
Nationalsozialismus
145, 203
Natürliche Auslese 94
Neid 179–182
Neokortex 54, 57, 61,
65 f., 81 f., 184 f.,
193 ff., 197, 246 f.
Neurobiologie 116
Neurologie 37 f., 42 f.,
52, 71, 73 f., 127 f.,
159, 184 f., 188, 192,
245
Neuron 44, 56, 59, 70 f.,
114, 209, 214
Neuropeptide 70
Neurophilosophie 18
Neuropsychologie 18,
81, 134
Neurowissenschaften
(s.a. Gehirnforschung)
122, 210 f., 221
Noradrenalin 191

Pädagogik 35, 210
Panik s. Angst
PET (Positronen-
Emissions-Tomogra-
phie) 15, 39, 41 ff.,
48, 50, 52, 54, 60,
68, 70 ff., 79 f., 109,
113, 133, 186, 230,
247
Pharmakonzern
Bristol-Myers Squibb
17, 69
Philosophie 34, 117,
141, 154, 157, 181
Physik 73, 93, 124,
146 f., 225
Physik, klassische 77, 83,
90

Physiologie 62, 165 f.,
190, 230
Pietismus 19
Politik 244, 261
Projektion 262
Psychoanalyse 19, 115,
143, 156 f., 172, 262
Psychohistorie 215 f.
Psychologie 19 f., 25 f.,
28, 32 ff., 38, 73, 77,
84 f., 92, 128, 130,
145 ff., 154 f., 157 f.,
161 f., 165, 168, 170,
176, 182, 190 f.,
199 f., 204, 212, 215,
221, 231 f., 238,
240 f., 243 f., 256,
262
Psychotherapie 190,
196, 238, 261

Quantenphysik 76 f.,
82 ff., 93, 122 ff.,
146

Radioaktivität 146
Rassenhaß 98
Raumfahrtindustrie 33
Ravens-Test 109 f.
Religion 19, 30, 34, 73,
139 f., 218
Romantik 30, 142, 144 f.
Rußland 215

Scholastik 101
Schwerkraft 146 f.
Selbstmord 176
Serotonin 232
Sex 59, 64
Sowjetunion 233 ff.,
238 ff., 243
Sozialdarwinismus 98
Soziologie 259
Sprache 36, 52 ff., 66,
71, 74, 106, 168,
198
Squid [Supercon-ducting
quantum interference
device] 43
Stanford-Binet-Test 97
Stanislawski-Methode
227
Statistik 18, 95, 97, 102
Stoa 157, 171

Streß(forschung) 14, 21, 59, 70, 112, 129, 170 f., 174–179, 201, 222, 231, 234, 258
Subatomare Welt 84
Synapse 59
Systemanalyse 43, 128

Testosteron 134
Thalamus 192
Transzendentale Meditation 218
Träume 230, 264
Typ-A-Verhaltensforschung 21, 172, 259

Universalgefühle (nach Damasio) 159
Unschärferelation, Heisenbergsche 83 f.
USA 18 ff., 25 f., 29 ff., 35, 74, 78, 92, 94, 97 f., 101 f., 153, 160, 173 ff., 214, 219, 232 f., 238 f., 243, 251 f.

Watergate 98
Wechsler-Intelligenztest 97
Werbung 199

Yoga 29, 218

Zeitschrift »Psychologie heute« 12
Zeitschrift »Cognition and Emotion« 184
Zeitschrift »DER SPIEGEL« 18, 120
Zeitschrift »Foreign Affairs« 253
Zeitschrift »Time« 18, 163
Zirbeldrüse 58, 86
Zweiter Weltkrieg 25, 84
Zyklotron 43